澎湃 出品
THE PAPER

中国实验室I

探索创新原动力

澎湃研究所◎编著

上海人民出版社

代序：中国工业化的密码

第一集　创新涟漪

本集主要讲述中国创新的逻辑，以及中国创新已获取的成就。

从硬件巨头格力、华为，到互联网巨头阿里巴巴、腾讯，展示出中国式创新的发展脉络，展现了中国式创新的能量。

第二集　追赶脚步

本集主要讲述中国企业在机器人、半导体、大飞机及航空发动机等中国相对弱势产业领域的追赶情况。

本集特色在于，讲述中国企业追赶现状的同时，向观众展示了国际上相关产业领域的先进公司正在如何开发、布局中国市场。

第三集　生态力量

本集主要讲述大企业如何激励内部员工创新和创业。

从海尔鼓励员工创立新的独立公司，到微软举办骇客马拉松活动、英特尔营造珊瑚礁式的创新生态系统等案例向观众展示了中外企业在激励员工创新方面的同与不同。

第四集　两条道路

本集主要讲述所有科技创新的诞生之地——实验室，以及相关的科研机制是怎样的。

通过对中外研究机构以及跨国公司研究部门的实地探访，向观众展现了基础研究或长期持续性研究机制的国外做法、国内做法以及大公司做法，为中国科研机制改革提供某种参考。

中国工业化的密码

近几年，被视为中国科技崛起的象征物层出不穷，以至于人们对"大国重器"已经习以为常了，但当美的并购库卡的消息传出后，在我内心产生的震撼感还是久久难以平息。库卡是全球四大机器人公司之一，肩负着德国工业 4.0 的重任，代表着系统化的前沿科技，而且库卡的盈利状况良好。所以，中国企业能够并购库卡，着实不易，而且这意味着中国工业化的程度从各方面达到了质变的临界点。试想，如果国内市场没有对高端制造的巨大需求；如果国内从事精密制造的人才和技术储备没有达到或接近世界级的水平；如果中国企业的管理水平没有达到世界水平；如果这不是一起市场主导的商业运作，掺杂了一丝非市场因素；如果美的管理层没有全球眼光和企业家的进取精神；如果美的的资金不够雄厚……假如美的有其中任何一个缺陷，这起并购也不会成功通过德国、欧盟的审核。所以，这起并购足以作为中国工业化进程中的一个里程碑。

而如何解释近年这些频发的奇迹，越来越是个幸福的烦恼。

2016 年年中，我接待了一个来沪的德国工业界人士，其时美的正在并购德国机器人公司库卡。德国朋友很自然地和我聊起了这起并购。

这项并购对德国和整个西方造成很大震动，德国人看来，这是中国资本对德国工业界的一次闪击。以往只购买机器做来料加工的中国人，竟然买下了德国最先进的制造机器的公司。

这项并购也在中国人思想深处引发震动，国人几十年来有一个坚定的认知：西方对华技术封锁，中国靠买是得不到西方先进技术的。但现在突然发现，竟然能从西方买到核心技术。

默克尔政府对此项并购忧心忡忡，一度试图阻止这笔交易。但库卡董事会高票通过并购案，德国政府只能做罢。英国《金融时报》在报道中称，默克尔对德国工业界只说了一句：迟早你们会后悔的。

之后，大量中国资本涌入德国，虽然此类大型并购没再出现，但很多中小型德国企业被中国企业收购。

来访的德国朋友对这项并购也颇有情绪，"你们中国人到底是怎么想的，这么高的出价，怎么赚回投资？"末了，他还不客气地加了一句，"中国的富豪在海外买了很多酒庄和城堡，但买库卡要干什么？"在他眼里，这笔愚蠢的生意，不过是中国土豪又一笔炫富性消费。言下之意是，中国买家虽然能像买玩具一样把与中国人不相干的库卡买来，但无能力消化它。

我略尴尬。在一份幽微情绪的作用下，我问："你对中国互联网有了解吗？"德国老兄着实不客气："中国互联网和德国一样不发达，和美国的差距比较大。"

对话到这个分上，实在难以继续，对一个自信西门子燃机、大众汽车、蒂森克虏伯钢铁、德马吉机床，又视中国互联网为无关紧要的德国人，不可能用三言两语就把美的买库卡的事讲清楚。

最终我选择了一个简单粗暴的答案："库卡被美的溢价 30% 买下，市盈率上升到 35 倍，而中国机器人行业的龙头机器人（300024）的市盈率长期在 90 倍以上。所以在财务上对美的是笔好生意。"

德国人无奈地摊摊手。我追了一句，"既然这么舍不得，为什么要卖呢？"他答："为什么不，只要价钱谈好了就行，这只是一笔生意。"国内机器人行业在巨头缝隙中求生存，而库卡这样梦寐以求的资产，在德国人看来只是一桩随时可以出售的生意，我佩服又感慨德国人的大度。如果哪一天华为这样的中国企业被外资收购，我肯定说不出如此淡定而又正确的话。"那西门子可以卖吗？"德国朋友一怔，聊天就此结束。

在中国人买下了库卡之后几个月，德国的慷慨和自信就不复存在了，德国政府出台了一系列措施，阻止外国资本并购德国尖端技术。2017年2月，我采访德国机床制造商协会总经理维尔弗里德·舍费尔（Wilfried Schaefer）博士，在一个小时的访谈中相谈甚欢，但当我问了一句："现在并购德国企业的渠道还畅通吗？"维尔弗里德·舍费尔博士满脸通红，脱口而出："先要看看你们中国能让我们买到什么？"这是最近一两年来常见于德国媒体的一个说辞。每当德国政府新出台更为严密的资产限购措施时，这句话就要被强调一遍。

不过维尔弗里德·舍费尔博士相对坦承，买下西门子当然不能是一桩生意，即便买家来自西方，照样会受到严厉地审核。

西方世界很多人认为，中国工业化的成功是由政府规划出来的，而美的的并购也只是中国政府主导的一项战略性并购。

这是对中国工业化严重的误解。全球第二大经济体长达三十多年的工业化，如此宏大、持久而有生命力的变革，岂是人力所能规划？这是"中国成功学"中让人最为担心的一点。

如何解释中国工业化的成功是个世界性难题，不仅是外界，就是亲历其中的中国研究者们也莫衷一是。以林毅夫和张维迎之辩可以看出，产业政策第一还是市场第一，两位经济学家有很大分歧。

中国的工业化进程充满了诸多相互矛盾又相互成全的元素：中国有全球最大的市场，政府对这个市场有很强的调控能力，但自上而下都认为市场经济在中国发挥了决定性作用；中国的科研队伍规模全世界最大，论文产量天下无敌，科研投入全球领先，但高质量的原创成果并不与之匹配，而中国工程师的工程能力独步天下，可以规模化生产出全世界最新的、最有竞争力的高科技产品；中国科研崇尚自力更生，但又无比渴求外部技术、拥有规模庞大的海归人才、喜欢模仿最新科技，而且也能逆向创新；中国科研的外部环境并不非常友好，很难直接购得关键的尖端技术，但又能间接通过规模庞大的在华外企、外资合作获得一定的技术溢出；中国的资金充盈，急功近利，但也不乏胆识和进取心。

或许，正是这些难以调和的因素成就了中国，犹如令狐冲体内那些高手们互不融合的真气，最终成就了令狐冲的绝世武功。而中国工业化的成就也是五彩斑斓：人工智能、互联网科技、新能源等前沿技术可以比肩美国；传统高精尖技术，如精密制造、半导体等，落后欧、美、日；虽然高端制造领域暂时落后，但中低端市场具有压倒性优势，对高端形成了追赶之势。

所以，如果试图用一套现成的话语体系，以宏大叙事的方式解释中国的工业化，很容易只见树木不见森林，夸大或贬低某一因素，甚至把负面因素视为正面作用。

与其大而不当地归纳"规律"，倒不如走进"田野"，近距离观察企业、科研院所，访问企业家、科学家，去看清楚中国工业化的基本细胞，然后再谈其他。

这正是《中国实验室》力图要呈现的东西。我们采访了多个领域的企业，如GE、微软、英特尔、高通、霍尼韦尔、西门子、安川电机、iRobot、腾讯、阿里巴巴、中国商飞、海尔、格力、奇瑞；访谈了多领域的科学家与企业家，如丁肇中、黄亚生、董明珠、石黑浩、张汝京、汤小平、谢志峰等。我们试图对中国工业化历程作一个全景式微观扫描，力争从小处读懂中国工业化与中国创新，弄清楚它们的日常运行，产业发展的逻辑、企业发展的方向、人才的管理和使用，科研资金的分配、科研项目的设立等细微的问题，以求最大程度地接近中国工业化背后的秘密。

创新的涟漪

谈中国的创新，中国互联网是个绕不开的老桥段，互联网是中国新经济的基础。中国互联网主干企业的形成有其特殊性：庞大的市场、中文严格管控的网络环境，因此中国形成了英文世界之外的最大的互联网市场。

虽然现在的中国互联网及相关创新影响力日隆，但在几年前谈中国创新，还是一件令人尴尬的事。

"我敢说，你们说不出任何一项创新项目、创新变革以及创新产品是来自中国的。"

这是 2014 年 5 月 28 日，美国副总统乔·拜登在美国空军学院毕业典礼上的讲话。

拜登的讲话并没有得到所有人的认同，美国 CNN 网站上随即登出了一篇题为《乔·拜登错了，中国在创新》的文章。该文章列出了一串代表中国创新的公司：小米手机、腾讯、华为、华大基因、瑞芯微电子、联想和阿里巴巴。

同时市场也给出了答案。2016 年 8 月，全球上市公司市值排名前 20 的公司，被中、美、瑞士三国瓜分，美国包揽 15 席，中国据 4 席。苹果、字母表、脸书、微软、亚马逊这五家居于前 7。中国也有两家互联网科技公司——阿里、腾讯。

2017 年 1 月，美国白宫发布了一份人工智能的报告，其中很重要的一点就是警戒中国，预警中国在该领域对美国的领先地位构成威胁。虽然有所渲染，但说明中国实力起码已可以望美国之项背。

反观中美之外的其他经济体，欧盟、日本几乎看不到世界级的互联网企业。欧洲在形式上是一个统一的市场，但欧洲各国在文化、制度上各有差异，欧洲被切割成一个个局部市场。同时，无缝对接美国互联网企业，导致欧洲本土无法培育自己的互联网企业。

对此欧洲开始反思。2017 年 7 月 25 日，西班牙皇家埃尔卡诺研究所的网站刊出该所研究员安德烈·奥尔特加的文章《欧洲错过了技术大平台这趟列车，但还可以选择其他班次》。他认为，欧洲错过了 20 世纪 90 年代启动的互联网快车，这趟车上有谷歌、脸书、苹果等，也有中国的阿里和腾讯。这些公司不是简单的商业企业，而是涉足信息存储、云计算、机器人和人工智能等多个领域，甚至还有科技投资。这些企业已经成为强大的科技平台。

诚如奥尔特加所担心的，伟大的德国制造离互联网、人工智能越来越远。虽然目前的德国制造还代表着全球最高水准，德国经济还是一片繁荣，但它们的未来在哪里？

从全球顶级公司的市值来看，欧洲企业离顶级企业的差距越来越远，全球十大创新企业没有一家来自欧洲。发明于半个世纪前的航空发动机、集成电路，虽然还是极为重要的基础产业，但已经不是最重要的科技。

幸运的是，中国没有及时赶上工业革命、电气自动化革命，但中国及时地赶上了互联网。互联网对"硬科技"并不是一张虚空的网络，它可以用新的工具，以数据和算法反哺制造业。以谷歌为例，它将人工智能用于无人驾驶，领先于传统汽车制造商，造出最先进的无人驾驶汽车。

在内燃机时代，无论蒸汽机造得多么登峰造极，也只能被淘汰。在互联网时代亦然，传统科技必须向数字化低头。

GE、西门子、英特尔、IBM、飞利浦这些旧时代的霸主，目前见诸媒体最多的新闻是转型。所以要理解中国工业化，对互联网的重要性怎么强调都不为过。

中国有 7 亿网民，相当于全世界其他国家网民的总和，而欧洲总人口也才 7 亿稍过。中国互联网蕴含着无限商业潜能，更蕴含着无限的科技潜能，是中国追超西方最重要的资本。中国式创新的关键词是互联网 + 单一巨型市场。

追赶的脚步

以往，在新兴大国崛起时，往往由于国内市场太过狭小，不得已用非市场手段在国门之外开拓新市场，很多时候甚至为此挑起战争。而中国，由于自身市场巨大，足以给予本国的工业化足够的支撑。中国巨大的市场正在支撑中国突破关键技术，如集成电路、机器人等。

机器人产业的主流市场为汽车机器人，但中国机器人产业起步较晚，在汽车机器人市场难有说服力，好在市场足够大，在附加值较高的汽车机器人之外，还有很多巨头们无暇顾及的领域，如陶瓷、卫浴等细分行业。

在介绍中国机器人公司的故事时，《中国实验室》采访了一些中外企业，日企安川电机、美企 iRobot、国内的安徽埃夫特，以及日本石黑浩实验室、美国麻省理工的机器人实验室。

安徽埃夫特是一家专门制造机器人的中国本土公司，在 2000 年后他们通过中科院掌握了机器人制造原理，但在机器人的产业化制造中遇到麻烦，后来在日本专家的指导下，获得初步的制造技术，也获得一定市场份额。此时只依靠自己的研发团队提升技术，要付出较大的时间成本，所以他们将目光投向了海外。2014 年埃夫特收购了意大利智能喷涂机器人公司 CMA。2016 年年初，埃夫特又收购了意大利金属加工领域的机器人系统集成商 Evolut 公司。埃夫特智能装备股份有限公司总工程师游玮告诉笔者，通过国际资源的整合，埃夫特拥有了很多国外的团队，在欧洲、美国设立人工智能、机器人智能作业的研发中心，以此合法绕过技术禁运。

通过这些努力，埃夫特的技术工艺逐步提高，最终接近顶级水准，为母公司奇瑞汽车生产了一条汽车工业机器人生产线。因为在工业机器人行业，汽车机器人是市场价值最高的产品。

但是中国本土的工业机器人产业起步晚于国外成熟品牌几十年，两者间尚存在巨大的差距。主管安川电机在中国的技术事务的安川电机（中国）有限公司董事西川清吾认为，中国的本土制造商关键部件无法自产，如减速器、伺服马达、控制柜基本都是对外采购。因为研发生产这些关键零部件的成本非常高，技术方面也需要经过很多年的经验积累才行。

因此中国本土机器人制造商很难从机器人产品中获得高附加值。游玮坦率地说，国产机器人目前没有什么附加值，没有什么利润，因为这个行业大家都在培育、投入。未来机器人真正的附加值在于服务。

汽车行业是工业机器人收益最为丰厚的市场，被国外机器人品牌所垄断，国产机器人很难获得组建整条汽车机器人生产线的信任。因为无论是从可靠性还是稳定性上，技术、工艺、数据积累尚浅的本土机器人还不能与国外成熟厂家相提并论。

埃夫特将目光投向了市场潜力更为广阔的一般工业领域，通过深耕若干个细分市场，逐渐形成自己的竞争力。随着产业结构的变化，越来越多的中国企业进入机器人产业。

随着中国机器人企业的水平逐渐逼近顶级水准，完成了必要的技术储备。中国企业完成了必要的资本积累与科技金融技能的修炼，最终，并购库卡水到渠成。

在半导体行业，《中国实验室》采访了高通中国、英特尔中国，上海的矽睿科技、新昇科技等，以及张汝京、谢志峰等半导体名宿。

芯片，又小又薄，是所有电子设备的心脏，而它上面所集成的电路几乎与附着在心脏上的毛细血管一样密集。一颗指甲大小的芯片，里面就有上亿个晶体管。计算机、手机、机器人都需要芯片，只要联网、通信，只要需要处理能力，就需要来自半导体的支持。

一直以来，中国半导体行业苦于无法自主生产世界一流的芯片，在芯片上没有自主能力。

但中国已经成为半导体的最大市场。2015年全球半导体采购金额，中国首次超过日本，在全球排名第二，中国企业联想、华为等企业有大量贡献。中国市场的向心力逐渐发挥作用。

高通中国董事长孟樸对中国半导体市场的规模之重要有深刻认识。他表示，世界上其实只有两个市场有这个规模，一个是美国，一个是中国。有了大规模的市场作为保证，任何试图开拓中国市场的高科技公司，为了对中国市场保持敏感，就有将人才、技术、生产转移到中国的需求。比如高通是全球最大的无晶圆生产的半导体设计公司。它需要在中国生产芯片，就需要与中国本土的芯片代工企业合作。对中芯国际提出要求，为高通生产28纳米的晶圆，这就能够帮助中芯国际比较快地把先进制程往前提，它们的技术以前差2代到2代半，现在差1代到1代半。

华为作为全球主要的通信设备提供商之一，芯片关乎其生存命脉。虽然华为1991年就成立了集成电路设计中心，并在2004年正式成立海思半导体有限公司，但华为研发芯片的早期目标只是为了留一条后路。

2012年流传出来的任正非在海思部门的内部讲话中，就讲道：我们在做高端芯片的时候，我并没有反对你们买美国的高端芯片。我认为你们要尽可能地用他们的高端芯片，好好地理解它。只有在他们不卖给我们的时候，我们的东西稍微差一点，也要能凑合用上去。但随着华为手机的全球性崛起，如今，华为在智能手机上已经用上自主设计的芯片。华为2015年的旗舰手机Mate8上搭载的麒麟950芯片，是业界首次使用台积电16纳米制造工艺的芯片。

矽睿科技CEO谢志峰认为，华为的海思在设计领域有希望和世界领先的高通进行竞争，但世界第一还是高通。

相比芯片设计，中国在芯片产业链的其他环节比国际一流水平要落后得更多。而相比低功耗的手机芯片，中国在高速高性能芯片领域相对国际一流水平亦落后得更多。

半导体产业兼具资金密集和技术密集。为此2014年9月，国家集成电路产业投资基金成立，目前规模达到了1400亿元，后续还有增加。谢志峰表示国家准备5年投入1400亿元的大基金，但这么多的钱不如三星和英特尔加起来一年的投入。纵向比起来发展是很快，横向和竞争对手的投入比，还是很有限。

技术密集型产业的突破将有赖于人才的培养。好在中国已经成为全球高科技产品需求最大的市场之一，不管中资、外资，他们招了优秀毕业生就会给好的培训，一旦有了经验，就成为了市场上流动的人才。

对于大飞机制造，大市场的法宝同样起着决定性作用。在这个领域我们采访了GE、西门子、中国商飞。

大型商用飞机是另一个兼具资金密集和技术密集的产业。在大飞机的追赶之路上，中国已走过各种不同的路，但收效甚微。中国高铁通过市场换技术的成功，让普通人认为，这条路径也适用于大飞机。实际上，大飞机最早也试图通过市场换技术。

中国商飞第一任总经理汤小平说，"我们做了这么久，这么多飞机换不来技术，为什么？飞机制造确实是高科技。它比高铁的技术更加敏感，是绝对的高端技术，所以任何一个国家不会把核心的技术拿出来，我们屡试屡败。我在航空干了三十多年，主要的任务就是引进技术，我的体会是在航空领域引进高端技术是不可能、不现实。"

在国家意志的支持下，中国商飞启动大飞机项目，吸引了GE、霍尼韦尔等一批世界级的供应商，霍尼韦尔中国研发中心副总裁兼总经理罗文中认为这里有技术创新：飞机上大概有350万—400万个零部件，集成后还有几十万个模块，可以作为参照的是，汽车的零件数量在2.5万—3.5万个。怎么把这些东西放在一起，无缝对接，完美地表现一个飞机的性能，这本身也是技术，也是非常不容易的，这个东西够你研究很多年，几十年。

GE中国可再生能源工程技术前总经理康鹏举认为，技术是不能跨越的，一定要遵从科学的发展规律，不能从A一下跳到C，一定要从A到B再到C，不可能有突然的突破，慢一点没有关系，要一步一步把人类的科学技术搞通。

2015年11月，由中国商飞有限责任公司制造的首架支线飞机ARJ21从上海起飞。2017年5月，C919从浦东首飞成功。这意味着中国民用航空的体系建设初步完成。但飞机核心部件如发动机技术的攻克，需要更多时日。

由此我们可见，大市场只是天然条件，若想真正发挥作用，还要遵循市场原则。否则国家投入再大也难起作用。

机制的探索

中国有 20 家国家实验室和 250 多家国家重点实验室。它们集聚了中国第一流的科研人员。根据"2015 年自然指数",中国对世界高质量科研的总体贡献居全球第二位,仅次于美国。这个结果表明,中国的科研能力大体与中国经济总量相当。这也说明中国工业化的质量之高。

如何办好这些实验室,某种程度上,决定着中国未来的科研实力。《中国实验室》采访了中国科技大学合肥微尺度物质科学国家实验室、上海技术物理研究所、欧洲核子研究中心、《自然杂志》等组织,以及丁肇中、黄亚生、褚君浩、罗毅等科学家。

成立于 2003 年的中国科技大学合肥微尺度物质科学国家实验室,至今在名称后还跟着一个"筹"字。"筹"字的背后,意味着国家尚未在国家实验室的发展方向上有明确的定位。

人和经费是实验室最主要的两个基础性要素。近年来,随着中国经济总量的快速提升,中国科研经费也有了大幅增加,科研人员的待遇、科研经费的投入大为改观。

中国科学院上海分院院长、全球首颗量子实验卫星"墨子号"总指挥王建宇十几年前去美国参观,他对比双方的投入,"我们大概是他们的十分之一。现在我们有了比较大幅度的增加,比如我们所比较好的实验室,一年人均没有上百万的投入,你是做不出很特殊的成绩的,这个就相当于 15 万美元了,这个在美国也不算少。"

自然集团大中华区总裁刘珺认为科研资源分配至关重要,尤其在科研项目发展非常快、科研人员的队伍增长量非常大的情况下,资源的分配就成为一个最重要的问题。就是怎么让这个资源分配更合理,怎么让投资回报率更高。

中国目前的科研经费的分配,很大一块采取的是竞争性的投标方式。

王建宇表示在国家的大平台上,通过竞争得到国家的支持,这块是大头。

而中国科技大学合肥微尺度物质科学国家实验室常务副主任罗毅具体地介绍了经费的分配和使用方式,每一个团队的钱都是参加国家竞争去做的。但还要做一些跟主体研究不相关的东西来维持团队的生存发展。当竞争性经费的可得性与科学家的兴趣相悖的时候，竞争性的经费分配方式便不利于科学家创造力的发挥。而当竞争性经费的可得性与科学家的兴趣相符时，这种经费分配方式，也能提高科研的效率。

王建宇介绍了科研项目的审核方法：每个任务按节点预算拨经费，按时做不到要介绍为什么没做到，还能不能做到，后面补救的措施是什么。所以考核比定计划更厉害。

竞争性的经费分配方式对于应用型研究的经费分配是好办法，但对于基础研究就存在不利的影响。

王建宇表示，对于基础研究需要一些余地，基础研究不可能保证出成果，但如果不投入的话可能五年十年都不会出成果。它需要一定的宽容度，不要指望三五年内抱个金娃娃，而且成功率本来不高，可能一百个课题最后能闪光的也就几个而已。没有大基数是出不来的。即使在应用型研究领域，过于严格的经费预算管理，也会影响到科研效率。

中国社会科学院世界经济与政治研究所研究员徐奇渊则直接指出，现在要把过多的精力和资源投入到申请和中间环节的评估等方面。

对于方法论的问题，中国科学院院士褚君浩认为，总的来说，中国的实验室现在从跟踪到引领，逐步向国外的先进国家前进。但正如中国经济面临着转型升级的压力，中国的科研体系亦面临转型的挑战。国家实验室的建设需要直面这个挑战。

总之，诚如罗毅的看法，科学民主的管理是科研机构能否出成果的必要条件，任何科研机构要想出成果，科学民主的管理是第一位的。

结语

历史上有很多经济奇迹难以解释。英国工业革命是如何成功的，至今是一桩悬案。亚当·斯密以降的经济学家一直试图在解释这个难题，直到今天主流的制度经济学，还是无法给出令人信服的解读。

中国工业化比英国工业革命更宏大、更复杂：中国的工业化规模更大，技术更复杂，市场经济和计划手段交替运行。所以，中国工业化、中国式创新更难解释。

那么谁是推动其走向成功的洪荒之力？《中国实验室》自然不敢奢望给出明确答

案。但可以确信的是，最终的答案一定隐藏在我们所呈现的一个个微观的剖面。虽然我们无法归纳和提炼出完整的中国成功学，但如果能从《中国实验室》中看清有哪些要素发挥了作用，那已经足够令人振奋了（即便不能判断哪个因素更为重要）。

正确解读中国工业化至关重要，将对中国工业化走向更深层次起到指导作用。如果解读错误，将会把负面因素误解为正面作用，继而将其放大，最终对经济造成伤害。

澎湃新闻记者　柴宗盛

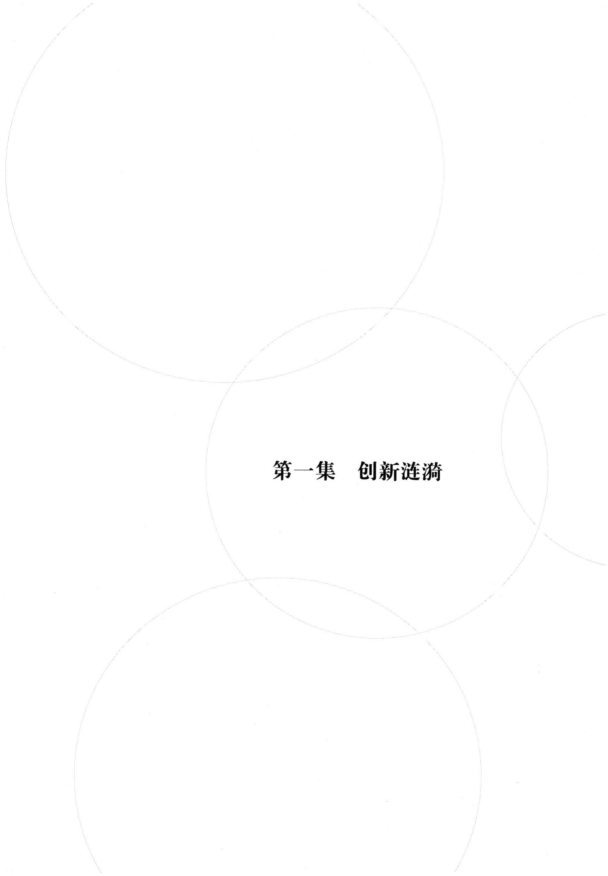

第一集　创新涟漪

本集主要讲述中国创新的逻辑，以及中国创新已获取的成就。

从硬件巨头格力、华为，到互联网巨头阿里巴巴、腾讯，展示出中国式创新的发展脉络，展现了中国式创新的能量。

目前的中国迸发出了举世公认的创新能力，那么创新的源动力来自哪里？我们认为企业家精神是中国创新的决定性因素之一，我们不知道是否还有比这更为重要的因素。对比其他发达经济体，中国企业家群体的竞争力似乎是为数不多的优势。中国企业家年轻，有锐气，他们几乎都是创一代，是市场选出来的干才。而欧洲、日本、美国的很多大型企业的管理层，要么是职业经理人，要么是富 n 代的继承人。企业创新意味着告别过去，寻找新路，这就需要一个有判断力、决断力、号召力的企业家；从筛选机制、激励机制和决断机制来看，中国企业家无疑最有战斗力。董明珠是家喻户晓的企业家，我们可以从对她的专访中体会到，企业家就是企业创新的源动力。而其他受访对象，如华为、阿里巴巴、腾讯这些中国企业的成功，无不体现出企业家精神的胜利。

企业家的成长需要沃土，中国的市场，尤其中国巨大的互联网市场为他们带来施展拳脚的舞台，而互联网是需要时刻自我迭代，不停创新。所以中国的企业家才能如此成功。由此观之，中国创新的涟漪正是因中国企业家之奋进而荡漾。

对付人才流失就要不断培养人才
——专访格力电器董事长兼总裁　董明珠

格力电器是中国企业史中非常值得研究的对象，尽管它的历史并不长，而且正在飞速进步。它由一家地方国企改制成为高度市场化的股份制企业。国资保持第一大股东地位，但这并不妨碍格力成为行业业绩之王。而且直到目前为止，大股东对董明珠为首的管理层握有相当的决定权。因此研究格力是观察国企改革和中国企业家精神的绝佳窗口，一个关键疑问就是，企业家精神能否抵消制度扭曲带来的影响。

格力电器董事长兼总裁　董明珠

董明珠无疑是极为强势也是有思想的企业家，从她对待人才流失可见一斑。格力电器曾经历一年被挖走 600 多名技术员的尴尬处境，格力电器董事长兼总裁董明珠反而直接表示，愿意格力成为家电行业的黄埔军校，而且格力不会去外面挖一个人。董明珠接受《中国实验室》专访时表示，人才流失最好的解决方案是不断培养人才。在她看来，流失的人很多是急功近利的，是利益驱使的。言下之意是，这样的人流失并不可惜。她说，尽管 2014 年被挖走了 600 多名技术人员，但并没有影响格力的创新，就是在这一年，格力推出了具有颠覆性的空调产品"光伏直驱变频多联机"。

光伏空调市场有多大?

澎湃新闻: 2014 年, 格力推出了具有颠覆性的空调产品 "光伏直驱变频多联机"。今年 (2015 年) 年中的数据显示, 除了 17 台销往国内的天津、上海、珠海等地外, 有 332 台全部售往马来西亚, 为什么这个产品在国外更受欢迎?

董明珠: 这个产品在我们空调领域来讲, 实际上是一种颠覆性的突破。我们常规的思维是空调应该用电。理所当然, 它的来源就是城市电网提供的电。我们企业开发这样的技术, 是因为 2012 年的时候, 大面积出现了 PM2.5 的现象, 对我们的生活和身体健康带来了严重的影响。我觉得对一个制造业企业来讲, 特别是空调, 它是一个大的耗电产品, 需要大量的电来支持。目前, 中国更多的电是靠燃烧煤炭获得的, 所以我们就在思考这个问题。在我们的生活发生变化的同时, 我们不希望以破坏人类生存的环境为代价, 我们要检讨。

现在不用空调是不可能的, 但是怎么样解决这个问题呢? 格力既是一个专业化的企业, 也是一个自主创新的战略规划企业, 我们应该有担当。因此, 我们就开始发力, 研究这个技术。我们用了两年时间实现了突破。突破以后, 我们不仅给消费者带来了节能的改变, 如果我们的太阳能用得好的话, 可能是越热的时候, 越需要用电的时候, 越不用花电费。这对消费者来说, 起到了节能的作用。

更重要的作用是对环境的保护。如果中国全部用光伏空调, 那我们可以至少节约 30% 的煤炭消耗, 数据非常庞大。如果从全球来讲, 就更广了。在中东地区, 50% 的电是用于空调的, 因为天气特别热。所以这个技术是颠覆性的突破, 受到了世界的瞩目。特别是有环保意识的人, 从自身的需求, 包括对人类的支持来讲, 他都义不容辞地选择这个产品。我们现在国外的订单非常多, 国内我们也在做, 可能由于这样或那样的原因, 特别是有些人说, 一次性投入要增加多少, 但他没有想三五年以后, 这种投入就会收回来。更重要的不是投入收回来, 而是对人类生存环境的贡献。这是非常有意义的。

世界上对中国制造的评价都认为是低质、低价。我们就要用我们的质量、技术、承诺，改变别人对中国制造的印象。

澎湃新闻：未来，光伏空调的海外市场很大。有人说，海外市场会是格力未来重点的发展方向，可能比国内市场还好，你怎么看？

董明珠：这个我倒不认同。中国有 13 亿人口，市场量要远远大于任何一个国家。而且现在消费的潜力非常高。并不是说格力有了光伏技术，国外市场会比国内市场变得更多。只要有环保意识，这个产品就有市场。因为这个技术在世界上是独一无二的，也就是说，消费者只要用光伏空调，他唯一的选择就是格力。所以在国际上来讲，环保意识更强的国家，像中东、巴西，偏热的地方，那里消费者的渴望和需求更迫切，无形之中给我们带来了市场。

我们的市场在扩大，并不是说我走到哪里去了，关键是我们的技术给别人带来了改变。这是非常重要的。我觉得一个企业，并不单纯考虑盈利，也不是说要占多大的市场，实际上不是由你自己来决定的。我们更多的思考已经不像过去了，特别是格力这几年来一直坚持自己的底线，就是人类的生存，环境是我们第一考量的要素。第二，是给消费者带来真正的生活品质的提高。这是一个制造业企业存在的真正价值。

所以我认为，国内和国际的市场，你不要把它截然分开，说国外的市场会比国内的市场大。像我们这种光伏空调，农村的市场是巨大的，农民的住所基本上是别墅型的，一栋一栋独立的。这种光伏空调不仅能让农民的生活质量发生变化，更重要的是，对粮食保护起到很好的作用。我们过去吃的粮食都是陈粮，你看现在人们吃的都不是当年的米，基本上是第二年的，有的甚至是两年以前的米。米的质量问题，是我们现在很多人都在注意的。甚至由于污染等原因，对食品安全都很担心。农民如果用了光伏空调，就可以保证粮食一年以后还可以吃着像当年收割下来一样，米还能保证当时收割下来的结构，就是营养成分等，都不发生任何变化，这是一大贡献。所以我觉得中国的市场可能更大。

澎湃新闻：听说格力在东北有一块农田，格力现在有在做这方面的实验吗？

董明珠：全国各地都希望自己的工业有所发展，东北也希望我们去投资工业。像松原（吉林省下辖的地级市——编注）这样一个粮食城市，如果我们仅仅为了眼前那一点点利益，用工业破坏了环境，我们对未来的子孙都没办法交代。所以当时我就说，你们这里要做一个现代化的农业城市，一样可以创造很多财富，这种财富不仅仅是眼前的财富，更是一个长远的财富。

所以，我们用自己的技术能力和营销能力，在那里成立了粮食集团。我们希望那里提供的粮食都是无公害的，所以松原的粮食，把我们的技术加进去，在一年甚至两年内都可以保证粮食的营养不被破坏，同时保证质量和安全。此外，我们把工业和农业结合起来，未来我们希望把松原打造成一个现代化的农业、工业城市。我们很多的技术可以延伸到那里去。

澎湃新闻：听说光伏空调在研发过程中烧掉了很多发电机，投入很大？

董明珠：为什么讲格力有一个创新平台？就是说，所有人，只要他有想法，我们就会让他的想法梦想成真。其实很多搞技术的年轻人是非常可爱的。是因为没有给他营造很好的环境，而导致很多人迷失了方向，可能他就会随波逐流。但是你创造这样的环境以后，很多优秀的人可以真的沉下来进行研究，他不会被金钱所诱惑。这点在我们的年轻人当中已经能够看得到，包括这一届来的90后的孩子。大多数90后的孩子是比较难调教的，而且90后的孩子生活的背景和我们那时候的背景是完全不同的。所以你要用这个时代的眼光来看他们，他们依然是可爱的人。

人才流失了怎么办？

澎湃新闻：你在很多场合提过人才流失的问题，2014年，格力被挖走了600多名技术员，现在，你对这个问题有没有解决方案？

董明珠：最好的解决方案就是不断培养人才，因为你阻止不了他们，仅仅靠加薪根本不是解决办法。假设我给他100万元，那对方可以出300万元、500万元，所以这不是一个根本的条件。根本的条件是创造一个平台，让更多的年轻人在这个过程中，像总理提出的那样"大众创业，万众创新"。在这样一个时代，我希望在这里工作的人能尽情地把他的智慧释放出来。

对于走的人，我认为这些人没有感恩之心，在这里待十年八年，翅膀硬了就自己飞出去了，但是你要知道，那些飞出去的人并没有成功，为什么？因为他没有这样的氛围和文化。比如，我们有一个人去了奥克斯，在我们这里就是一个普通技术人员，到他那里就变成了技术总监，但是一年以后，他和记者说，他感到自己多么茫然，这时他才想到格力电器的平台是多么的好。但是他想回来已经没有这个机会了。他说不知道自己出路在哪里，他已经迷茫了。所以一个团队非常重要。

我们强化团队建设，在这个平台上，人人都能把自己的智慧释放出来，这就是我们的创新文化。当然我们不能靠一个人。我们2014年走了600多人，但是并没有影响我们企业的创新，最顶级的一款空调已经出来了，是一幅油画。我们的产品再也不能是冷冰冰的产品，一定要让大家感受到一种艺术性，这是一种享受。不仅能从身体上感受，还能从视觉上感到一种美。这就是我们讲的，对技术的追求是永无止境的。这个目标不是别人给你定的，而是我们给自己定的目标。

所以人才究竟怎么样来认定，流失多了是不是这个企业就不行了？我觉得不是。因为很多人是急功近利的，很多人是利益驱使的，你不能要求每一个人讲奉献。他在一个企业干了多少年，有感恩之心，回报这个企业，你不能要求每一个人都做到这一点。既然不能每一个人做到，他想走你就让他走。

澎湃新闻：格力在激发研究人员的科技创新积极性方面有哪些做法？

董明珠：我并不主张用金钱。比如说我给你多少钱，你搞一个东西出来。如果一个有信仰的年轻人，知道自己的价值在哪里，我更主张让他感觉到自己的价值存在。人人受到别人的尊重，我觉得这就是我们所追求的。当然，我们创造的财富肯定要和大家共享。没有理由现在还让我们的员工去住铁皮棚子，但那个年代我们就住过铁皮棚子。所以我们讲，物质和精神生活这两者之间是要分开。我们更主张是靠精神而不是靠物质。

格力如何走上创新之路

澎湃新闻：格力在2001年的时候打算去日本采购变频多联空调技术，遭到了回绝，然后就开始自己研发。你能讲一讲当时的情况吗？

董明珠：有一个大背景，日本在 1995 年就全面进入变频时代，当时日本的压缩机在中国非常流行。而且大家都知道，日本的压缩机是最好的，但恰恰我们在 2005 年以前连能效等级都没有。能效等级都没有是什么概念呢？就是说，我们的空调可能比风扇的冷量要足一点而已，它没有技术含量。

所以，格力电器也一样，虽然我们对外是一个专业化的只做空调的企业，但是在当时，我们也没有技术。我们唯一就靠什么？用料。别人用冷轧板，我用镀锌板，别人用电容 600 个小时，我用 2000 个小时，就是用的材料比别人贵。用的铜管，别人用 0.5 mm 厚我就用 1.0 mm 厚。那时候经常讲格力空调好，好在哪里？重十几公斤。它不是一种技术的升华，而是市场上对你的认可。

2005 年，国家连能效等级都没有，可想而知，有什么先进技术。所以，当时我们遇到一拖多产品需求的时候，我们以为这个可能是很简单的东西，但是发现做不了。这时我们是跟别人一样的思维。因为中国当时引以为豪的就是合资企业，合资企业买来别人的技术，这个企业就好像很先进。那时候我们没有，我们靠自己用真材实料做，但一样是没有技术。这时我们开始在想，检讨，是不是我们也应该去买别人的技术。根本没想到自己研发。

但是我们去的时候别人就说，这个技术是不能卖的。为什么？目前是世界上最先进的技术。这句话敲醒了我，我们所谓的合资，我们所谓的买别人的技术，基本上是别人淘汰了给你的，你必须走自主创新的道路。所以那年开始，我们就开始搞自主研发，直到 2012 年，我们才有三个研究院。又用三年时间，我们现在已经有七个研究院了。我们厚积薄发，在后期更加审视研发的重要性。

当然，研发不仅是为了市场。我觉得一个优秀的企业，它所有未开发的产品，一定和消费者是有关系的。什么关系？就是你给别人的生活带来了质量的改变，或者是生活享受模式的改变。这就是你企业的追求。所以我们这时候清醒地认识到，你要做一个有担当的、真正国际一流的企业，必须有自主创新的能力。到 2011 年的时候，格力专利技术产品也才 5000 项不到，但是现在已经是 15000 多项了。一年就有 5000 多个专利出现。在这个上面我们的投入是不计成本的。

很多人说，你投那么多合算吗？别人不投那么多也能赚钱，你投钱你能赚多少？当然，站在个人角度，可能说干几年就要退休了，眼前这几年怎么混都可以。但是想一想，一个企业一定要与国家结合起来，你要想，你该担当的责任是什么。所以，你不能考虑一年两年，而应考虑一百年。未来这个企业发展什么样，未来这个企业是一个国际化的企业，是为全世界服务的。你怎么样为它服务？就是你不断要有创造性的东西，提高我们的生活质量。

澎湃新闻：格力一直践行研发投入无上限，未来这个战略会有改变吗？

董明珠：不会改变。可能你们现在更多关心的是智能化制造、无人车间。但是现在我关心的还不是这个。我们怎么让它无人化？现在很多顶级的数控机床不在中国。为什么不能用我的实力去服务于全世界呢？所以我们现在研究的是，根据自身需求做自动化的设计改造，围绕着产品质量控制来做研究。为什么我们现在可以承诺6年免费服务，甚至我们现在所有的新产品两年包换，两年之内用着有质量问题根本不给你修？实际上这个最大的挑战不是市场，是我们自己。你要把这个承诺兑现，就要绝对做到产品不受售后服务拖累。售后服务太多的话，成本支撑不起。

创新的最大敌人是没有决心

澎湃新闻：格力的大股东还是国资委，2014年的数据显示占18.35%。大股东在企业的科技创新中正面和负面的作用是什么样的？

董明珠：我觉得大家一讲到国企民企，就好像是在说，国企对于研发就有什么负面或者正面影响。我觉得这取决于管理者。你用什么样的心态去做一个企业很重要。我不能瞻前顾后，也不能考虑自己的乌纱帽、自己的权利。一般情况，都是想到自己的个人东西太多，所以畏首畏尾。这样做了以后会不会挨批评？那样做了会不会出问题？我觉得管理者就要坦荡无私。你真的有梦想，就把企业当自己的家一样去守护，打造成百年企业。我相信很多问题是可以解决的。

澎湃新闻：在你看来，创新的最大敌人或者说障碍是什么？

董明珠：没有决心。你如果老是想到自己，比如说，我现在投入研发 10 个亿，会不会没有结果，会不会有人追究我的责任。你想了很多，根本放不开手脚。但是我认为，我们锁定了一个目标，就一定要实现。光伏空调就是很典型的例子。大家觉得不可思议，光伏，怎么可能实现呢？但是我和技术人员讲，一定能实现，你告诉我难在哪里？难在内心的世界。你只要找到这个点就能突破。

现在我们的新技术已经不是在光伏这个领域了。我们新能源研究院专门研究如何跟能源结合起来的新技术产品，已经不仅仅是光伏了。我有一天要打造这样一个智能产品，就是一个家庭，只需一台空调，把家里所有电器产品（的用电消耗）都提供了，完全是零消耗的。如果只顾眼前，那我什么时候能研究出来？我就不研究了。但你要想到社会的责任，你就必须去做。这个智能空调做出来之后，不仅家里所有电器产品不要电费，而且有一个智能控制中心，可以把人的生活结合起来，比如我们的安防。

有的人问，你为什么要做手机？你是不是和雷军打赌？如果一个管理者，用这样的心胸去做企业，就是拿企业在开玩笑。我们为什么做手机？它是一个智能联通工具，它不仅是一个通信的作用，更多可以在智能系统里得到根本解决。这就是它的价值所在。那产品质量怎么保证？格力是中国唯一一个能加工核心部件的空调生产企业。

很多人问我，董明珠，你这样做值不值得？非常值得。当有一天我退休以后，再回到企业来看，这是鼎立于世界的企业，是一个有创新文化的企业。任何人在和不在，他都不能左右这个企业。企业文化很重要，什么样的土壤就培育出什么样的东西，所以我觉得非常重要。现在像磁悬浮空调的压缩机，中国只有格力能够制造。全世界也只有两家。另一家是丹麦的丹佛斯（Danfoss）。这些东西真的是要靠全身心的投入，你不是逐利而行，也不是靠眼前的一点点利益。

澎湃新闻：格力一直以来专注空调。关于格力多元化这一块，现在也涉及很多小家电，做手机是不是多元化的第一步呢？未来，多元化这一块有什么打算？

董明珠：多元化和专业化。专业化是给自己挑战，因为在当时的背景下，我们没有自己的技术的时候，多元化可能就是逐利而行，就是说因为那个行业赚钱，就去做了。你看中国的家电行业都进入房地产行业了。为什么？房地产比较赚钱。但格力是唯一一个不做房地产的。我们就坚守这个。曾经有人说，董明珠你做房地产不好吗？能赚钱。我说，我不希望房地产破坏了我们整个企业文化。当每一个人都开始逐利而行，为了赚钱不择手段，就放弃了制造业，我们要坚守原则。

至于多元化，我们现在的生活电器像冰箱什么的都能生产，而且增加了两个品牌，一个是大松，一个是晶弘。我们讲格力的市场多样化。为什么又做两个品牌？因为从中国走向世界，一个品牌是不行的，我们要有更多的品牌走出去。

我的电器起点非常高，我跟他们讲，要做，一定是艺术品。而且内涵一定要好。我们过去看了很多电器产品，什么爆炸了，起火了，我们在这个基础上再来做这个产品，我们就是失败者。曾经很多人问我，格力电器做得这么好，你们跟哪个企业比？你们是按照哪个标准？我说，消费者的需求就是标准，消费者的安全就是标准。这就是最高标准。你不要认为满足了某一个标准就很好。我经常跟员工讲，行业内我们比别人好，那你跟 1 米高个子比当然是伟大的。但你敢不敢跟 2 米高个子比？你跟姚明比，你比不比他高？所以我们在做产品的过程中，一定是最高标准要求自己。

格力电器已经在产业链上多元化了，比如说我们的电器，我们的压缩机，核心部件已经开始对外销售，已经形成一个新的产业链。不是为了扩张，不是为了自己多元化而多元化，因为自己的技术达到了那个能力。比如说模具，过去格力可以说是模具起家的企业。因为当时有一个冠雄模具厂、海利空调器厂，加上珠海特区工业发展总公司，我们是三家组合起来形成的合资公司。格力电器过去的二十多年，都是修模厂。它没有自己的技术含量，所有的模具都是外面进来的，我们跟在后面擦屁股，修模，几百人白白浪费了。但我们现在完全是自给自足。现在我们的模具，在我们这个行业，没有人能和我比。

澎湃新闻：你理解的"科技创新"是什么？

董明珠：创造更多的、可以提高生活品质的、提高生活享受的产品，就是科技创新。我们创造了一个别人没有的东西。特别是像我们空调行业，记得过去我们技术人员觉得我们比其他企业好就不错了。科技创新就是要原创性的东西。别人没有的东西，你能把它研发出来，那就是我们讲的科技创新。如果简单地模仿，我不认同。

澎湃新闻：从小到大，你做过最有意思的创新有哪些？

董明珠：这个比较难回答。我这个人比较喜欢挑战自我，敢于挑战自我的人才会有创新的动力。我不懂空调。我并不是个懂技术的人，但我往往会给技术人员提出很多很好的建议。我认为，格力电器近两年最大的改变就是从过去的模仿型，真正成为了创造型的企业。

澎湃新闻：外界认为你是一个比较强势的老板，会不会有员工因为畏惧，而没有表达自己关于创新的想法呢？

董明珠：那是两件事。我们有一个很好的创新平台。只要你有想法，都会给你机会。

大家认为的强势是我们有铁的纪律。这个纪律规章的制度任何人不能破坏，包括我在内。不管谁破坏了制度都要受到惩罚。可能在别人眼里，觉得我很强势。你认为红绿灯是不是强势？按道理红绿灯不应该设，我们靠自觉嘛！你认为行不行？不行。你违规了，该不该惩罚？该惩罚。所以一个国家也好，一个企业也好，必须有纪律。大家认同的东西就要去遵守，谁破坏了就是破坏了大众的利益，就要受到惩罚。所以我在这上面是非常讲原则的。哪怕你是再好的员工，你破坏了这个企业的纪律、规章制度，你都要受到惩罚。

但对于创新来讲，只要你有想法，我们一定会提供平台给你。这是无障碍的。我本身就喜欢创新，特别是企业的发展更加需要创新。其实很多年轻人，80后、90后，他们有很多很好的想法，只是他们没有这个机会。其实"大众创业、万众创新"并不是说在网上开个店、当个老板就算创新。我觉得"万众创新"是你给他机会和平台，在任何地方，都可以体现出来。

澎湃新闻：你觉得政府应该做哪些工作来促进企业创新？

董明珠：对于创新型产品，技术含量高的产品，政府应该大规模去使用它，那就是最大的支持。而不是简单地说给你钱，给钱是没用的。企业在市场竞争中本身就会优胜劣汰。

澎湃新闻：作为一个企业家，你如何看待企业在推动"中国制造"向"中国创造"转变过程中发挥的作用？

董明珠：企业本身就是实体经济嘛。在 30 年前，或者说，20 年前，我们生活的环境和今天是不一样的。生活质量在不断提高，就是因为制造业创造出很多改变我们生活的产品。制造业的创新提升了人的生活质量，但是，我们的创新不是让人变懒，而是让人更加勤奋，勤奋不是简单地靠体力，而是靠智慧。

澎湃新闻：你有没有想过，在格力的世界里，人们的未来是一个什么样的生活状态？比如说，智能家居？整个家庭都用了格力之后是什么状态？

董明珠：比如说，我们人在外面，就可以通过手机，看到家里的每一个角落，每一个产品，随时可以查找到当月消耗的情况。甚至于我在手机上就可以监控产品质量，它和我的总部是连通的。每一个消费者不用担心产品质量问题，在我的总部就可以监控到产品质量。一旦有异常，我们就会上门服务，这样可以完全解决消费者说空调坏了或电饭锅什么的坏了，你打电话找人维修，但找不到人之类问题。更重要的是，我们这个空调主宰着家里所有的电器产品，让它在一个安全的状态下运行。比如说，我们现在有个电灯是 220 伏的，但如果用格力空调发电，可能只在 20 几伏下面。保证消费者在一个安全的环境中，不会有触电漏电事故发生。这些应该是将来的发展方向。

政府对企业最大的支持不是给钱

澎湃新闻：上海应该是格力蛮大的一个市场，你是怎么看上海的科技创新环境的呢？

董明珠：我们现在正考虑在上海建一个基地。和上海相比，珠海是小。但是用格力比，上海有几个格力呢？一个企业的发展，它不是单一的。一定要和社会的责任担当联系起来。

澎湃新闻：对于创新来讲，制度重不重要？

董明珠：当然重要。其实对创新来讲制度是重要的，对一个国家，一个社会，一个企业，包括一个家庭，制度都是重要的。你认为家庭没有制度吗？我觉得也一样有制度。制度非常重要。某些人可能说，你约束了我，你不讲民主，其实那不是民主，那是规矩。当我们的行为已经破坏了别人的规矩时，你觉得那是民主吗？不是的。所以我觉得，制度建设在任何时候都是重要的。我比较注重强调的就是制度建设。

澎湃新闻：作为一个科技创新的企业，你希望政府给予什么样的制度环境？

董明珠：政府部门对企业最大的支持，特别是对我们这种致力于走自主创新道路的企业来讲，对于先进的产品，政府在采购、招标的过程中，应该做第一个选项，这就是最大的支持。应该在一种良性状态中，不是说政府给一点钱（就可以了）。政府一给钱，企业就想着怎么去把政府的钱骗回来。真正有实力的企业，应该自己有担当，自己可以到银行贷款嘛。

澎湃新闻记者　田春玲

中国需要与创新相容的法律和金融体系

——专访中国社会科学院世界经济与政治研究所经济发展研究室主
任、研究员　徐奇渊

　　《中国实验室》寻找的是中国成功的密码，制度的优劣关乎国家的成败，我
们从理论角度出发，请徐奇渊研究员从制度层面分析了现行制度对中国经济、
中国企业起飞的影响。

中国社会科学院世界经济与政治研究所经济发展研究室主任、研究员　徐奇渊

　　中国创新的逻辑是什么？这很难讲清楚，但是与美欧、日本相对比，中国
的创新体制肯定有需要改进的地方。《中国实验室》对中国社会科学院世界经济
与政治研究所经济发展研究室主任、研究员徐奇渊做了针对性的专访。徐奇渊
认为，在过去几十年里，中国在全球的技术创新中，一直没有处在前沿，而主
要是学习赶超型的创新。未来，中国创新若要更上层楼，需要在金融体系与法
律体系两方面下功夫。

中国创新的逻辑

　　澎湃新闻：您曾提出中国创新有自己的逻辑，这个逻辑是怎样的？

　　徐奇渊：中国的创新逻辑跟发达国家是不一样的。发达国家从工业革命开
始几百年，就占据全球科技的制高点，它们的创新逻辑有点像"从城市到农村，

从中心到外围"。中国的创新过程是反过来的，"农村包围城市"，而且是有包容性的。

比如以华为为例，华为在国内开拓市场的时候，也不是一下子在东南沿海，在北上广，而是在偏远的中西部地区先占领市场，然后再慢慢地向东南沿海渗透，然后再扩展到东南亚、非洲，然后到欧洲及其他地方。它整个过程，是从相对落后的地方，然后一步一步，慢慢向发达地区渗透。

第二个特点是包容性。比如有一台机器，它可以检测癌症，但是这个机器很贵，一般的地方都用不了，而且检测费用也很高，那么我们改进一下，它的性能可能有下降，打个八折，但价格是原来的十分之一，老百姓就有可能用得起了。虽然性能下降了，但性价比有一个显著的提高。我们认为这种创新是有包容性的。像华为，它原来的一些信号基站，几十年前做的时候，没有能把信号做得那么强，但是占地面积小、耗电量小，然后一次性投入的成本比较小，这样它能够在落后地区用得起、用得上，这样的基础设施我觉得就是有包容性的。这也是为什么华为能够走出一条"农村包围城市"道路的原因，而且到现在它有很多技术也是居于世界领先地位的。这是中国创新的一个逻辑。可能跟我们的发展阶段也有关系。

澎湃新闻：是不是与中国的市场情况也有关系？

徐奇渊：我想它的商业策略也不是偶然的，肯定也有一些企业曾经试过，比如先从中心到外围，但非常困难，很难有突破。在过去几十年里面，中国在全球的技术创新中，一直没有处在前沿，最前沿的都被欧美日企业占领，中国相对来说处于前沿的后端，主要是学习赶超型的创新。这个时候像包容性创新、农村包围城市这个路径是比较可取的。实际上我们也看到，经过几十年的积累，华为的创新能力也积累到国际前沿的水平，甚至在一些国际技术规则的制定上也有一定的话语权。

中国创新还需要突破什么

澎湃新闻：制约中国创新的因素有哪些？

徐奇渊：制约中国创新的有很多因素。我讲两个直接相关的：第一个因素跟金融体系有关系，第二个因素跟法律体系有关系。

金融体系的创新，拿日本和美国的创新打个比方，在20世纪90年代，为什么日本走了一条弯路，美国走了一条正确的路？这两个国家金融市场所发挥的作用是非常不同的。在日本，政府一直在经济政策里面比较强势，它找了几个重点的大学和几个重点的企业，比如丰田、松下、日立等五六个企业，让它们搞产学研合作，让一个学校和一个大企业合作，产学研对接。

但是实际上，从人类历史上来看，创新有时候并不是由重点大学、重点企业推动产生的。像谷歌、微软，很多企业是在车库里面诞生的。创新面前，人人平等，谁都不知道未来正确的发展方向是什么，可能需要经过上万次、几十万次，或几十万个人去不断地试错。它满足一个大数定律，最后有一个人非常幸运，方向对了，然后他就成为乔布斯，成为比尔·盖茨。

所以美国的创新是允许你去试错的。日本这个创新是国家给钱，重点投入，银行财团也给钱。银行给钱，它是需要回报的，需要控制不良率，不良率都是在1%、2%这样。美国创新背后的金融体系也完全不同，像PE（私募股权投资）、VC（风险投资）、天使投资这些，在各个创业阶段都有一群相应的金融机构、金融市场，而且流动性也非常好。在美国，包括金融危机那几年，页岩气、页岩油，这些领域企业的创新也不是由重点企业、大企业完成的，而是有一些默默无闻的小企业在这个过程中成长起来。所以我们支持企业的创新，需要有金融市场，发散地允许企业试错。在大范围内，有一个大数定律，鼓励几十万个人创新，最后可能只有少数人成功，但是对全国来说，可能就是一次生产方式的革命。

对中国来说，我们迫切需要一个比较成熟的一级资本市场，但是这个一级资本市场的发展还需要一个比较良好的二级资本市场。我们在一级市场培育出来的企业能够让它上市，而且上市以后能够让它流动性比较正常，它的估值有一个合理的评价，老百姓也能从这些市场中获得收益。一步一步，我们就讲到二级市场的改革。二级市场的改革会影响到一级市场，从而影响到我们创新的大环境。

第二个是法律体系。如果看一个数字，中国这几年专利数上升得非常快，已经是世界第一了。但是如果看一下结构，还是跟日本比，中国的全部专利里有80%多是包装或使用新型材料，这个含金量比较低，真正的发明在整个专利数量里只占有百分之十几。而日本80%多是发明。为什么会有这样的结果？这和我们的法律体系、地方政府的政策法规都有关系。比如一个企业，如果想被认定为一家高新技术企业——只有被认定为高新技术企业才能进入高新技术开发区，然后享受政策优惠——那么认定高新技术企业有一定的标准，不同的地方不同，有的地方有两种标准，你选一种：要么你有一项发明；如果没有发明，你得有6项使用新型材料或包装这种专利。如果你申请发明的话，投入多、研发周期长，而且失败的风险大，所以很多企业为了图快，图方便，就去研发一些新型材料或者包装，这样周期短、审批也容易，认定也比较简单。很快，这些企业就能获得高新技术企业资质。所以政策的激励——是鼓励创新的数量，还是质量——政策取向是非常重要的。这个也可能跟我们的发展阶段有关系，就是我们在赶超的过程中，更加注重数量，但随着经济发展、技术进步，越来越接近世界经济技术前沿的时候，我们可能就更需要注重质量多一些。

澎湃新闻：对比日本和美国的创新，两者有何区别？

徐奇渊：前面提到非常重要的两个因素，一个是法律体系，一个是金融体系。法律体系方面，美国是判例法体系，日本和中国都是大陆法系。在判例法体系下，只要以前没做过的，你都可以做，像负面清单这样的。判例法有利于创新的法律体系，可以钻漏洞。所以在美国可以看到更加发达的金融市场，这个金融市场可以支撑更强的实体经济。这是由不同法律体系和金融体系支撑的创新体系。

美日欧的创新还有一个很大的不同。美国创新主要靠的是什么？除了金融，除了砸钱之外，很重要的一个因素是移民，有大量高素质、有创新能力、有技术能力的移民纷纷从全世界，包括从中国、欧洲、日本，移民到美国，这为美国的创新提供了人这样一个要素。而中国，还有东亚一些国家，它们这些年在创新如专利、技术还有科学论文的发表方面，进步很快，很重要的一个原因是投入增加了。政府对研发体系的投入，上升很快，预算都是百分之几十甚至是翻倍的，跟国外金融危机之后的表现完全相反。欧洲一方面人才流失，另一方面，欧洲的财政预算也很紧，这几年研发方面的投入不断在削减，包括一些企业，这两个因素对它都是负面的。而且欧洲、日本的劳动力市场都很僵化，对移民排斥。

中国由于过去几十年经济增长非常快，所以我们能够吸引到很多人才，包括国外一些华裔人才，然后我们对境内的投入也在不断加大。

澎湃新闻：中国未来的模式会向日本模式还是美国模式靠拢？

徐奇渊：中国从基本面来看，金融体系以银行贷款为主，虽然这些年债券市场发展也很快，但存量上看还是以银行为主的间接金融体系。美国的股票市场非常重要，风险投资也非常发达。银行是对风险非常厌恶的，银行融资对应的创新体系相对来说就是很保守，对风险也非常厌恶。如果中国在创新技术领域要接近美国的话，我们还要在金融体系和法律体系有一些调整措施。

科研体制与政府作用

澎湃新闻：中国在有原创能力的时候，知识产权保护不足会不会成为一个限制？

徐奇渊：在不同的发展阶段，什么样的政策有利于中国经济增长，我们要重视。在某个阶段对中国有利的政策，在下一个阶段，反而可能形成制约。包括知识产权也是这样的，在我们处于一个赶超学习的阶段，我们对知识产权的管制、法律的保护比较松，因为总体上说，中国都是在学习，在模仿，所以以前这个政策对中国是有利的。但是到了一个新的发展阶段，当我们自有的专利越来越多，技术越来越多地在世界上处于领先地位，这个时候确实需要有一些新的调整。比如在 TPP（跨太平洋伙伴关系协定）谈判中，我们也发现有一些很重要的条件，除了国有企业、环境保护、劳工保护等条件以外，很重要的一个就是知识产权保护。

知识产权保护这个方面，不仅有我们国内发展阶段的压力，而且有一个国际经济规则、国际贸易规则的外部压力。如果我们再不去适应的话，可能会被孤立在这个游戏规则之外。面对外部压力，还有内部一个新的发展阶段对我们的要求，我想中国是时候去考虑改善提升知识产权保护政策了。

澎湃新闻：依据你刚才所讲，创新的决定因素主要就是法律体系和金融体系？

徐奇渊：创新可能需要很多方面的因素，但是其他方面的因素中国很多已经具备，比如庞大的市场规模、良好的基础设施，我们的人才在全世界来说也是非常优秀的。这个时候怎么样把这些资源的潜力挖掘出来？我们就需要一个与创新相容的法律和金融体系，激发出资本和人才的活力。

澎湃新闻：怎么看目前中国科研经费的管理体制？

徐奇渊：中国目前科研经费管理体系，在项目的申请、评估方面，一个非常重要的问题是重视过程的控制，但是应该将注意力更加放在成果的评估上。

科研成果如果是应用型的，应该由资本市场来评估；基础学科比如数学、物理、历史、哲学，这些成果应该由国内外全世界的同行来评估。我们现在的问题是，把过多的精力和资源投入一个是申请，另外一个是中间环节的评估，比如发票是不是合规，报销比例是不是合适，各项手续、报销的材料是不是齐全，等等。可能过程非常合规，但是最后成果的评估环节，也是走一个形式，或者非常草率地就结项了。我们应该更多注意对成果的把控，看这个成果是不是达到预期的目标，而在中间环节，因为我们都不是专家，行政管理的人都不知道，这个研究是一个什么样的过程，资金在各个项目和时间上作什么样的分配。所以我觉得，整个项目的研究中，科研经费的使用应该是完全自由的，但事后的成果评估一定要非常严格。

澎湃新闻：政府怎么鼓励企业去投基础研究？

徐奇渊：政府要做的事情就是尽量少干预企业，应该给不同企业平等的竞争环境。很多时候我们说政府要鼓励创新，很容易就做成政府鼓励某些、一部分企业的创新，但是政府在鼓励这一部分企业创新的同时，就打压了另外一部分企业的创新，因为所有的企业都是有创新的，而且你不知道谁会成功，可能很多时候是小的企业成功，这样才会有新的商业周期，才会有企业之间的优胜劣汰、推陈出新。但我们现在做的，很多时候，一提到鼓励创新，就是要给哪个行业补贴，要给哪个企业补贴，这个时候就扭曲了市场竞争环境，政府应该放手让企业去做。

每个企业都非常清楚，它要在这个研发环节投入多少钱，它对自己有一个非常准确的计算。如果这个企业，它的投资失误，它的管理是失败的话，这个企业就会被淘汰，这些失败企业的资源就会被整合，被优秀的企业吸收，这些企业就会拿更多的资源去做明智的投资。所以政府最后还是要少干预企业的创新，这才是真正好的创新环境。

如果创新驱动的背后是政府或者银行这样的金融体系，那么都是不利于试错的，试错的这种创新背后是风险资本，它才是真正鼓励冒险试错的投资。

澎湃新闻记者 郑戈

中国科研的质量并不低

——专访英国《自然》杂志执行主编　尼克·坎贝尔

　　中国的学术产出极为丰富，但质量一直受到质疑。尼克·坎贝尔是英国《自然》杂志执行主编，他曾在上海长期工作，对中国的科研状况有深入的研究。《中国实验室》拍摄期间，尼克接受澎湃新闻记者专访时说，"自然指数"（Nature Index）通过统计分析全球顶级期刊，发现中国的高质量研究产出仅次于美国，位居世界第二。尽管中国有高质量研究和科学成就，但仍有需要改进之处，比如就平均的科研经费投入和研究成果而言，中国与某些西方国家还有一定差距。或许这是中国科研必须补的课，只有不断试错，改进，才有实质性的进步。

英国《自然》杂志执行主编　尼克·坎贝尔

　　澎湃新闻：2014 年中国 SCI（科学引文索引）论文数量居世界第二，国内发明专利受理量连续四年居世界第一，这是一个很不错的结果。但这和我们普通人对中国科研能力的感觉有差距，我们感觉中国可能没那么好。你怎么看中国科学界近年来取得的成就？

　　尼克·坎贝尔：用一个词来讲对中国近期取得的科学成就，我会说，"了不起"。假如我们看一下中国的发表模式，中国科研取得的成绩不仅体现在 SCI 期刊论文的数量上。比如，我们的"自然指数"（Nature Index）通过统计分析全球顶级期刊，发现中国的高质量研究产出仅次于美国，位居世界第二。

我并不是说，中国没有可以改进的地方，确实有可以改进的地方，并且我知道中国希望不断改进。特别是考虑到平均的科研经费投入和研究成果，中国可能没有像某些西方国家那样优秀。但并不能因此否认中国自从增加科研经费以来所取得的成就，这些成就使得中国科研发生了令人难以置信的变革。

当然，就科学成就而言，我必须提到另一个里程碑式的事件，今年（2015年）中国有了第一位诺贝尔科学奖得主屠呦呦。屠呦呦的研究成果虽然是很多年之前的事，但足以证明中国具有创新精神、高质量研究和科学成就，并且在将来能够得到进一步提升。

澎湃新闻：中国的总研发投入与英美等发达国家相当，但基础研究投入比例非常之低。这里有很多原因，其中一个与基础研究的成果很难考核有关。发达国家的基础研究考核机制是怎样的？

尼克·坎贝尔：评估是一直受到关注的很多问题之一，不只在中国，在全世界也是如此。评估的体系也一直在演变。在西方，传统上的评估体系确实是以科研论文的发表为主，以之作为衡量研究产出的核心指标。

中国确立了类似的体系，非常专注于 SCI 论文等。我认为，这样的做法在中国已有成果。我们在白皮书《转型中的中国科研》（Turning Point：Chinese Science in Transition）中强调这样一个事实：中国在 SCI 论文数量方面目前位居世界第二。而且这在很大程度上是因为科研成果是以 SCI 论文为矩阵来评估的。这样的评价方式确实鼓励了科研人员专注 SCI 论文。

我认为，这给中国的科学带来了巨大收益，因为这让中国的关注点更加国际化，而过去中国可能有些太偏重于国内。但从根本上讲，那种评估方法是非常有局限性的，因为研究论文只是评估研究重要性和研究影响力的一种方式。而且，在全球范围，人们正越来越多地考虑以其他方式评估研究的重要性和影响力。比如，看某些研究对为社会创造经济价值或者其他价值能带来什么影响。

这些是全世界学术评估方面的决策者正在绞尽脑汁面对的问题。在那个前沿地带，中国可能有点落后。但比如，通过与中国国家自然科学基金委员会

（NSFC）主任杨卫的交流，我知道，他们正在研究和改革科学成果评估的方式。我相信，未来那些改革将带来成果。

澎湃新闻：你能给我们举一个比较好的评估例子吗？

尼克·坎贝尔：英国有一个很好的例子。最近，他们首次实施名为"研究卓越框架"（REF）的评价体系。该评价体系非常大的一个组成部分是基于社会影响力。他们实施该评价的方式是通过案例研究。这是向英国的高等教育机构和大学等提供资助的重要参考。那些大学都被要求提交影响力案例分析报告，证明它们所做的研究产生了社会影响。

在全球范围，这真的是首次将提供资助的主要评价标准与社会影响结合联系起来。我觉得这是英国的一个非常重要的举措。而且我越来越相信，随着我们不断进步，你会看到包含这一类因素的评估体系也会在其他国家出现。

澎湃新闻：应用科学和基础科学评估体系最大的不同是什么？

尼克·坎贝尔：我认为，某些研究的评估机制不但可以用于应用科学，也可以用于基础研究。假如你是一家综合性研究机构，是北京大学、上海交通大学、英国的剑桥大学或者帝国理工学院这样的高质量研究机构，你会越来越要求基础研究和应用研究两者兼顾。你还会在这两个方面被评估，所以会有适用于基础研究和应用研究的评估机制。当然，当你在评估不同类型的研究时，你有必要考虑不同的因素。非常基础的研究不会立即产生应用方面的影响，基于对社会的直接影响而加以评估会是荒唐的。

我想举的一个例子是希格斯玻色子（Higgs Boson Particle），最近，欧洲核子研究组织（CERN）的实验证明了它的存在。它对社会没有直接影响，不会带来直接的社会福利，而且对欧洲来讲，发现它所需要的一些设备耗费了巨额金钱。所以，基于社会影响来评估这方面的研究并不是一个好方法。但，它是重要的研究吗？当然是，这项研究对解释宇宙是如何运行的，具有根本性的意义。

所以，评估基础研究和应用研究时，你务必要有新的答案，并以某种方式对两种类型都给予肯定。

澎湃新闻：中国的基础研究的经费来源主要是政府支持。国外在基础研究经费多元化方面是怎么做的?

尼克·坎贝尔: 突然将你自己的资金来源从以政府为主向多样化转变,这很难。你在西方看到的对若干领域的资助,在中国或许并不多见,比如行业资助,这可能是西方最大的非政府研究资助来源,特别是在美国,还有慈善资助。所以,社会、机构和基金会,都会支持一些特定领域的研究,这些领域往往在临床上有重要意义,比如致力于老年痴呆症、帕金森综合征,或其他易传染之类疾病的研究。

有些机制的模式或许在当下的中国还没有发展成熟。我认为,你们可以鼓励建立这类来源的基金,并将它们置于一个框架中,鼓励和奖励行业和学界之间的协作互动,也可以鼓励和奖励以慈善方式支持对世界有明显益处的研究。

我认为要做到这一点可以采用不同的方式,但这不是一蹴而就的。我的意思是,美国有一种革新和创业的文化,这种文化有力地勾勒出学术研究和行业研究之间的关联。旧金山的硅谷那种研究生态系统因之形成,在那里,有一些出色的高等教育机构恰好紧邻世界上最有创新精神并且致力于研究的技术公司。它们在一个良性循环中相辅相成,因为有一些具备奇思妙想的人才走出这些研究机构,随后这些研究机构哺育了这些技术公司,还贡献了一样具有创新精神的人士,他们开发自己的新谷歌、新微软……。开发那样一个生态系统无法在一夜之间实现,但政府有这样的机制可以推动那样的事情发生。我看到中国已经开始向那个方向前进,并确实在鼓励学界与业界之间的互动。

澎湃新闻: 像美国等科研能力强的国家,其产学研机制有什么特点?

尼克·坎贝尔: 美国有这种发育良好的研究生态系统,美国文化内部有发育良好的革新和创业文化。几乎从建国开始,革新和创业差不多就是美国精神的核心,并且贡献于美国很多。美国在 20 世纪已经是主宰世界的经济体,21 世纪肯定依旧是最大的经济体。

所以,我认为,开发那样的生态系统,开发鼓励人们形成新的想法并投资于新的想法的机制,开发鼓励初创企业(这些企业中有一些会失败,但其他可能成为下一个谷歌,或者下一个阿里巴巴等等)的风险资本系统……这对中国的未来是非常重要的。并且，我知道这是中央政府和中国人民首要考虑的事情。

澎湃新闻：科学家在创业中发挥什么作用？

尼克·坎贝尔：这方面，科学家与科学家之间、研究者与研究者之间有不同。但我认为你有必要建立一个系统，这个系统能允许科学家在创业过程中扮演多种角色。

当然，我们正在讨论的这种科学家更多是身处研究中的应用一端，他们正在做的是基础研究，但更多功夫花在应用的部分。

有些科学家，也想自己成为企业家。他们一直想开发一件产品，开办一家公司，然后完成那些想法。你应当允许他们那么做，鼓励他们，并尽可能多地给予帮助。政府可以提供帮助，高等教育机构可以提供帮助，孵化器之类外部机制也可以提供帮助。

但也有科学家不想那么做，而依旧可以做出极好的应用研究。对那些科学家来讲，你务必允许他们专注于他们的研究，做出成果，并让他们能有其他机制，参与到更具有企业家精神的人士那里或者与他们共事；那些人拥有商业背景，能理解从事相对较为基础的研究创新、将创新转化为会增值的实际产品并形成进步的经济生产力的价值。

所以，你需要有灵活的办法，但有关他们的研究所能带来的价值，你肯定有必要传达给科学家和研究者。这些研究的价值不只体现在学术界，还体现在广阔的社群中间。（周雨昕／译　听桥、张茹／校）

澎湃新闻记者　张茹

阿里希望未来能服务 20 亿人

——专访天猫国际总经理　刘鹏

2009 年天猫（当时称淘宝商城）开始在 11 月 11 日 "光棍节" 举办促销活动，从那时起，"双十一" 变成了像美国 "黑色星期五" 那样的全民购物节。不同的是，美国人是在门店购物，中国人是通过手机和电脑下单。对于中国网民来讲，在互联网普及的背景下，阿里巴巴确实改变了中国人的购物和生活方式。

天猫国际总经理　刘鹏

天猫国际总经理刘鹏在接受澎湃新闻记者采访时表示，2016 年的双十一，阿里肯定还是能够实现几倍的增长。在刘鹏看来，目前中国的进口商品或者跨境电商还在起步阶段。从进口货品订单分析，天猫的订单主要来自发达城市即北上广深，即便是一二三线市场，也还没有达到足够的覆盖率。很多国人还不知道新西兰的蜂蜜最好，德国有比较好的牛奶，日本除了眼罩之外还有足贴。他们要做的工作，就是让国人了解和买到国外这些好的货品。

"双十一" 背后

澎湃新闻：天猫国际为 2015 年的双十一做了哪些准备工作？

刘鹏：双十一是中国消费者一年一度的盛会，今年的主题是全球狂欢节，天猫国际是国内最大的跨境电商平台，我们在今年（2015 年）的双十一过程中，当了整个集团双十一活动的主力军，在全球化方面进行拓展。

从整个天猫国际的运营来看，为了今年的双十一，我们做了很多工作。我们把全球最优质的商家，包括品牌，包括卖场，包括国外一些非常知名的品牌引入中国。举个例子，比如超市，去年（2014 年）我们引进了 Costco（好市多，美国第一大连锁会员制仓储式量贩店——编注），今年我们的全球超市增加到 14 家，我们有来自美国的 Costco，有来自德国的麦德龙，有来自荷兰的零售商 Ahold（2016 年已与 Delhaize Group 合并为 Ahold Delhaize——编注），来自英国的 Sainsbury's，这是英国的第二大连锁超市，来自新西兰的 Countdown。

像这些全球的超市，除了麦德龙以外，很多在中国是没有业务的，但是它们通过天猫国际跨境电商平台，可以给中国消费者提供优质的货品。同时我们也看到，在跨境电商领域，大家都在卖母婴产品，像奶粉和纸尿裤都是热门商品。花王纸尿裤和达能奶粉是母婴产品里面两个最大的品牌，这次双十一，它们也在天猫国际开了国内唯一的官方旗舰店。在商家端方面我们引进了非常多的全球大品牌，这些品牌中的很多在中国还没有开展经营业务，它们是通过天猫国际进入中国的。第二，我们从消费者端看，消费者对进口商品的需求实际上反映了中国中产阶级的扩大，或者中国消费者对高品质生活、高品质商品的需求是非常渴望的。

那么围绕商品端，我们和商家怎么一同打造，能让消费者用最合适的价格消费到全球最优质的商品呢？举个例子，这次双十一，我们和麦德龙合作运营奶产品。大家都知道德国的牛奶或者欧洲的牛奶的品质是非常高的，常温进口奶一般情况下一升装的要卖到九块钱到十块钱，这次我们和麦德龙合作，把麦德龙的自有品牌也是德国生产的阿卡牛奶引进中国，它一箱起售，每一升实际上只卖到了五块九。对消费者来说，他可以看到我有高品质的商品，同时价格是非常合适的，或者对消费者来说是超过期望的。这样我们就让消费者得到了进口货，而且价格方面他能承担得起，非常喜欢。

同时我们会去发掘消费者的潜在需求。举个例子，这次（双十一）的乳胶枕来自泰国，实际上在中国乳胶枕还不是很流行的概念，但这次双十一，到下午左右我们已经卖出六万六千只乳胶枕，这是非常大的量，最近一段时间整个市场上又开始流行乳胶枕。所以，从消费者端来看，我们会帮消费者认知进口货里面高品质的货品。我们让消费者通过双十一，通过我们的运营，了解到国外还有很多很多好的货品。

另外一方面，我们也会和国外的政府进行合作。我们有国家地区馆，目前在天猫国际我们已经有13个国家地区馆，今年5月18日我们开了第一个韩国馆，是我们的马总（马云）到了韩国，和韩国的副总理一起开起来的。到10月29日，荷兰的王室来访，我们开启了荷兰馆。我们现在有13家和国外政府共同合作的国家馆在天猫国际上线。

国家馆解决的问题是什么？因为很多消费者对国外货品的认知可能有一个国家的维度，他们会觉得日本可能最畅销的是母婴产品，最好的产品还有小电器和一些保健品，而韩国可能是化妆品非常流行，所以消费者对每个国家是有一定认知的。但事实上，这些国家还有很多很好的货品，所以，我们会和国外的政府合作，一方面把消费者熟悉的货品和商家引入国内，另一方面，也会帮助这个国家把他们一些在本国已经很受欢迎，但在中国还没有得到认知的商品做得更好。比如，我们和新西兰合作。新西兰的Manuka（麦卢卡）蜂蜜在当地是高品质的蜂蜜，但在中国只有一部分人知道这是非常棒的蜂蜜，我们和它们的政府合作，把整个新西兰所有品牌的Manuka蜂蜜都放在天猫国际销售，让消费者有更多的认知。

整个双十一，我们一方面把全球的优质商家引进来，另一方面，我们是考虑怎么让消费者用更好的价格购买到高质量的货品，同时我们也会跟国外的政府有更多的合作。

澎湃新闻：与国外大商家谈合作，开始的时候就很顺畅吗？

刘鹏：实际上，天猫国际是2014年2月上线的，上线是因为中国消费者有需求，他们希望在国内可以买到国外的进口货品。国家也发布了跨境电商相关支持政策，在这个政策确定之后，我们首创了保税的模式。

坦白讲，我们刚开始和国外商家沟通时，国外商家是不理解的，它们知道阿里巴巴，都很希望到中国开展相关业务，但跨境电商业务的政策或者说跨境电商的商业模式，对它们来说是全新的，所以，很多商家还是处于观望状态，还要进行可行性论证。但还是有很多商家相信阿里的实力，也相信阿里的生态能够帮助它们在中国成功。比如 Costco，我们谈得就很顺利，事实的结果证明，Costco 在 2014 年双十一就卖出了几百吨的蔓越莓干和坚果，一下子就爆发出来了。

正是一个个初期和阿里合作的商家的成功，告诉越来越多的商家，这是一条非常有效，非常快的路，来中国市场可以如何运营。这有别于以前，很多外企进了中国又退出。它们会觉得中国的经营成本很贵，中国的竞争很恶劣。但在线上，天猫国际这种跨境电商平台帮它们找到了一条新路，可以讲，今年以来我们跟国外商家的洽谈是非常顺畅的，基本上，我们去找国外的商家谈，或者国外商家找我们谈，两个方向都有。现在大家谈的都不是来还是不来的问题，谈的都是这些商家来，我们怎么运营，怎么做，在什么时间做，用什么货品做，用什么样的品牌定位做。有的商家的决定会比较快，有的商家的决定会慢一些，但总体来说，这些商家对中国市场这种强大的消费能力都是非常欢欣鼓舞的。

举个例子，我们今年谈得很快的商家，像澳大利亚最大的药房 Chemist Warehouse，这是澳大利亚当地最大的药房和保健品连锁店，在澳大利亚有很多的代购是从这个店里直接买货，然后销到国内。我们和对方谈的时候，它们手里有一些数据，很清楚地知道在中国一年有多大规模的货品是通过它这个渠道出来的。另外，它们和我们沟通完，也觉得这个电商模式非常好，它们看了我们其他商家怎么成功的，所以我们谈得很快，大概花了两个月的时间，它们就进来了。这次双十一 Chemist Warehouse 是我们第一个销售规模过千万元的商家，大概在早上就过了 1000 万元，货品基本上都已经售罄。

总体来说，国外大商家觉得中国市场消费潜力非常大，跨境电商特别是天猫国际又帮他们提供了整个的解决方案，所以，现在等于是排队入驻，经常来找我们的，远远要大于我们找别人的。从目前来看，我们已进入一个很快的发展阶段。

澎湃新闻：是不是有一个庞大的全球采购队伍？

刘鹏：事实上，我们天猫国际和阿里的其他业务一样，主要是帮助商家在我们的各个平台成长，我们做的是 B2B2C（第一个 B 指广义的卖方，第二个 B 指交易平台，C 指买方——编注）业务，我们并不会自己去实采。不会到品牌商那边，不是我来下多大的订单，把他运到国内进行销售；我们更多是跟我们的合作伙伴，我们的品牌商，我们的卖场合作，让它们到天猫国际开店，开店以后，我们有丰富的电商业态，可以为商家在品牌、销售、售后、物流各个环节做更全面的服务。

澎湃新闻：天猫国际今年双十一整体进口成交达到国内其他跨境进口电商平台一年的成交体量，如何评价这个成绩？

刘鹏：我们双十一的成交额，相当于一个单体的跨境电商一年的成交额，实际上，我们只是给一个量化的概念，我们不觉得那是一件多么了不起、多么骄傲的事情，其实，这只是很小的一步，或者刚刚开始的一步。我们看的是，怎么更快地把这个蛋糕做大。

举个例子，我们有一个官方数据，2014 年中国出境游是 1.17 亿人次，这些人到国外购买国外的商品带回中国，光商品的支出是 1.34 万亿元人民币，这是非常庞大的支出，我们双十一做多少并不重要，重要的是我们怎么在国家的监管下，把这部分消费进行回流。所以，我们认为，目前双十一也好，或者目前天猫国际在做的是，怎么满足中国消费者对进口货品的需求，同时告诉他们，我们还有很多全球更好的货品可以满足你在生活上的各种需求。我们目前还是在做大整个市场的过程中。

澎湃新闻：这样的成绩会不会给明年带来更大的压力？

刘鹏：今年，我们增长了好几倍，在阿里内部，我们看双十一是没有数字的，不是老板定能完成多少。成交对我们来说不是明年的主要压力，我们明年肯定还是要增长几倍的。在这过程中，我们能给消费者带来什么样的不一样的体验，这是我们要去想的问题；我们解决了消费者的哪个难题或者问题，这是我们要考虑的。

进口商品怎么进来的，卖给谁

澎湃新闻：目前看，在海外购方面，中国二、三线城市的消费潜力已经被迅速激活，你们计划如何挖掘三、四线城市的消费潜力？

刘鹏：从进口货品订单分析，我们的订单主要来自发达城市，北上广深，还有长三角、珠三角这些地区。我们认为进口商品或者跨境电商还在起步阶段，即便是一、二、三线市场，我们还没有达到足够的覆盖率。因为，当我们和我们的朋友沟通的时候，很多人还不知道新西兰的蜂蜜最好，德国有比较好的牛奶，日本除了眼罩之外还有足贴。很多消费者还没有意识到国外有很多好的货品。我们还要继续加强和我们的合作伙伴进行合作，让国外这些好的货品，不管是一线市场还是二线市场、三线市场，都去了解到这些好的货品。

至于四、五线市场，目前还不是我们核心的渗透目标，因为到四五线市场我们已经发展了农村淘宝的队伍。到了村级，我们有我们的合伙人，他们会教会村民怎么上天猫，怎么在淘宝上购物。所以，我们有另外一个项目在做三、四、五线市场的渗透。从进口货品来看，一、二、三线城市对我们仍然重要，四、五、六线城市对我们来说也重要，但那可能是未来会变得越来越重要。目前重点还在一、二、三线市场。

澎湃新闻：按照天猫国际目前的发展势头看，阿里巴巴的国际化之路还是比较顺畅的，是不是外国品牌对加入天猫国际都蛮积极的？

刘鹏：天猫国际是天猫的一部分，同时也属于整个阿里生态圈，跟我们的友商比，我们有一个非常丰富的业态组织。比如一个国外的品牌到了天猫国际，它会问我们，它在中国的品牌如何建立，如何让中国消费者认识这个品牌。我们有阿里妈妈可以帮它们做很多市场营销方面的事情，可以和它一起做品牌推广的事情。很多国外品牌进来会问物流问题如何解决？我们有菜鸟。国外合作伙伴会问，支付问题如何解决，怎么在国外收到中国消费者的钱？我们可以用支付宝来解决。天猫国际的第一大优势是有整个阿里的很丰富的业态，可以帮助我们的合作伙伴用最快的方式进入中国市场，同时用最高效的方式开展业务。

　　第二个方面，天猫国际和其他友商有一个很大的不同，我们是直接跟这些全球性品牌或者全球性卖场合作。我们有 14 个全球性超市入驻，有几百个全球性品牌，大概有 90% 的品牌，其他友商是没有的。比如英国的 Lush 是一个中高端的化妆品品牌，它在全球的电商合作中，只跟天猫合作。消费者只有到了天猫国际才能买到 Lush 的香皂。这是我们独有的，我们的独有性非常高，可能80% 到 90% 的我们全球合作品牌并没有在我们的友商平台上开店。比如，我们跟花王直接合作，花王把它的纸尿裤直接发过来，很多目前的跨境电商做的还是批量的人肉代购，并没有跟花王有直接的合作关系。它们所做的工作，可能是直接到日本的超市，把花王的产品搬过来，成批量地去搬，搬完后运到国内，运到国内后再销售。实际上这种合作不够直接，不够深入。天猫国际是和全球的品牌、全球卖场直接合作，这些卖场会到我们平台开店，目前是零售，未来还会有分销。这种合作方式，其他友商基本上是不具备的。

　　第三个方面，我们整个阿里有大数据的能力，通过数据分析，我们很容易知道消费者现在喜欢什么，最近关注什么，在进口货品方面，消费者的潜在需求是什么。这样，我们就可以跟我们的全球合作伙伴一起来探索怎么能够把正确的货品，用什么样的时间，什么样的成本，让我们的中国消费者知道。我觉得我们这三个方面的优势是非常明显的。

　　澎湃新闻：直接合作有排他性吗？

　　刘鹏：我们不会要求我们的合作方去排他，但我们很多品牌方觉得，它们在中国的资源是有限的，它们宁可把所有的资源集中在一起，去做阿里，这样它的投入产出效率更高。这样的合作伙伴很多。我们阿里是互联网公司，我们有开放的心态，希望我们的合作伙伴成功。但合作伙伴更多可能觉得，它们跟阿里的合作还远远没有做到它们所希望做到的广度和深度。我们也有很多广度和深度的工作去做，我们和合作伙伴之间都是非常满意的。

阿里巴巴的全球化战略

　　澎湃新闻：天猫国际是阿里全球化布局的重要一步，接下来，在全球化布局方面，还有哪些工作要做？

刘鹏：今年是阿里全球化布局开始的非常重要的一年，我们有新的同学白求恩（Michael Evans）加入，他是阿里巴巴集团的总裁，负责整个国际化的项目。国际化项目说起来非常简单，我们是从买全球到卖全球。现在，我们是把全球的商品买进，未来是让全球的货品进行流通。

第二个方面，从马总（马云）的角度来说，我们阿里倡导在未来在 EWTO（大意为"电子化的世纪贸易组织"——编注）方面做更多的探索和实践。现在WTO 是世界性贸易组织，但电子商务在世界上也有非常强的市场，电子商务事实上在改变全球贸易的格局。我们（现在考虑的是），如何让全球买家感到，通过阿里巴巴在全球做生意是非常容易的，我们如何在这方面做更多的实践。举个例子，我们在澳大利亚发现一个六个人的小镇，这个小镇只做一个产品，就是做蜂蜜，这个小镇基本上是在无人区，所以它的蜂蜜当然是天然的，没有任何污染。我们发现这个以后，就通过合作方把这个六人小镇的蜂蜜放到天猫国际上销售了。我们希望，在未来有更多这样的全球性卖家能够受益。只要你的产品足够好，通过阿里做全球的生意都是可行的。

第三，在物流方面，我们希望快递实现全球包裹在 72 小时内就到位，这是我们的想法。整体规划方面，我们希望在未来能服务 20 亿人，这是整个集团和马总的愿望，我们希望能够做到。天猫国际在中间只是一环，我们更多会聚焦在进口方面，如何把全球好的货品引进来，未来我们会根据集团整个全球化布局，承担更大的责任，或者去做更新的业务模式。

澎湃新闻：在你看来，天猫国际在做怎样的创新？

刘鹏：天猫国际做的是跨境电商，做的是进口，我们做的是一个从无到有的过程，很多方面是在给行业建立一个商业模型。比如，我们去年做保税模式，后来行业内都纷纷做保税模式。我们在做很多方面的创新。

举个例子，我们现在在做的一个新的创新是官网同购项目，我们会把国外的 B2C（商家到顾客）网站和天猫国际进行链接，通过机器翻译，让消费者很容易地在天猫国际购物，实际上浏览的是整个国外 B2C 网站的商品，但这个可以直接翻译过来，这样可以知道参数，知道规格，这样我们的丰富度可以极大提升。这就需要我们的产品、我们的技术、我们的商家做很多方面的创新与合作。

另外，我们也会做消费端的一些保障。我们在国内是唯一一家承诺如果晚到我们赔付的跨境电商。消费端大家都会讲，我们最快明天送到，最快今天下午送到，但事实上，谁都没有去承诺，如果晚于一个期间送到了怎么办？我们承诺，保税仓日常过程中，七天送不到我们就赔付。当然，我们希望未来这个实效会越来越好，这对消费者也是一件好事。

澎湃新闻记者　田春玲

杭州与西雅图之间的云计算对决不可避免

——专访阿里云数据事业部前资深总监　闫安

阿里巴巴集团董事局主席近日在公开场合发布演讲时表示，未来三十年，云计算、大数据、人工智能，都会成为基本的公共服务，各行各业都会经受巨大的变化。因此，阿里巴巴早就开始深耕云计算和大数据领域。阿里云数据事业部前资深总监闫安在接受澎湃新闻记者采访时认为，什么时候大家不再区分云计算是这家的还是那家的，而只是当成公共服务来想、来使用的话，对整个社会的生产力和思维都会有很大的改变。

阿里云数据事业部前资深总监　闫安

澎湃新闻：2015 年天猫双十一，阿里支付系统每秒可处理 14 万笔交易及 8.5 万笔支付，阿里云在这过程中发挥了怎样的作用？

闫安：阿里云为 2015 年的双十一搭了一个世界上最大的公共云和专有云混合云架构，把我们核心的交易系统——淘宝、天猫等交易系统——放到这个混合云架构上来，阿里是世界上第一个把这么多跟钱相关的系统大规模放到混合云的公司。这样，当海量流量上来的时候，我们能为这些流通提供巨大的弹性处理空间。

其他平台方面，举个例子，我们的 ODPS（分布式海量数据处理平台）最近刚刚破了四项世界纪录。我们的排序算法做到极致，对整个的数据流量起了很大的帮助。

澎湃新闻：目前，政府部门对云计算的应用有哪些？未来还将深耕哪些领域？

闫安：政府部门，我举一些已经发布的例子，比如我们跟海关的合作，一个是用它的数据来驱动业务，可以发现一些原来不用大数据很难发现的问题。我们和交通厅合作，可以预测一个小时、30分钟、15分钟后每条路的交通拥挤情况，这样交通部门可以更精准地指挥流量，这个预测精确度可以达到92%。我们做的是平台，我们希望把阿里云的数据能力全部释放给我们的伙伴，包括政府和企业的伙伴，我们本身没有设任何限制。我们的云计算大数据适用于很多行业，我们会和行业专家、行业ISV（渠道商）等生态伙伴一起来帮助政府把各个领域打通，使用我们的大数据。

澎湃新闻：阿里云的业绩一直在高速增长，可以认为是阿里云迎来了业绩爆发期吗？

闫安：阿里云的业绩增长和过去七年来的技术储备是分不开的。经过七年的努力，我们在各行各业，比如在网络、安全、存储、计算、大数据的分析挖掘等各方面，都储备了大量的能力，这些能力再经过我们内部海量数据、海量业务的磨炼，都非常成熟。这种能力不管是放在政企市场，还是公有云市场，对工业界的冲击还是比较大的。就是技术上的红利，带来了我们的高速增长。

澎湃新闻：外界认为，中国云计算市场的对决将发生在阿里巴巴和亚马逊之间，您如何看这场杭州与西雅图之战？

闫安：从目前来看，阿里云和亚马逊、微软、谷歌等最近财报都非常不错，大家看上一个财季（2015年第三季度）亚马逊增长了78%，我们增长了128%。从这可以看出，这是大数据和云计算市场整体开始爆发的一个前奏，为什么我们说这场最终的战斗会在杭州与西雅图之间发生呢？因为亚马逊代表了美国，是美国大数据发展的最高成就，阿里云是中国的一个代表，在这个前提下，阿里云要进入国际市场，中国的软件业要进入国际视野，这次亮剑是不可避免的。我们储备了这么多云计算、大数据方面世界领先的技术，在技术方面我们不差的。我们现在处于追赶者的角色，一个是我们发力比较晚，另一个是国际上对大数据、云计算的认知程度领先于国内，但这是一个可以弥补的差距。

澎湃新闻：阿里云如何借助云与数据来帮助传统产业实现"互联网+"的转型？

闫安：互联网+是一个新的概念，如何把互联网的思维送给传统企业？阿里集团本身在国内是互联网基因和互联网思维非常强的一个企业，我们集团内部都是数据驱动的，我们做到了数据驱动业务和业务数据化，我们把这个能力释放给政企伙伴，这样他们进入互联网+可以少走很多弯路。

澎湃新闻：您如何理解"数据和计算能力给人类带来的普惠价值"？

闫安：云计算是一种公共服务，数据是一种资源。说云计算是公共服务，这是什么意思？现在用电是用插头，插上就可以用。什么时候大家不再区分云计算是这家的还是那家的，只是当成公共服务来想、来使用的话，对整个社会的生产力和思维都会有很大的改变。数据为什么是一种资源呢？越来越多的公司发现，只是简单地做业务，没有数据的沉淀，以后的竞争力会越来越差，以后大家比拼的是你数据的能力和在数据里面挖掘新业务的能力。从这个角度讲，云计算和大数据将是未来主要生产力的代表。

澎湃新闻：医疗大数据的挖掘还是在浅层次，如何看这方面的挖掘？

闫安：隐私这件事我们一直都是非常慎重的，但并不是所有数据的挖掘都牵扯到隐私和个人数据。比方说，我们现在在做的一个项目，是通过一些自愿者在社区里搜集一些心电数据。这个心电数据除掉个人的信息，脱敏之后变成了一个很普遍的数据库。这是中国人的第一个心电数据库，以后的心电检测算法就不需要通过外国人的心电数据进行检测，这对于整个中国社会救助心脏病人是有特殊意义的。至于那些隐私的问题，只要搜集人区分好哪些是隐私的数据，哪些不是，在使用时有选择地去挖掘有用的东西，把该脱敏的都脱敏掉就好了。

澎湃新闻：在您看来，阿里云在做怎样的创新，未来会给人们的生活带来哪些改变？

闫安：阿里云坚持把自己的数据能力和云计算的能力释放给创新创业者，培育这些人。我们会把我们的工具，包括数据服务本身，和各行各业的创业者捆绑在一起，看能不能擦出一些火花。OTO（线上到线下）、零售、音乐、媒体，在各行各业我们都有大数据方面的尝试。

澎湃新闻记者　田春玲

虚拟广场：微信在城市的崛起
——专访微信城市服务项目负责人　顾海君

　　微信深刻地改变了国人的社交方式，尤为重要的是中国人第一次有了亮明身份的广场式社交，通过微信群催生各种实质性的社交团体，志趣相近的人终于可以结成圈子。这是现代社会应该的、必需的组成部分。所以再怎么强调其重要性都不为过。而且微信还有诸多实用功能，无论是就医挂号还是各种生活缴费，都可以在微信上完成。在纪录片《中国实验室》拍摄期间，微信城市服务项目负责人顾海君接受澎湃新闻记者专访时表示，原来的电子政务和便民服务可能离用户相对比较远，还不是那么触手可及，微信城市服务首先是把这个距离拉近了。另外，微信的链接能力可以被利用去改造原来的业务流程。

微信城市服务项目负责人　顾海君

　　微信令人信服地再次验证了科技具有推动社会大变革的强大动力，而且这个力量也是不可阻挡的。

　　澎湃新闻：对大众来说，微信城市服务目前可以做哪些事情？

　　顾海君：微信城市服务会聚焦在四个板块，给广大市民提供服务。第一类是政务类服务，是由政府各委办局提供的；还有是生活类服务，就是有些公共事业单位提供的一些方便民生的服务。下面两个是我们认为应用频率非常高的服务，一个叫交通出行，还有一个是车辆服务。目前我们在这四个方面去着重发展。

比如在生活服务里面，目前最高频的服务是医疗，我们会做一个统一的类似挂号平台的产品，这也是我们接了第三方机构包括政府机构（像卫计委）指定的合作伙伴提供的一些能力，还有类似独立医院那样的产品。这里面我们做到了挂号缴费以及诊间缴费、拿检查报告，甚至有的医院做得好的，取药这方面，都可以微信付费，然后药品快递到家。城市服务不仅是原来意义上的信息化，而是把现在的线下流程进行改造，加以线上化。

澎湃新闻：这些服务是基于什么样的技术或者数据平台完成的？

顾海君：这个平台背后都是各个委办局自己或者合作伙伴的公众账号，微信是一个开放的平台，我们基于微信的接口封装了很多能力，这些能力都统一在微信开放平台的体系里，这些是我们底层的接口。其实委办局是利用公开的、开放的、免费的接口来搭建自己的业务，这种搭建也是基于 HTML5（第五代超文本标记语言）的架构，其实跟搭建一个 App（手机应用软件）或者搭建一个移动网站本质上没有区别，只是说利用微信这个平台以后，微信生态上的资源都可以使用。

澎湃新闻：微信城市服务部门是如何将政府部门的业务与大众链接起来的？以水电煤缴费为例。

顾海君：生活类缴费是我们平时经常用到的项目。原先使用的一些渠道是和银行卡挂在一起，或者 PC（个人计算机）端有这样的能力。我们现在做的是把它放到移动端，放到微信里去。首先需要提供一个这样的接口。有的我们是跟它直接连，当然这部分开发工作也是电力等部门做的，有的中间有一个平台做了整合，比如上海，就做了这样一个整合，这样的话会让账单等流程走得更完善，业务体验会更好。在微信端提供给大众一个入口，这些入口我们也做了很多创新，比如你跟你的微信账号绑定的话，这个账单就会像我们刷卡消费一样，每个月账单会自动给你的，我们点击之后就可以付费。上海这边做了更多的创新，你可以语音绑定你的账单，背后是利用了微信语音识别能力。

上海是这样的：水电煤缴费这块我们链接了一家合作伙伴，这家公司叫上海付费通，它已经把缴费跟业务提供方电力公司、水务公司做了接口的整合，是面向各个渠道做的。微信来了之后，它又在微信平台上构建了一个缴费渠道，如果缴费的钱从微信用户端交给了付费通，付费通跟水务公司、电力公司有商业合作，它们会去清分这个钱。在这个过程中，我们跟付费通一起也做了很多创新，比如基于微信用户的绑定，用户可以收到基于付费通的推送，每个月的账单点击以后直接可以缴费。另外，付费通还可以语音缴费，这个是创新。

澎湃新闻：政务服务和便民服务两块业务有什么区别，政务服务会更困难吗？

顾海君：原来我们确实有这样的区分，背后的逻辑是这样的：一边是由我们的政府机构来提供一些能力和服务，一边是公共事业单位提供的服务。举个例子，像户政类，肯定是政府机构提供的，像民政局的婚姻预约等等，还有类似图书馆、旅游方面的服务，以及可能是由客运公司提供的汽车购票服务。相对来讲，有商业气氛的便民服务，创新方面相对做得好一点；政府机构这边提供的服务，它们原来的信息化更多关注本身的业务系统，没有把目光重点投向对用户端的界面，微信起的作用就是让它们在用户端的界面做得更好。

当然，在合作过程中，有两个思想的交锋，我们在合作初期也花了不少精力和大家讲解，为什么到客户端的能力是重要的，为什么我们要从用户的思维去思考梳理你的业务本身。经过一年多，包括互联网＋这个事情来了以后，我们的政府机构也考虑到了业务本身的出发点，认识到应该从用户角度去做。这一点是让人欣慰的。

澎湃新闻：目前，城市服务正在着手做的未上线新业务是什么？

顾海君：我们先前看到，很多业务在政府的各个委办局之间是割裂的。客户要办事情，要去不同部门，比如就医，牵涉到医院、卫计委、医管局，报销是人社部下面的医保。后面，我们希望把这些部门打通，比如报销的时候，医保能不能自动扣除，这样会免去你线下用医保卡排队的过程，这些是我们继续要去做的。再比如像交通出行，在广东，我们已经去做了 ETC（不停车电子收费系统）快速充值。ETC 是非常好的，可以让人们非常快地通过闸机口，这里面的痛点是，ETC 的线下网点非常少，充值一直是比较大的麻烦。现在我们做的创新是，通过蓝牙模块，让乘客坐在车里面可以直接去给卡充值。这是我们做的一些创新。未来我们希望在全国做推广，毕竟 ETC 在全国已经联网了，所以在交通领域我们也会做更多的创新。

澎湃新闻：互联网数据平台为大众提供了便利，但同时也会涉及数据安全问题，你们是如何保证数据安全的？

顾海君：数据安全是我们在业务里必须考虑的一个问题，我们在跟政府各委办局合作过程中，也把数据安全放在非常重要的位置。其实就微信架构而言，微信对这些业务数据是不存储的。但是在这个过程中，我们会和委办局一起去考虑数据方面的安全。在城市服务这些业务上线的时候，我们还做了数据安全漏洞扫描工作，我们会用腾讯对安全的识别能力，帮助委办局去扫描它们业务上的漏洞，我们会提醒，有些业务是高危的，有这些漏洞是不可以上线的。我们会帮助委办局去改，去填补这里面的漏洞。我们希望能够和委办局一起给大家提供安全又可靠的业务。

澎湃新闻：您认为目前城市服务在做的是一种怎样的创新？

顾海君：原来的电子政务也好，或者便民服务也好，可能离用户相对来讲比较远，还不是那么触手可及，微信城市服务首先是把这个距离拉近了。另外，我们也是利用微信的链接能力去改造原来的业务流程。比如快速理赔，两辆车相撞之后，在现场报案，这块其实就可以用微信的拍照能力，上传相关信息给公安系统后台，后者在远端就可以做远程的定责，然后给到保险公司，其实保险公司也很愿意创新，它可以做远程定损，这样处理一个轻微事故只需要三五分钟，不会有拥堵的情况存在。这样其实对交通来讲也是非常好的事情。这样的例子还挺多的，我们是利用移动互联网的链接能力去改造原来的业务。

我们现在面临一个问题，我们中国人口这么庞大，如果我们要享受到国外公共服务的水平，可能要求我们政府机构投入更多人力和资源，比如需要更多警察，需要更多医生，需要更多公务员，这个是跟政府精简机构背道而驰的，所以要更大限度利用移动互联网。微信创新就是基于这一点，我们去优化流程，提升效率。这样，我们在享受国外非常便捷生活方式的同时，也不至于投入太大的成本在里面。放眼全球，我们也算是首创，在不断地尝试。

澎湃新闻：微信城市服务在国际业务拓展方面有什么计划？

顾海君：我们看到，我们的出国人数越来越多，这里面的痛点我们也会进一步解决。目前在出入境这块，我们主要对前往港澳台地区的签证等流程作了便捷性的提升。后面，比如在东南亚有很多免签的国家，这里面我们在尝试，是否也可以做到不出家门就可以直接办理这些业务。另外，我们设想中国游客到了当地，能不能给他们提供一些当地的便捷服务？比如微信支付，可以在境外用人民币直接支付，然后通过央行结汇系统结汇到国外，目前已经具备这样一个基础。我相信，在不久的将来，我们将为在国外的中国人提供更好的服务。

澎湃新闻记者　田春玲

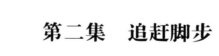

第二集　追赶脚步

本集主要讲述中国企业在机器人、半导体、大飞机及航空发动机等中国相对弱势产业领域的追赶情况。

本集特色在于，讲述中国企业追赶现状的同时，向观众展示了国际上相关产业领域的先进公司正在如何开发、布局中国市场。

中国的工业化仅仅靠互联网的强大是无法实现的，还需要有强大的制造业，由于中国高端制造起步较晚，以精密制造、半导体等为代表的高端制造业，一直是中国工业化的难点。经过30年开放，中国完成了人才和资金的积累，开始在高端制造发力追赶。由于中国巨大市场的向心力，大批外企进入中国，GE、霍尼韦尔、高通、安川等世界巨头都在中国落地生根，培养了本土人才，带来了新技术，更重要的是让中国人明白了什么是市场经济。在这过程中，中国人学会了海外并购，学会了科学体统地组织科研创新，也学会了如何在高端制造领域和海外巨头竞争。这个过程是艰苦和漫长的，但国内市场足够大，中国企业足够有活力，使中国高端制造追赶的脚步稳健而充满希望。

国产机器人没什么利润

——专访安徽埃夫特智能装备股份有限公司董事、总工程师　游玮

中国精密制造业的崛起，必然先要解决如何面对国际巨头们的问题。以机器人产业为例这是一个需要有深厚积累的行业，在技术上没有弯道超车的可能性。算法、伺服、减速器等每一个环节都不可偏废。而中国企业在技术积累远远无法和巨头们相比。要想进入利润丰厚的汽车制造机器人市场还不现实。但好在跨国巨头不可能占据所有市场空间，比如巨头们精力不足，无法做好中小企业、边缘市场的服务。只要有了市场，解决生存问题就有希望。技术可以慢慢积累，也可以海外并购。如何去说服市场，为中国精密制造求得生存，《中国实验室》专访了安徽埃夫特智能装备股份有限公司董事、总工程师游玮。

安徽埃夫特智能装备股份有限公司董事、总工程师　游玮

机器人技术的发展方向

澎湃新闻：引进意大利技术，你们是怎么考虑的？

游玮：中国做自主品牌机器人这条路还是非常艰难的，我们与国外竞争对手的差距非常大，国外做了三十多年，而中国做了还不到十年，如何能够快速地迎头赶上？我觉得最重要的一点，除了坚持自主创新，还要整合国外技术团队和技术资源，吸收、消化、再创新。我们有快速吸收国外优秀技术团队经验

的能力，现在有爬到巨人肩膀上的能力。

基于这个思路，我们开始寻找并与海外优秀技术团队进行战略合作。2014年我们收购了一家做智能喷涂机器人的公司，补充了我们喷涂机器人的产品线。这家公司做机器人做了二十年，对智能视觉技术、专家系统，对我们其他领域机器人的产品开发，也提供了很好的借鉴作用。这个收购成功之后，今年（2015年）我们还同时开展两个细分领域的机器人海外团队的技术并购。

我们在海外寻找到的资源必须与埃夫特的细分市场形成互补。就像喷涂，它是一个细分市场，工艺要求非常高，需要很长时间的技术积累，我们接下来做的是铸造、金属加工。这些细分市场的深度介入，对我们机器人的工艺、功能、智能化的提升有很好的借鉴作用。

澎湃新闻：机器人的视觉和智能是不是机器人发展的方向？

游玮：现在的工业机器人，从某种程度上说只是自动化的设备，要将它称为"人"，它必须具备两个要素。第一是感知能力，像人一样能够感知操作对象的不同，感知工件的一致性不同，工件种类不同，工艺的要求不同。第二，它要像人一样有大脑，能思考，根据物件的不同，能够选择哪一种作业程序，完成作业要求。埃夫特重点提高机器人的智能作业技术，也就是给机器人装上眼睛和大脑。眼睛感光就是视觉，大脑就是未来的智能工艺专家系统。

澎湃新闻：机器人行业竞争激烈，埃夫特如何应对？

游玮：现在的工业机器人，都是按我们预设的轨迹运转，让机器人去高精度地重复作业，但这种作业不适合中国广大中小企业用机器人的要求。中国广大中小企业除了一次性投资很高之外，痛点在于它用机器人会带来很多运营成本，甚至可以说，被自动化所绑架。一些中小企业，花大量资金建一条生产线，但它没有专业团队去维护，而且工件的一致性很差，工件的种类很多，导致每一个工件都需要编程，但编程人员非常稀少，同时只会机器人编程还不够，还要有既懂工艺又懂编程的技术人员进行作业，这样的人更加紧缺。中小企业必须花钱去养一个专业化团队，维护这生产线，这就带来很高的运营成本。

特别是在中国，单件、小批量、柔性化制造比较多，未来这种 C2M（顾客对工厂）的制造方式是不行的，因为如果机器人变得很复杂、很难用，而且每次换产的时候，都要很高的技能去编程，这会阻碍广大中小企业用机器人，省人不省心，虽然替换了人，但还需要请专业团队去维护机器人，门槛非常高。

让机器人变得更易用、更智能，使用机器人就像用普通手机代替单反相机那样，可以让每一个人都变成摄影师，所有的人都会操作机器人，不存在后期使用门槛，这是我们未来努力的方向，就是基于人工智能技术和智能感知技术，将机器人的使用门槛彻底降低。

同时，我们要将高端工程师的专业知识代码化、程序化，形成一个智能专家系统，上传到云端，再通过高速互联网将这些知识进行分享，让每一个终端用户都能享受到这些高水平的技术知识，才能使机器人应用真正落到广大中小企业。这样，中小企业使用机器人水平的高低，就不依赖公司自身机器人工程师的水平，而是依赖于云端的智能化机器人工艺的服务。

本土机器人市场与未来

澎湃新闻：中国本土机器人市场有何特质？

游玮：中国未来的机器人市场主要在一般工业，或者叫通用工业。因为机器人最早应用在标准化程度比较高的汽车、电子这些行业，这些行业被国外机器人品牌垄断了，国内机器人公司要想进入这些行业，门槛是非常高的，因为采购成本大大高于别人，品牌又没有优势。

中国除了像标准化程度比较高的汽车行业和电子行业之外，还有铸造、金加工、陶瓷、卫浴、家具、制鞋、酿酒发酵、食品，以及家电这些一般工业，这些行业才是我们自主品牌机器人真正可以掘金的蓝海。这些行业的机器人需求现在大家还无法认识，原因在于我们现在的机器人还不能满足这些行业的特殊要求，因为这些行业存在同品种小批量的问题，同时产品的一致性很差，前道工序存在很多的多样性。如果我们要进入这些行业，就要突破这些技术。同时这些企业里面，大量的是中小企业，中小企业不像大型企业那样拥有强大的设备维护团队，智能技术是进入这些行业必须做的事。中国工业机器人市场的蓝海在于广大中小企业，如何抓住这一块市场是本土机器人的出路。

澎湃新闻：与外企竞争是否要靠后期服务，还是有其他办法？

游玮：肯定要基于服务。要进入一般的中小企业，必须降低后期使用门槛，解决企业的后顾之忧，使它感到不被自动化所绑架。如果要提高这种服务，必须基于现在的互联网技术。我们在云端有一个工艺专家系统，所有工件要求可以上传到云端供用户自动搜索，以前有没有做过类似特征的工件，有的话程序自动下载，就不需要它在现场找工程师去编程，维护人员的编程要求会大幅降低。通过这种方式我们可以大大降低技术的使用门槛。但如果不是通过互联网，我就得派很多工程师，到每个终端去服务，对任何一个机器人企业来说这都是不现实的，成本非常高，只有通过互联网、云端的服务技术，才能使我们的服务成本降低，服务效率提升，响应速度更快。

澎湃新闻：埃夫特技术与外企比起来，差距在哪里？

游玮：埃夫特的机器人与国外竞争对手相比，性能没什么区别，因为核心部件和解决方案类似，差距在于外企是多年的标准化作业，积累了很长时间，我们在功能性、工艺性上没有它们那么强。所以在一般工业领域，我们要抢先积累这些工艺，譬如我们的机器人在陶瓷、卫浴行业的使用量超过任何一家外企。

另外，机器人的可靠性需要大量应用来验证，以不断提升。国外有几十万台机器人在市面上，有大量的数据可以支撑机器人生产企业做后期改型，以提高可靠性，而国产机器人刚刚开始，需要不断进行应用验证，有个不断提升质量的过程。当然后期我们也会快速利用互联网技术，加快这种应用的验证周期。早期的机器人卖出去之后，故障信息收集来自它的渠道商、代理商、集成商，包括终端客户的自动反馈。这存在失效和沟通缺乏完备性的问题。而现在，所有机器人都加载 3G 模块，机器人售出之后，我们通过互联网技术进行远程数据采集、远程数据诊断，可以从客户的现场第一时间知道机器人的状态，不断收集相关信息，快速提升我们机器人的可靠性。有一个准确的、可靠的、可信的数据反馈通道，这可以缩短我们提高可靠性的时间。

澎湃新闻：外企会不会也用云端做售后服务？

游玮：会，但是在云层面的竞争，比我们在传统领域去追赶外企的机会更大。因为在这个领域，大家起点差不多，互联网技术拉近了我们国内与国外科技的差距。云计算、深度学习、人工智能这些技术都刚起步，在这个领域我们是有弯道超车的可能的。我们不是埃夫特一个人在战斗，我们本身也有很多国外的团队，明年（2016年）我们会在美国设立一个人工智能、机器人智能作业机构的研发中心，其实也是为将来做布局和储备，在这个问题上，我们相信我们会有机会。

澎湃新闻：未来机器人竞争的点不在关键零部件？

游玮：机器人的核心部件分两块，一块是软件，涉及智能化，作业的智能化，包括感知、推理、专家系统；另一块就是系统本身的性能，涉及精度、效率、刚性，这部分就是核心零部件的问题。埃夫特实际上从2008年就想做核心零部件。每一个核心零部件都是很细分的学科，需要很专业的团队来支撑。埃夫特跟国内外最好的团队合作，而不是自己从头到尾都做。我们在零部件方面有很多好的国内合作伙伴，帮我们做国产零部件的布局，同时，由于我们跟国产零部件形成一个良好的生态，国外零部件供应商也在主动给我们降价。

如果我们一开始就去做国产零部件，因为国产机器人的品牌是非常脆弱的，如果国产零部件做得不可靠，把不靠谱的零部件放到一个刚刚诞生的品牌上，这对国产机器人品牌就是毁灭性打击。而且一旦用了之后就是不归路，你不可能换回来，换回来就承认你自己的零部件技术不行。所以我们的思路是，给国产零部件合作伙伴足够的时间，我们先在小范围试用，譬如到与我们关系较好、容忍度比较高的客户那里去试用国产零部件，等它们真正验证靠谱了，再逐步大比例地去替换。

澎湃新闻：这么说，软件应该和硬件差不多重要？

游玮：软件部分，分若干层级，底层像运动控制、伺服控制，我们有很好的解决方案。这部分自己做的意义不大，因为国外做得很成熟，再做十年跟人家做三十年的效果可能差不多，而且现在有很多可以选择的方案。创新首先是一个集成，集成之后形成增量部分，增量部分在于工艺层、智能感知、工艺这块，像人一样去思考，可以指挥手臂进行动作，但手臂具体怎么动作、软件算法等，我们有国内外现成平台进行整合。工艺这块大家都没有，我们可以将自己的 knowhow（技术诀窍）、自己的特色加进去。底层这块技术，大家都差不多，你再去研发，研发出来还是差不多。不会形成增量，这就不是我们的重点。我们的重点是做大家现在没有的那部分东西。

澎湃新闻：客户对埃夫特机器人的反馈如何？

游玮：埃夫特早期的机器人到客户的现场之后，坦率地说，还是出现了很多问题。这些前期的问题对我们来说就是最宝贵的财富，因为工艺问题、灵活度问题、可靠性问题、功能性问题都对我们的设计反馈起到很好的指导作用。

但现在随着我们在一些行业逐步做深，逐步趋于稳定，有些客户已经把我们作为行业标配，比如我们的陶瓷喷釉机器人，现在前十大的卫浴厂，有七八家都在用我们的机器人喷釉。我们很多客户是集成商和渠道商，这些集成商和渠道商在埃夫特的发展过程中起到决定性的作用。它们是用机器人的，埃夫特是造机器人的，用机器人的对造机器人的有绝对的话语权，在对机器人的功能、可靠性的判断方面，会给我们提供很多有用的指导意见。

早期跟我们走过来的集成商都有非常好的技术水平，因为我们的机器人早期功能有种种缺陷，不完善，它能把我们的机器人用好，而且在行业里面扎根下去，形成标准，说明它本身技术实力非常高。ABB（电力和自动化技术领域的全球性领导企业，总部位于瑞士苏黎世——编注）的集成商很多，因为 ABB 的机器人很稳定很可靠，功能都是现成的，直接去用就行了，而我们的机器人很多要联合开发。集成商一定需要很强大的技术支撑，能看到我们的问题，甚至跟我们一起去解决问题，才能把我们的机器人真正深入地应用到行业中。

如何走出实验室

澎湃新闻：你们早期是如何走出实验室的？

游玮：机器人必须用，如果不用，永远是实验室的样机，所以早期奇瑞汽车生产线的大规模使用，使我们从实验室产品、样机变成商品，为我们提供了很好的机会。因为汽车行业对机器人的可靠性要求非常高，早期奇瑞的应用奠定了埃夫特产品设计的一个理念，包括可靠性的验证。但是汽车行业的应用比较单一，所以下一步要做的是功能性的问题。

澎湃新闻：你们团队很年轻，团队来源是怎样的？

游玮：由于海外收购，还有90名外籍工程师。在意大利两个地方。

澎湃新闻：国内外研发团队如何分工？

游玮：未来的研发会走全球协同研发机制。埃夫特本部的国内研发工程团队主要做产品化、工程化以及应用程序的开发。欧洲团队做一些前端研发，如面向工业机器人具体细分市场的前端研发，应用层算法、智能算法的研发。我们在美国将要建的一个团队主要做最前沿的人工技术、云技术、专家系统、模式识别、深度学习的研发，它们输入来自欧洲那边的工艺经验的数据库的积累。

澎湃新闻：您办公室里这块"锲而不舍"的牌匾有什么寓意吗？

游玮：这个行业太难了，如果没有锲而不舍的精神，我估计大家都很难坚持下去。坦率地说，国产机器人目前没有什么附加值，没有什么利润，因为这个行业还在培育、投入。未来机器人真正的附加值在于服务，后期可能不是去卖机器人，而是去卖服务，甚至企业会去租一个机器人。要进一步降低中小企业买机器人的门槛。像有些行业，像福建南安做水龙头的，几千家企业，每个都是两三个人的作坊，你不可能让它去买机器人，最合理的方式就是租给它机器人。甚至我们在当地设立一个示范车间，提供来料加工的代工服务，卖服务就会产生附加值，这个附加值要比我们卖机器人高很多。

澎湃新闻记者　柴宗盛

日本企业教会我们做机器人

——专访安徽埃夫特智能装备股份有限公司董事长兼总经理　许礼进

2008 年以前，奇瑞汽车生产线上的机器人完全依赖国外进口，后勤保障受制于人。为了节约进口成本和使用成本，2007 年 8 月，源自奇瑞汽车设备部装备制造科的安徽埃夫特智能装备股份有限公司正式成立。为此四处寻找支持，直到和日本公司合作之后，埃夫特才真正学会如何做机器人。由此可见，技术进步的曲折复杂，有太多的出乎意料。

安徽埃夫特智能装备股份有限公司董事长兼总经理　许礼进

2015 年底，《中国实验室》专访了安徽埃夫特智能装备股份有限公司董事长兼总经理许礼进。中国机器人行业发展程度如何？市场前景怎样？机器人行业的未来将有怎样的图景？对这些问题，许礼进总经理予以详细解答。

中国机器人需求的空间会越来越大

澎湃新闻：奇瑞做机器人的经历是怎样的？

许礼进：我本人是做汽车的，做汽车就要接触机器人。早期我们奇瑞汽车的自动化程度并不高，后来奇瑞汽车本身需要提高质量，也是为了降低成本，我们就到国外引进一些自动化设备。对我本人来讲，第一次到国外汽车厂学习的时候，（我看到）国外的汽车都是由自动化很高的流水线生产出来的，车间里的人很少，大部分是靠机器人，靠自动化来生产。当时我就特震撼，我们大部分还是靠人来作业。后来我们就引进了国外的机器人。

十多年前，国外的机器人公司对中国的市场不是特别看好，当时中国机器人的市场也不是很大，中国毕竟还是人口大国，所以在机器人引进方面，量不是很大，当时老外对我们的服务也不是很好。记得当时出了一次故障，我们就请国外的工程师来帮我们解决，代价就是他们从国外上飞机一直到回国下飞机，一个小时收几百欧元，这个成本确实很高。我们就想，能不能自己掌握机器人技术，自己造汽车。

当时奇瑞是个创新企业，我们的设想很快得到高层领导的支持，就开始造机器人。我们当时的梦想就是，用自主品牌机器人造自主品牌汽车。我们认为，随着中国人口红利的消失，自动化需求包括机器人需求，未来空间会越来越大。

研发机器人的过程比较痛苦

澎湃新闻：做机器人有几条路，一条是挖成熟团队，另外是找技术合作方，你们呢？

许礼进：我们当时造机器人走了很多条路。首先，也是想跟国外合作，但是国外并不是很看好中国市场，我们和国外谈合作、合资、技术转化，都没谈成。后来我们第一步就是跟高校合作。虽然中国几十年来机器人产业没怎么发展，但是机器人有一部分技术，包括国家科技部支持的 863 机器人项目，在高校的研究院所是有积累的，所以我们找了当时国内在机器人领域水平最高的学府，哈尔滨工业大学，走上了产学研合作这条路。

我当时是奇瑞设备部部长，因为我们此前引进国外机器人，我属下有一批年轻人跟国外机器人公司学习了一部分机器人技术，可能还是皮毛。我们组织了一个队伍，跟哈工大的教授联合开发，做出我们的样机，这是我们的第一条路。

做出样机后，我们就用奇瑞的平台，进行不断的验证试验，然后改进。这条路确实也比较痛苦。机器人研发涉及机械、精密加工、软件、电子、控制等很多学科，所以在奇瑞验证的时候，也出现了很多问题，我们一步步改进，这样把样机做成熟。然后我们觉得做产业化还很难，因为机器人是高端装备制造业，我们当时从零部件配套到加工制造，到市场开通，都面临很大的问题。所以当时又利用奇瑞的平台，跟一家日本的机器人公司进行合作，利用奇瑞的市场换技术，走上了这条道路。

通过合作，我们才真正进入机器人这个领域，才知道机器人相关的零部件是怎么造出来的，整个加工的工艺是怎么做的，包括检测手段是什么，用什么加工装备、加工器具，应用方案怎么做。跟日本这家公司合作之后，我们了解到了什么是机器人产业。

澎湃新闻：大家对高校的印象是理论研究比较多。

许礼进：高校的职责就是研究教学，你把产业化的事情叫高校完成，是不合常理的。高校把我们带入这个研究之后，后面的事情就靠我们自己了。我们跟高校合作之后，才知道机器人什么结构，怎么设计，从动力学、控制学上怎么分析，怎么控制加工，我们对机器人的基础有了很深的了解。

澎湃新闻：当时跟日本企业的合作是怎么样的？

许礼进：奇瑞在前几年建了很多工厂，每个工厂有很多机器人需求，然后我们拿这个需求跟日本机器人公司合作。早期是买 20%，后面买的时候是我们联合制造，再后面是你提供资料，我们制造，你教我们，质量我们把关。我们是分三步走的。走了这三步之后，我们学习到了日本的机器人技术。

要把机器人做成熟、做成功，必须靠国产化

澎湃新闻：目前国内做机器人的企业大部分好像还不是很成功。

许礼进：目前最主要的还是开拓市场，解决行业的应用。真正把机器人和我们的产业结合起来，是有很多技术要做的。现在机器人推广最大的问题还是技术，包括每个行业的应用技术，再是零部件技术，所以我们也是各个行业突破。找一些行业应用，然后错开跟国外成熟机器人公司的竞争。

你像汽车行业，我们肯定竞争不过老外，所以我们就错开汽车行业，虽然

我们是汽车行业出身的，有着汽车行业的经验，但可能打不过老外，这个市场是很大，但不是我的菜。没办法，我就错开竞争，去别的行业开拓。别的行业又没有使用机器人的经验，所以从头来，先用试验机器人给人家先试用，然后逐渐了解别人的工艺，然后把别人的工艺和我们的机器人结合在一起，然后了解这一行业的生产模式、工艺特点，包括人员的操作技能，逐步地，先试用，再逐步推广。（这个过程）也很艰辛。机器人行业未来空间很大，但要走的路确实也很长，所以我说我们刚刚开始。

澎湃新闻：因为有奇瑞这个平台，你们第一步走得还是比较成功的。

许礼进：第一步是用奇瑞的平台，把机器人做成功了，做出产品来。推向市场的时候，还是要靠自己找行业应用，所以第二步是找到一些新的领域开拓市场。第三步，就是整合其他的一些技术资源，把这个产业链真正做通。

我们在零部件方面整合了很多国内国外的优秀资源。在芜湖，有的是资本合作，有的是项目合作、技术合作。比如机器人的控制系统、伺服驱动系统还有减速器，这几个是目前最难的，基本上靠进口，但进口的成本比较高。如果我们要把机器人做成熟、做成功的话，必须靠国产化。当然国产化我们前些年已经布局了，现在我们的一些关键零部件合作伙伴的产品逐渐在成熟起来，这对我们未来降低成本有很大的帮助。

我们现在是以机器人产品为主，下游不断地开拓行业应用，打开市场，然后带动我们的零部件不断成长起来。我们现在刚刚起步，我相信再过几年，我们能够闯出一片天地出来。

现在团队核心员工都是公司股东

澎湃新闻：汽车机器人现在占你们的比例不高。

许礼进：有最好市场的地方，也是最激烈的战场。我们现在走的是农村包围城市这条路，开辟新的革命根据地。这是没办法的办法。

澎湃新闻：有国企背景的创新企业，人才引进这方面怎么做？

许礼进：像我们这样的高科技行业，最宝贵的资源就是人才。我们在人才方面下了很多功夫，也出了很多政策，特别是去年（2014 年）年底，我们的大股东下定决心，对我们团队进行股权改制，现在我们团队的核心员工都是我们公司的股东，团队现在是公司的第二大股东，接近 30%。核心团队成了公司的主人，从打工者成了自己的主人。我们通过股权把大家牢牢地捆在了一起。以前我最担心的是某某人才被挖走，现在很多外面的人才想进入我们企业，但前提是希望拥有一部分股权，大家不但看好短期利益，还从长远利益考虑，希望大家能够跟公司的发展牢牢地结合在一起。

澎湃新闻：你们的研发体系怎么建的？

许礼进：研发方面，我们投入很多。比如我们去年收购的一家意大利公司，我们主要看好它的技术，然后我们就在欧洲设了一个研发中心，研究一些后期的机器人技术，未来的机器人技术。我们在芜湖也有一个研发中心，我们在国外其他地方也在布局研发中心。我们的研发体系还是以吸引人才为主，然后结合我们的未来机器人技术。当然我们也给技术人员很好的激励，我们的核心研发人员都是我们团队的股东。

澎湃新闻：路上我们看到机器人产业园的牌子，芜湖政府对自动化这块支持比较大？

许礼进：芜湖的机器人产业是国家发改委和财政部批的国家级机器人集聚试点，芜湖的机器人产业在打造产业链上做了很多工作。包括机器人的上游零部件、机器人整机，以及下游应用，我们是围绕全产业链打造的，是通过全产业链打造来提高我们芜湖机器人产业的核心竞争力。

澎湃新闻：芜湖处于中部，人才吸引力如何？

许礼进：高端人才通过股权激励、事业来吸引。对中端人才，芜湖招聘还可以，因为周围合肥、南京有很多高校，一般的人才还是很好找的。

未来不排除进入服务机器人领域

澎湃新闻：消费机器人这块您怎么看？有何布局？

许礼进：我们现在先做工业机器人，通过工业机器人，掌握一些核心的零部件技术和核心的应用技术，包括一些软件技术。未来不排除进入服务机器人领域。

澎湃新闻：现在市场比较看好机器人这个行业。

许礼进：现在资金、人才纷纷向机器人行业倾斜。现在想投资我们的金融机构也很多。关键是我们自己要掌握核心技术。与老外竞争不过我就不竞争了，我们换一个领域，我把量做起来，等做到一定规模，我的成本降下来，我有优势了，再来竞争。

澎湃新闻：有专家表示，要警惕中国机器人产业向低端化方向发展。您怎么看？

许礼进：中国庞大的制造业需要机器人，这个领域的机器人市场实际上对机器人智能化要求更高，所以我们下一步的发展方向就是智能化。我们的机器人都不需要人编程，不需要人干预。一般工业对机器人的要求更高。专家讲的应该是产品的低端化，不能叫市场的低端化。市场并没有低端化，市场都是一样的，你能占领这个市场，你就有生存空间，你就能发展。

汽车行业对机器人的需求量很大，国外发展这么多年了，很成熟，但中国庞大的工业也有很大的需求，这个需求对机器人的要求更高。传统产业对机器人的需要是高端化，汽车行业对机器人的需要是传统化。

机器人的行业应用需要进行二次开发

澎湃新闻：机器人在各个行业的应用有什么区别吗？

许礼进：机器人不像汽车、手机，你买来就能用，大家都一样的。机器人需要对每一个行业进行二次开发，不同行业的应用是不一样的。比如用在汽车行业的焊接机器人，和用在工程机械行业的焊接机器人是不一样的，因为汽车行业的点焊与工程机械行业的弧焊对机器人的要求不一样。这个需要集成商去结合我们所服务的行业的特点、工艺要求，进行二次开发。

集成商需要与行业挂钩。为什么机器人行业现在推广难度很大？就是因为我们在这几个行业的技术都没有掌握，包括集成技术，有的行业集成技术还在验证，还没有用起来。全世界机器人干的工作只占到 0.62%，机器人现在干的工作还是微乎其微，机器人还没有人那么智能，还不能做很多人能做的事情，这需要我们下一步不断地去开发机器人技术，能够让机器人逐步达到或接近人的智能化水平，这样机器人才能尝试更多人能做的事情。

我们收购的那家意大利喷涂机器人公司，就是不需要编程的，你不论放什么零件，机器人扫描之后就能识别、作业，不需要人干预。集成技术我们能做，但有的行业我们需要跟集成商合作去做。每个行业的应用都需要整机厂跟集成商一起去推动。集成商就是整个解决方案。

澎湃新闻：对机器人行业的未来有怎样的期待？

许礼进：未来机器人发展空间肯定越来越大，中国才刚刚起步。机器人以后一定像计算机、手机一样，能进入千家万户，以后每家每户都会用机器人，每个工厂都会有机器人。机器人也像我们的手机一样，无处不在，无所不能，无人不会。

澎湃新闻记者　柴宗盛

中国机床打市场靠服务
——专访沈阳机床集团总系统师　朱志浩

　　金属加工技术历史悠久，美欧日等国积有百年储备，无论是市场占有、专利壁垒还是人才储备，它们都有巨大的优势，而且金属加工技术的演进路线环环相扣，少有跳跃。后进国家要想追赶需要补齐所有欠缺的功课，只有沿着巨头们走过的路，亦步亦趋尾随于后。但国际巨头们有更好的技术储备，更大的市场，更丰厚的利润，更多的科研经费。同一条跑道，巨头更强更快，后来者很难打破它们的优势。

沈阳机床集团总系统师　朱志浩

　　长久以来，作为追赶者的中国机床企业处境艰难。但是这些年的经历告诉我们，中国企业离互联网越近，机会就越多。

　　沈阳机床是中国机床行业的国字号，在 2013 年，沈阳机床集团就推出了具有工业 4.0 理念的数控机床系统，希望引入新的服务方式，走出一条不同的路，打破路径依赖，找到超越外企的机会。

　　"I5"是由沈阳机床集团总系统师朱志浩带领一群 80 后年轻硕士历时五年自

主研发的产品。其名称来自 5 个英文单词的首字母：Industry（工业）、Information（信息）、Internet（互联网）、Intelligence（智慧）和 Integration（集成）。

中国机床如何依靠互联网与外企争高下？ 2015 年 12 月，《中国实验室》为此专访了朱志浩。

不从零开始，可能将来根本无法应对

澎湃新闻：做 I5 是谁的决策？

朱志浩：关总（沈阳机床集团董事长关锡友）曾经跟我谈过，沈阳机床集团想自己做 I5，我是持反对态度的。我们从 2007 年开始做，往前推 10 年、15 年，国家每 5 年的研发攻关计划里面，都有攻克数控机床这个难关的计划。我们的中科院体系、高校体系都在孜孜不倦地攻克，有多少能够符合企业产品应用的？我觉得我们没那么大能耐。很多名望比我们高的人都没有做成功，我们凭什么做成功啊？而且我们只是一个企业做支撑，其他机构是国家做支撑，都没有做到令人满意的，我们怎么能做到令人满意呢？

后来因为他们有诉求，再就是当时有国家领导人和当地政府的推动，就变成了一个必须做的事情。

澎湃新闻：为什么这么难？

朱志浩：我也不大清楚。做到目前为止，你说我们完成这个开发了吗？我认为我们并没有完成这个开发，只是做出了一些产品，符合沈阳机床的部分应用需求，真正的研发远没有结束。我们走了一条和别人不完全一样的路。我们原先寄希望于拿市场换技术，我们也很天真地认为，我们有这样一个市场，慢慢地你会把技术给我。走不通的原因是，技术是它们的命脉，你能让它把命交给你吗？这不现实。

所以我们从 2007 年、2008 年开始，更多是在合作开发，根据我们的需求做二次开发。走到后面，因为它们对底层的封闭，对我们的模式不认同，最后出来的东西，成本极高，难以成为产品。2008 年我们组织了另一支团队，尝试做完全自主研发，而且这个时候有一个最基本的思路是明确的，我们做的过程中也在看国内同行怎么做。我们觉得大家总缺少一点耐心和持续性，都想以快餐的形式拿出一个东西来。我当时就跟关总提出来，我们必须自己做，而且必须从 0 重新搭建。我的团队完全是全新的团队，在上海临时招的。

澎湃新闻：为什么从 0 开始？

朱志浩：我觉得不从零开始，不从最底层开始做，可能将来根本无法应对。因为沈阳机床的产品太多了，你很牵强地做起来是不行的。这也是我们和意大利合作方在一起工作最困难的问题，我让对方变一变东西，那个累啊。他们的变化慢得一塌糊涂，导致整个研发进程效率极低。我想这也是我们要从零开始做的最主要的原因。

澎湃新闻：这个团队当时都刚刚毕业？

朱志浩：2007 年，我十个人不到，骨干像黄云是属于毕业的，刚出去一年，我们还有一个樊教授，把我们的学生捋了一遍，看哪几个人做这个事情可能会成功。7 月我搭建团队，10 月我就得去意大利培训。初创团队形成了一个很好的开端，大家交流很畅通，没有很多隔阂。大家都很用心，你不需要很多条条框框，几点来几点走，因为大家都有认同性和认知性，后面再招十个人进来，前面传帮带的方式也引导大家。现在有近 300 人，出现了很多规章制度，在最初的三四年内没有任何规章制度，完全靠自觉。回过头来看，搭班子的过程是很顺利的。

我们聚焦于用户，有先天优势

澎湃新闻：I5 技术水平跟市场上同行比起来如何？

朱志浩：我们的行业无非用西门子、发那科（FANUC）做对比，只要西门子、发那科能够做到的，I5 都能做到，而且绝对不输给它们。甚至我还能做更多基于我们企业自身对应用理解的特种功能拓展。比如对同样一个加工对象，我们可以一直涉及内部的插补算法等的改变优化。但我必须承认，西门子、发那科已经领先我们这么多年，一直在做成熟的产品，而且它们是一个放在哪里都很优秀的产品，我们现在作为一个机床企业做的系统，怎么跟它们竞争？（日

本发那科公司成立于 1956 年，是世界上最大的专业数控系统生产厂家，占据全球 70% 的市场份额。——编注）

我必须以一个机床人的角度思考我怎么做。举个例子，西门子、发那科的用户是谁？是机床厂。而我们机床厂的用户是谁？是具体在做零件、做切削材料的企业，我机床厂的人自己在做的系统能够直接插到最终的用户那里。在广谱的范围内，我们跟西门子、发那科肯定存在差距，但我们聚焦在我们的用户上，有先天优势。

互联网时代，中国是有竞争优势的，如果马云不在中国，他的用户不是中国用户，他也成不了。同样，全世界机床的用户一半在中国，我们要抓住这些用户对设备的需求。

澎湃新闻：硬件制造这块过关了吗？

朱志浩：从硬件制造的角度来看，无论西门子还是发那科都是在国内制造。我们的制造也不是在自己家里，是利用了社会资源的，车间在全国。有总装的，有部分组装的，我们提供的是一个完整的解决方案。

董事长是个奇葩，居然能宽容我们这么多年

澎湃新闻：中国机床和国外的机床相比如何？

朱志浩：中国的机床和国外的机床相比，很惨。机床是一个体系化的东西，这也是沈阳机床倒过头来自己做很多东西的原因。目前国内整个机床行业的很多协同工作已经开始做了，沈阳机床也做了很多工作，比如我们现在把研发整个放到德国平台上了。德国是整个机床技术最高端的地方，我们也有意识地把一些供应链、协同工作，通过欧洲引入国内，国内也有一些功能部件在逐步地提升起来。总体来说，还是有点压力，不尽如人意。坦白地说，包括我们的材料也是很要命的。

澎湃新闻：I5 研发投入 10 亿元，作为国企一定承受了不少压力。

朱志浩：整个体系十来个亿。所以我一直说，我们董事长是个奇葩，他居然能够宽容我们做这么多年，这是很难做到的。当初我反对做这件事情的时候，

还有一个原因：你说了不算的。我搭一次团队，我得对这些兄弟负责。

澎湃新闻：一台机床上的成本，控制器能占多少？

朱志浩：控制器通常占一台机床成本的四分之一到三分之一，主要看设备的大小。

谁有市场规模，谁就有话语权

澎湃新闻：有人说，机床领域要么使用日本工业语言，要么使用德国工业语言，因此工业互联网如果要搞一个统一的系统的话，中国搞成的可能性不太大。

朱志浩：这个有点绝对。任何一种语言都是可以翻译的，关键是人家是不是愿意翻译给你听。互联网时代，我们的信息获取过程有了很大变化，不像以前，中间是割裂的，现在信息的透明度已经越来越好。无论哪种语言，市场是有一个门槛设定的，但大家别忘了，怎么设门槛？中国的市场占到全球市场的百分之五十，中国是第一制造大国，也是第一消费大国，以这样的市场规模，谁更有话语权？真想认认真真自成体系的话，是市场决定需求，而不是技术决定需求。从这个角度说，我并不完全认同，除非它们不想跟你做生意。

澎湃新闻：I5 现在销量如何？

朱志浩：2014 年是第一年，当年卖了 1000 台，2015 年 I5 的销售已经超过 5000 台。

澎湃新闻：国内机床厂商销量如何？

朱志浩：断崖式下降，今年的产量是去年的 50%，一个是卖不出去，价格都降到了成本价、原材料价了。不赚钱，都是赔本赚吆喝。

怎样有附加值支撑产业，是最重要的事

澎湃新闻：沈阳机床集团向工业服务转型的商业模式有何变化？

朱志浩：中国制造，尤其是装备业，如果找不到一条新的出路，就是没路走了。你必须抛开买卖逻辑，也就是说，你 100 块钱，我就只能给你 100 块钱

的产品。

整个产业链上最重要的事情是，你怎么样有附加值能够支撑你的产业。沈阳机床集团向工业服务转的时候，就有机会不再是买卖关系了。我们还成立了金融租赁公司，成立了所谓的再制造公司，这样就把我的产品形成了一条龙的运转，哪怕这台设备报废了，它还有残余价值。残余价值是不是可以分摊在我的产品链条里呢？基于这样的思路，最好的我服务三年，三年保修。很少有机床终身保修的。我们说全链条里面，有多少价值可以拿出来分享，重新再创造出多少增值？这种增值才是你未来发展的可能性。基于原来的买卖关系，增值越来越少，大家都喊没法做了，为什么？卡死了，没有空间了。

澎湃新闻：你们现在服务的企业以小企业为主，可能有些企业是不稳定的？

朱志浩：在全世界，设备的有效利用率都不高，不会高于50%。我们的订单都是有波峰波谷的，波峰的时候你没有那么多制造能力，波谷的时候，你的设备闲置。很多企业都处于这种情况。

我们在尝试租赁模式，设备不再卖给你，我的装备租给不同的人用。以后，我们的设备租赁会占三分之一，刚开始尝试。

澎湃新闻记者　柴宗盛

韩国人能做到的，我们也能

——专访上海新昇半导体科技有限公司总经理　张汝京

　　半导体产业是现代工业的基础，相对于汽车和机械制造，半导体产业对后来者有更高的门槛，但后来居上的韩国在半导体产业为同为追赶者的中国做出了榜样。目前韩国在半导体设计、存储、生产上都取得了全球领先的地位。韩国成功的路径和原因值得总结，也值得学习。不过韩国对于敏感技术的获取，有更为宽松的渠道，而且韩国当时的时机也更为有利。可以肯定的是，韩国是以举国之力在半导体领域获得自己的地位，但要注意的是，韩国半导体的追赶，是以三星这样产权私有的公司为主题，其效率和激烈机制非国有企业可比，而目前中国半导体的主力军还是国企，而且也是国家大力扶持的对象。

上海新昇半导体科技有限公司总经理　张汝京

　　中国具有发展好半导体产业的条件，人才、市场、资金三者兼备，尤其中国是全球最大的半导体需求方。所以只要不出大意外，中国半导体产业必然崛起。但前提是必须尊重市场规律，尊重国际规则。不可因为资本充足和市场庞大而自傲、自满，也不可过分强调举国体制。

　　上海新昇半导体科技有限公司总经理张汝京是业界传奇，其本身就是一部半导体产业发展史，中国半导体如何追赶，《中国实验室》为此专访了张汝京。

国家给了我一个非常重要的使命

澎湃新闻：你再次创业为什么选择做硅材料？

张汝京：中国半导体产业发展得不错，发展也很快，目前 300mm 硅片需求量一个月约 40 万到 50 万片，但绝大部分供应都在海外，三分之二的量从日本来。国家科技部、工信部和发改委在"十二五"规划里就提到，希望国内至少能够生产 50% 以上的量。虽然现在国内每月需求只有 40 万到 50 万片，但估计到 2020 年，可能达到 80 万到 100 万片，那时压力就很大。所以政府规划这个项目要国产化，不仅是研发，而且是量产。有领导和投资人达成一些计划，把这个项目推动起来，希望我能来负责这个项目。我也很愿意。这是国家蛮重要的工作，对我是一个非常重要的使命。

澎湃新闻：这个项目之前国内为什么一直没有做起来？

张汝京：这个项目有相当高的门槛，国内研发过关，但量产有设备、技术上的障碍。早期是先进的生产设备进口有限制，现在是缺人才，生产 300mm 硅片经验充足的人才，国内基本没有，不过研发做得不错的人是有。所以，量产要从海外引进很有经验的团队合作，先把海外成熟经验引进来，再吸收，接着把本土年轻工程师培训起来。

澎湃新闻：海外人才从哪里来？

张汝京：目前做 300mm 硅片，能力最强的几个地区，一是日本，其次是德国，还有美国和韩国。美国的爱迪生太阳能公司、韩国的 LG 公司等，这些公司积累了很多经验。除了这几家公司，没有其他公司有这个能力，所以我们的人才就是从这些地方来，从日本、美国、欧洲和韩国都招聘。

澎湃新闻：那设备从哪里来？

张汝京：早期买这些高科技设备受限制，自从中国进入 WTO 以后，限制逐渐减少，但各个地区会自己设定限制，某些设备有限制出口的条例。比如有的设备在亚洲有些地方很难买到，但是欧洲比较开放，对我们比较友好，所以同样的设备从欧洲解决了。将来我们还是希望设备能够国产化。

韩国人可以做到，我们为什么不能呢

澎湃新闻：如何培育国内的设备供应商？

张汝京：韩国的半导体产业，三星、海力士（Hynix）在存储器方面是全世界最大的，两家加起来超过全球三分之二的市场。早期韩国也没有这些东西，它们从海外买了后，就栽培当地的厂商。花了二三十年时间，它们起来了，现在韩国能够合格生产这些原材料的企业很多，而且设备制造商也栽培起来了。所以在三星的工厂里，很多设备已经国产化。我们最近发现有一种很复杂的高温垂直的扩散炉或低压化学蒸汽反应炉，韩国当地厂商生产的设备，水准跟国际一流公司已经差不多了。

我们国内做这个的也追得不错。我们觉得国内也做得到。所以要大家一起来努力，当下游的客户有这个需要，也愿意使用国产设备，上游的材料设备整个产业链就能够带动发展起来。

澎湃新闻：用什么办法能让设备供应商把技术拿到国内来？

张汝京：我们已经和那些供应商在谈，拉单晶要用很大的石英坩埚，还有石墨坩埚，目前国内没有生产这种设备的企业。我们就请这些外国企业驻厂，它们会把这些东西放在这里生产，或者最后几步加工放这里。我们也尽量把产业链做全，把国外的厂商请进来，把技术带进来。它们将在这里开厂，就近供应我们，或者跟国内的厂商成立合资企业，就做起来了。

市场起来的时候，可以跟这些供应商谈，大家变成好的合作伙伴。它们进来生产，把技术带进来，生意它们照样做。大家彼此合作久了，变成合作伙伴了，它们就愿意考虑长期合作，这样生意上对它们有很多好处，对我们也好，可以互利双赢。有时候不一定是国产不行，而是采购商愿不愿意花时间跟国内的企业一同成长，我们很愿意尝试，这有点风险，但没关系，控制这个风险。

这样的话，当国内的产品被认证，越用越多的时候，它的品质一定在进步，会越来越好。韩国就是这样起来的啊，韩国人可以做到，我们为什么不能呢？

澎湃新闻：韩国经验可以讲讲吗？

张汝京：韩国人做事情很认真负责，纪律性很强。我觉得我们中国人也可以纪律性很强，严格要求也做得到。为什么韩国发展得比国内早呢？当时海外对韩国的高科技设备还有先进技术出口没有限制，我们这边只有自己一点点地做。20世纪60年代，全世界的半导体一起发展，我们的半导体发展并不落后。可"文化大革命"以后，国外往前进十年，我们退了十年，差距就大了。改革开放以来，我们进展不错，那时候国外还是有些限制，但是进入WTO，限制慢慢没有了，所以进展比较快。

澎湃新闻：欧洲的半导体行业对中国的限制比较宽松？

张汝京：这跟欧洲有点关系，很多最先进的设备，实际上是欧洲生产的。比如最先进、最难的光刻机，最好的是荷兰生产的，很多的零件是德国做的，德国跟荷兰对中国基本不设限制。其他人设限制也没啥用，所以也逐渐取消限制了。

国内半导体生产设备有蛮好的进展

澎湃新闻：国内半导体生产设备做了好多年，目前进展如何？

张汝京：有蛮好的进展。比如上海一家公司生产刻蚀方面和化学气相反应方面的设备，已经达到世界一流的水准。还有一些公司生产扩散炉、光刻胶的涂布机这类也不错。

澎湃新闻：召集了这么多的人才，如何激励他们？

张汝京：我在海外学到的经验，就是激励员工，员工最喜欢的是成就感；第二是要有不断学习的机会；第三是有晋升的机会；第四才是待遇，待遇包括薪水、福利，也包括股票，这是蛮有吸引力的手段。第五往往被忽略掉，是工作环境，不是说有空调，而是工作氛围，就是员工跟老板、同事一起工作很愉快。海外来的员工，如果是国外公民，他们有时很喜欢在中国能获得成长，做出贡献也是他们很喜欢的。如果是华人，他的感觉还不一样，还有使命感，感觉正在为中华民族做一件很大的事，为中华民族的产业尽一份心力。

澎湃新闻：现在办事方便吗？

张汝京：这方面上海一直在改进。以前做中芯国际（中芯国际集成电路制造有限公司）的时候，领导们有很多支持，做得蛮顺利。现在做 300mm 硅片项目，上海把它列入重大项目，有很多手续要办理，我想如果是重大项目，很多手续可以合并起来办理，进度就会快一些。我们这种高科技企业，需要分秒必争，早一点出来，回报就快。我们是一个从研发到量产的项目，中央政府也给我们很多的支持和鼓励。

我们要快一点追上去

澎湃新闻：回想在中芯国际的经历，有什么总结？

张汝京：中芯国际现在很成功。当时中国大陆是全球需求的第二名，在市场非常好的情况下，就容易让一个企业发展起来。其次是人才，当时海外有很多人才愿意一同来，不管是美国、欧洲、韩国、日本，很多好手加入这个项目。国内的年轻好手，经过受训这十几年来都已经能够承担重大任务。第三是政府的支持，很有决心要做。第四，资金非常充足，海外投资人看好，国内资金也支持。第五，我们有一个有经验的经营团队。现在看 300mm 硅片，以前有的这些条件（现在）都具备，所以我很看好。

澎湃新闻：你执掌中芯国际时，中芯国际的技术水准与台积电（台湾积体电路制造股份有限公司）很接近，到目前没有更进一步？

张汝京：曾经追到相当接近，可能不到一个世代的距离，后来又稍微拉开了。我们的竞争对手进展蛮快，我们稍微慢了一点，差距稍微拉大了一点。现在好好努力，能够追回来。

澎湃新闻：大家都在进步，而且它们有那么多经费，我们能追上去吗？

张汝京：当这些领先的公司一直把设计线宽缩小，但是到 7nm 的时候，不能再缩小了，后面继续往前走的差距就越来越小，这是一个对我们有利的现象。我们要快一点追上去，追上去是必然的，尽快把这个差距缩小，但也不要把这个现象作为我们的定心丸。

并购做得好，能获得非常良性的发展

澎湃新闻：研发资金中国企业投入够吗？

张汝京：当然要把研发加上去，研发很重要，我们现在国内政府政策是不缺的，资金是绝对不缺，缺的是怎么样把一个团队整合起来。

澎湃新闻：并购对中国半导体有什么影响？

张汝京：并购在日本、韩国、美国很早就开始了，并购做得好的话，能获得非常良性的发展，把小一点的公司合在一起，力量就加倍了，1+1甚至大于2。但如果只为了把公司做大，不能够强强联手，不能彼此配合，这种并购可能变成负担，需要注意。

中国还有一个难点，常常受到海外一些政治上的干扰，不让你并购。并购是一个方法，但不是唯一的方法。并购也要小心，一个弱的公司把它并进来，怎么去把它由弱转强，这个要很注意。还有海外并购，并购后如何经营管理，也要小心，因为文化、习惯、作风都不一样。继续用当地精英团队？如果很强，这样可以的，如果这家公司不是很强，不整顿，如何由弱转强？如果一个很强的公司把它并进来，成本很高。如果一个很弱的公司，并购初期成本便宜，但是后面的整顿还是要花相当大的成本和方法、精力。

我觉得并购好的公司、能够互补的公司，强强联手，就可以非常成功。如果不是这样，要千万小心，才能做得成功。

澎湃新闻：通过并购能形成一个完整的半导体产业链吗？

张汝京：并购的目标，有的是为了产业链的完整，这是很好的事情；有的也是想把弱的变强，强的变更强。

中国有全世界数一数二的市场

澎湃新闻：对外企来说，靠近市场的吸引力有哪些？

张汝京：市场所在地很重要，中国有这个优势。在半导体、高科技领域，我们是全世界数一数二的市场。我们就在这个大市场里把产业、企业做起来，绝对有优势。因为这些客户就在你的四周，你的销售、技术上的资源跟售后服务都会做得非常快。比如我现在买一个半导体设备，我的供应商也在上海，它开车到我这里两个钟头以内，如果这个机器需要服务，它两个钟头就到了，而从海外来的话，最快也要两天。如果它在国内也有服务站，跟生产厂商就在国内，哪一种服务会更好呢？当然是生产厂商就在国内更好。考虑这种因素，我们比较喜欢用当地的供应商。

澎湃新闻：大陆的人力成本上去了，还有哪些吸引力？

张汝京：大陆的成本是上去了。但跟欧美比起来还是没他们那么贵，只是没有以前那么便宜了，但是成本要跟品质能挂钩。我们以前成本便宜，但品质也差一点，现在成本上去了，但品质也跟着上去了。使用者、客户对这个还是蛮喜欢的。

澎湃新闻：我们发展半导体，除了市场和成本，还有哪些优势？

张汝京：政府的支持和政策，还有产业链优势。像半导体这个产业链，手机是终端产品，上游的壳子、电路板这些东西，在大陆都非常强。往上走就是芯片制造，基本上手机上的芯片，大部分国内都能够生产。再往上面走，芯片的设计，国内有几家非常强。产业链非常全，对半导体的发展非常好。不管是中游做芯片制造的，或者下游做产品的，大家合作得很好、长期互信建立起来的话，半导体行业就越来越完整，而且容易发展，也发展得比较好。

现在算起来，国内现在产业链缺失的一环，反而是大硅片没有。所以如果我们把这个合格的 300mm 的大硅片生产出来的话，我觉得我们的市场会非常好。

澎湃新闻：半导体材料如何？

张汝京：各式各样的材料可能在纯度、品质上没有达到半导体的等级，但现在能够达到的越来越多。早期做大硅片需要的高纯度多晶硅，纯度要到99.999……总共 11 个 9，国内不会生产，但是国内会大量生产硅。早期我们卖给人家很便宜，曾经我们卖给人家 1 美元 1 公斤，等它们加工了，我们再 100美元 1 公斤买回来。还好，中国近七八年前开始发展，（纯度）逐渐达到 6 个 9、

8个9、9个9，产量是全世界第一名。我们可以预期，不久以后，高纯度的多晶硅可以国产，我们跟很多生产商谈过了，发现它们有这个能力，做得到。

两岸的合作，双赢是最重要的

澎湃新闻：台湾如何跟大陆对接？

张汝京：两岸的合作，双赢是最重要的。台湾目前的优势，技术是领先的，对市场很敏感，人才也不错。比大陆早开发二十年左右，也没受什么干扰。但是大陆现在有一个最重要的因素，市场很强。第二，大陆这边的资金也很丰富，还有基础设施，找一个好一点的环境设厂，蛮容易的。生产人员也很充沛。两岸各有优势，合在一起，大家合作，不就赢了吗？对中华民族来讲，这是好事。两岸从商业、经济、文化上讲都是一致的，现在就是看（台湾）那边的领导人怎么想，政治上如果不受限制的话，合作会很快。

澎湃新闻：半导体各环节，我们发展情况如何？

张汝京：国内半导体，用产品来分类，第一大类是逻辑类，比如CPU（中央处理器），我们国内的设计非常好，但生产技术要逐步追上去，现在国内中芯国际可以做到28纳米。另外是功率器件，这类东西国内也做得不错，因为市场很大，电动车就一大堆，就是电动脚踏车都要用好多个功率器件。第三类是存储器，存储器国内需求量也是全世界最大，但发展比较慢一点。第四类比较复杂一点，就是数模混合的，在手机里用了很多。第五类是传感器类。

存储器我们比较弱，现在全世界就是三家在做，韩国两家，美国一家，台湾有小企业在做，技术主要与韩国合作。不过国内在这方面是很积极的。

澎湃新闻记者　柴宗盛

2030年，中国半导体能做到世界一流

——专访高通中国区董事长　孟樸

高通是半导体芯片行业的领头羊，近年来高通不断加大在中国的投资，也加大和中国企业的合作力度。高通中国区董事长孟樸对中国市场强烈看好，认同中国市场的强大向心力。这可以解释近年中国在半导体领域获得的进步的原因。

高通中国区董事长　孟樸

孟樸接受《中国实验室》时专访认为，中国会在2030年，也就是利用15年的时间，在半导体产业，包括设计、生产、封装方面，进入全球第一梯队。

他表示，这几年，随着国家的重视和资金的进入，中国半导体产业处在转型期，从无线互联网到万物互联的物联网都创造了很多机会，不管叫弯道超车还是其他，总之是有更多机会，时间点非常好。

中国的半导体产业会有更好的发展机会

澎湃新闻：发展半导体产业需要什么样的条件？

孟樸：两个方面，半导体产业对技术和资金要求比较高，就是通常我们说的技术密集型、资金密集型。

从美国半导体产业的发展历程看，在第二次世界大战以后，美国奠定了很强的经济地位，有充足的人才，人才的吸引和资金的吸引都做得非常好，在硅谷诞生了很多创业公司，很多技术人员进去，虽然在过去三十多年的发展过程中，有很多国家都在努力寻找能够和硅谷竞争的区域。这也是为什么美国在过去二三十年一直走在世界前列的原因。

中国半导体产业经历了从无到有的过程，我们现在有很多半导体公司，都可能没进入世界第一梯队，但在第二梯队的公司非常多，如果有技术、政策、资金的支持，假以时日，中国的半导体产业会有更好的发展机会。

澎湃新闻：具体看，中国半导体企业在哪些细分领域做得比较好？

孟樸：每一个细分领域不太一样。如设计，高通公司就是在半导体设计领域，国内有很多蛮成功的公司，但现在从规模和研发投入上还需要进一步努力，所以它们还是在第二梯队里。

制造方面，中国最大的半导体晶圆生产厂家是中芯国际（中芯国际集成电路制造有限公司），现在它们是全球第四的晶圆生产厂家，中芯国际还是在第二梯队，但进步很快。近几年高通和中芯国际有很多合作，我们是世界上最大的无晶圆生产的设计公司，我们有规模，有技术能力，我们对中芯国际提出要求，为我们生产28纳米的晶圆，这就能够帮助中芯国际比较快地把先进制程往前提。它们的技术以前比台积电（台湾积体电路制造股份有限公司）差两代到两代半，现在是差一代到一代半左右。这是一个比较好的模式。

封装方面，封装厂以前规模比较小，现在的趋势是前端的制造和后端的封装能很好地结合，有规模效应，能够发展得比较快，所以中芯国际投资江苏江阴的长电（江苏长电科技股份有限公司），这是专门做封装的工厂。我们会和国家集成电路基金一起联手投资合资企业，几家公司为封装企业合资公司投资2.8亿美元，半导体后端也有技术和资金的投入，和前端共同起飞。

"国家集成电路基金"这个项目非常好

澎湃新闻：国家集成电路基金能否高效帮助中国半导体产业的发展？

孟樸：国家集成电路发展纲要从政策引导上鼓励中国企业在集成电路发展方面投入很多，另外也组建了国家队。产业链上可以看到，不管是中芯国际，还是清华紫光，它们能够进行资本运作，能够收购国外的技术或者公司，其中这个基金起了很多作用。加上地方政府的资金鼓励民营、国有企业，特别是生产制造的工厂，假以时日，资金密集和技术密集这两个环节，起码能够解决资金密集方面的需求。

技术密集的需求可能还需要全社会的进一步努力，人才的培养不是某一天就可以突然建立起来的，需要时间。怎么把全国优秀的人才吸引到半导体产业中来，把全球优秀的人才吸引到中国，不管是设计、生产都需要过程和努力。

再有一个非常重要，就是知识产权保护。凡是技术密集型的产业链，一定是高投入、高风险。在成长的路上没有成功的公司比成功的公司更多，成功企业的知识产权能不能受到保护，使得它能不能继续有资金和信心进一步投入再研发、再创新。国家政策和社会引导会起到很大的作用。

之前科技部有"863 计划"，"863 计划"更像选秀的过程，就是你告诉我你做什么项目，科技部决定给你投多少钱，希望能够做成想要的成果，没有过程考核和回馈的步骤。但国家集成电路基金这个项目非常好，它结合了世界上比较通用的高科技领域的风险投资和产业资本共同操作，它的钱会投入具体的公司，也会进入一些产业资本，比如投入中芯国际，使 28 纳米做得更快更好，使 14 纳米的研发做得更快更好，另外它也投入清华紫光，支持产业资本的运作模式。

看好大规模并购

澎湃新闻：你看好中国半导体企业的大规模并购吗？

孟樸：半导体产业的周期性比较明显，半导体公司，不管是设计公司，还是像中芯国际、台积电这样的制造公司，在周期好的时候特别好，供货都来不及；不好的时候，下去也比较快，这是行业的特点。目前半导体行业在全球是平稳略有下降的过程，这个跟全球大的经济环境、产业的周期性都有关系。

并购我还是比较看好，它是产业链里自动重组消化的过程，完全是市场经济驱动，如果经济下滑，或者供求关系变化，供多了的话，产业内部重新组合消化以后，有一个重新启动的机会，从过去的经验看，都是比较正面的影响。过去二三十年，半导体产业的发展，并购一直不断，隔几年就会有一些大的并购。

中国半导体产业中，设计方面的公司跟过去几年相比，有非常快的进步。不管是通信行业，还是其他应用领域，所有的半导体设计公司，数字的模拟公司，成长都很快。下一步的发展是如何能够在规模化、知识产权积累方面做得更好。在半导体产业，不管设计还是生产，如果没有规模，经济效益不会太理想。通过规模积累，才能真正做到有收益，能够做到有创新、有知识产权的积累，才能够不断地再创新、再成长。

有时候，国内企业因为竞争，在追求规模效应的时候，放弃了利润。没有利润，没有知识产权的积累，只是在这个行业里一直烧钱，是做不太长久的。半导体这个产业，过去三四十年的发展历史里，资本市场对这个产业比较冷静，不会像互联网产业那样投入那么多钱。还是要看收益。如果没有收益，大基金的投入，在启动阶段会很有效，但怎样让企业好好利用这笔资金，能够真正做好发展、创新，还需要看后面的效果。

2030 年中国半导体产业将进入全球第一梯队

澎湃新闻：从你的角度看，中国发展半导体的路线图该是什么样的？

孟樸：我觉得还是要有规模，半导体产业，没有规模是起不来的。高通所处的是移动互联网，随着过去几年无线互联网的成长，智能终端智能手机规模非常大，使得这个产业也起来得比较快。现在是从无线互联网到物联网万物互联的时候，机会会更多。把它作为路线图也好，作为企业的战略目标也好，物联网这种前瞻性的产业应该是一个比较好的方向。

国家要在 2030 年，也就是利用 15 年的时间，在半导体行业，包括设计、生产、封装方面，都进入全球第一梯队。随着这几年的发展，国家的重视和资金的进入，我们处在整个产业的转型期，从无线互联网到万物互联的物联网都创造了很多机会，不管叫弯道超车还是其他，总之是有更多机会，时间点非常好。所以我觉得2030年，国家集成电路发展纲要所定的这个目标应该是非常有可能实现的。

台湾的成功经验非常值得学习

澎湃新闻：大陆可以从台湾的半导体发展历程中获得哪些启示？

孟樸：台湾半导体产业发展得非常好，对任何发展中国家和地区来讲，台湾都有很多的成功经验，一定要学习。台湾半导体产业基本上是从无到有，它们注重吸引人才，达到技术规模效应的要求，有大量台湾在美国的留学生和在半导体产业就业的人员回到台湾，然后台湾政府、产业、资本市场投入了非常多的资金，所以有了台湾半导体产业过去二十年的快速发展，这也带动了它的PC（个人电脑）和其他产业的发展，这个成功经验是非常值得学习的。

过去二十多年，台湾的PC制造和半导体制造往中国大陆转移较多。中国大陆现在具备成本优势和市场规模优势，所以有越来越多的半导体资源往大陆汇聚。很多订单以前传统100%给台湾企业，现在部分被分流大陆企业，这对台湾半导体企业，就像对其他制造产业过去发生过的一样，会有越来越多的竞争压力。毕竟大陆的市场规模比较大，而且产业链越来越全，上下游都在大陆这边。所以下一步我觉得生产那一半转移到大陆的趋势会越来越多。

半导体产业的早期发展过程中，当地的市场规模没那么重要，台湾、韩国的半导体产业，在早期无论是政策引导还是资金投入，都做得比较好。但是时间长了，特别是对很多周期性的产业来讲，如果没有内需市场，就不一定能够走得很远。如果中国大陆对半导体有需求的产业起不来，那台湾的半导体产业还会继续景气，但如果大陆的市场规模起来了，对100%靠出口的经济体会有比较大的压力。

从全球市场规模来讲，一个是美国，一个是中国，无论人口、经济规模、市场规模，这两个市场能够变成相对独立的市场，所以支持本土的产业就会有比较明显的优势。现在全球化了，每个地区，每个市场在不同的发展阶段，有它的历史使命，这个历史使命完成以后，需要找到新的发展机会。

在过去三十年的初期，资本密集、技术密集对中国大陆市场来讲都不具备，所以其他一些区域，如当年的亚洲四小龙，就有很多机会，不管是资金还是技术，都比大陆先走一步。但现在通过过去三十年的发展，不论在资金、技术、人才的积累方面，中国大陆都发展得很好，很多方面能够做替代升级。

澎湃新闻记者　柴宗盛

智能手机将来会有更好的感知能力和认知能力
——专访高通中国研发中心负责人　侯纪磊

创办于1985年的美国高通（Qualcomm）公司，是全球半导体和无线通信行业的领军企业。高通在第三代移动通信技术CDMA（码分多址）领域拥有将近四千项专利，如今正致力于第四代（4G）、第五代（5G）移动通信技术的研发。

高通中国研发中心负责人　侯纪磊

2015年11月，在澎湃新闻原创纪录片《中国实验室》拍摄期间，就下一代移动通信技术等问题，高通中国研发中心负责人侯纪磊接受了澎湃新闻记者的专访。

澎湃新闻：移动处理器将来会变成什么样？

侯纪磊：移动处理器一方面是通信能力的连接性，另一方面是计算能力和多媒体处理能力。高通的产品是把通信、多媒体和计算能力融合和统一在一起，能够把CPU（中央处理器）、GPU（图形处理器）、DSP（数字信号处理）三种不同的异构平台统一结合起来，为新型业务提供有效的计算平台。将来会帮助智能手机有更好的感知能力和认知能力，这应该是智能手机发展的趋势。

高通推出的一项技术叫Zeroth，它基本上是一项大脑启发式的技术，初期是帮助手机或者智能终端通过各种各样的传感器，对环境有一种感知的能力，然后通过这种感知能力，通过主人的习惯，帮助主人有推理的能力。推荐、感知和认知能力的结合，在手机领域形成一个名词叫"数字第六感"，在个人智能事务处理方面，这项技术将来会不可或缺。Zeroth 技术跟传统的计算平台还有通信能力的结合，能使移动处理器更加强大。

澎湃新闻：将来手机会是什么样的？

侯纪磊：将来手机具能感知能力。比如，我开车去上班的路上，或者坐地铁，手机能根据场景，判断我在哪里，为我推荐一些东西；我在公司，它可以告诉我会议室的情况。就是说，根据你所在的场合，做很多互动和交流。

关于通信能力，手机是在授权频谱上，通过传统运营商来提供通信服务，当然传统运营商可以给用户提供链接能力。将来通过非授权的频谱，可以把今天 4G、5G 技术，直接引导到非授权频谱。非授权频谱往往有更多的带宽，通信能力和用户体验更好。举个例子，5G 有一个很好的名词，叫增强超移动宽带，有一项重要体验是虚拟现实。虚拟现实是说，在一个环境中，可以把当地的环境，现实的东西，通过 360 度的摄像头，都实时录取下来，在另外一个场合，别人需要时，能实时看到我的录制环境。这对视频传输的速率和延时要求都非常高，这是 5G 的强项。

澎湃新闻：智能手机之后，什么领域会对芯片有大量的需求？

侯纪磊：智能手机发展依然强劲，同时和智能手机相邻的智能领域，如物联网、智能汽车、智能家居等新的领域，将来可能呈现强力发展甚至爆发的趋势。智能汽车、智能家居、无人机等领域，我们都有很好的研发。

关于无人机，我们推出一个参考设计平台。无人机已经有厂商在做，我们的优势在哪里？它们做的事情，都是把分离的器件、芯片等，把可能的芯片拼在一块，这样就不可避免地会在计算效率、机器的重量方面出现问题，这些都对将来无人机发展和普及有很多影响。高通骁龙这个平台可以把通信能力、处理器能力、多媒体能力整合在一起，而且我们的无人机将具备 4K 视频的能力，我们非常期待。

澎湃新闻：芯片在智能汽车上有什么样的应用？

侯纪磊：芯片在智能汽车上的应用表现在连接性、娱乐性、智能驾驶、无人驾驶方面。车跟车之间的通信，或者人和人之间的通信，都是需要回到基站，再回到人的，这种连接会出现时延，而且受到基站的限制。引入 V2V（vehicle-to-vehicle）通信模式之后，车和车之间就能够直接通信。从安全性、信息传输的有效性等方面来看，这可能是一种破坏性的变革。

澎湃新闻：您有长期的海外经历，中国高校做研发和美国高校有什么不一样？

侯纪磊：美国高校更偏向基础型研究，中国高校更偏向应用型，与产业结合的模式更多。特色不一样。

澎湃新闻记者　柴宗盛

ARJ21 要创建出一套民用飞机体系
——专访中航商用飞机有限公司原总经理 汤小平

ARJ21、C919 都相继成功起飞，但中国大飞机产业远不能说已获成功，相比高铁走向世界市场，大飞机落后了很多。两者同样是由国家主导的大产业，高铁领先，大飞机尚待进步。大飞机项目为什么不能用高铁的经验飞速发展呢？

中航商用飞机有限公司原总经理　汤小平

其实，这是完全不可互为参照的两个领域，下文有其解释。

中国大飞机肩负着几代航空人的梦想，但屡战屡败，直到最后，他们才明白，他们制造的是民用飞机，不是军机。但他们是一群从军机项目转过来的专家，他们习惯了军机研发体制，只需要好技术而无需理会市场。

经过一系列失败，这群最习惯于计划的人，学会了敬畏市场，并最终在大飞机领域学会了市场主导的研发套路。

脱开产业进步不论，这本身就意义非凡。

《中国实验室》专访中航商用飞机有限责任公司原总经理汤小平，对中国大飞机项目做了深入还原，展示了中国科研从计划向市场的艰苦转型。

发展民用飞机要研究客户需求、市场需要

澎湃新闻：发展民航工业需要什么条件，有什么内在规律？

汤小平：发展民用飞机制造，从宏观讲，要看有没有市场和实力；从微观讲，要看企业发展民用飞机的意愿强弱与否。就中国而言，国内市场存在已久，解放前国内就有人做飞机。中国航空工业从诞生那天起，就没有放弃过飞机制造的探索。民用和军用是两条支柱，互相补充促进。但这需要实力，这方面我们有欠缺。航空工业实力的形成是积累的过程，航空工业脱贫，不是几年就能解决问题。

国家对飞机发展，特别是大飞机发展有决策。从 2008 年开始，国家下决心发展 C919（中国首款按照最新国际适航标准研制的干线民用飞机——编注），在这以前，国家有发展大型民用飞机的决策，但不是优先地位。所以回头看，对历史事件的评价，应该实事求是，毕竟国有企业不可能脱离国家的决策，市场虽然存在，但需要有能力适应它。国家现在做决策发展民用飞机，是大好时机。

澎湃新闻：发展民用飞机有什么教训？

汤小平：民用飞机发展不能像过去那样，不研究客户需求、市场需要，研究得不够透彻也不行。过去我们只注重技术发展和制造能力，把飞机的商品性质忽略了。造东西要适应市场，要有市场观，要提倡理解市场、关注客户，要把这作为研究新一代飞机的理念和座右铭。这是我们说的"两关"。

军事装备制造方面，我们对客户的了解是不错的，我们明白它们的话，也明白它们的需求。过去做军事项目的主管，我们和师长、军长谈飞机的性能，如何满足他们的需求，我们能够对话。但是向民航企业推销飞机，人家问的问题，我当时几乎听不懂。那些老总不希望讲飞机的性能，他们关心的是安全性、经济性，有什么特殊的设施、特殊的点。我们那时候没有注意这些东西，所以说，过去我们是技术自恋，讲技术讲得头头是道，可是人家问怎么运用、怎么操作，我们说不出来，没法把用户拉近。

我在航空工业部很长时间，有机会接触波音、空客各层次的人，我发现和他们交流，作为制造商，很多东西我想不到，也听不明白，拿不出主意。通过交流，我们发现了对客户、市场理解方面的差距。那时候太无知了。

所以必须扭转过来，我们对市场的需求一定要把握得很细致，细致到飞行员动作怎么操作，怎么避免一些不好的状况，要细到这样的程度，这样我们的飞机才能真正在市场上站得住。所以 ARJ21 开始不是搞方案，而是先研究市场和客户需求，从 ARJ21 开始，真正把客户研究放在第一位。

找空隙、做品牌才能与巨头竞争

澎湃新闻：具体如何和那几个巨头竞争呢？

汤小平：具体讲竞争力，民用飞机无论用途、性能，大面上没有空当，从40、50、80甚至400座，世界上都有现成的机型。民用飞机的后来者和别人竞争，机会在哪里？

民用飞机没有空当，你没有品牌很难，巴西也是先建立自己的品牌。建立品牌要有切入点，有对市场的细分，比方我们的 ARJ21，我们开始做的时候要造民用喷气式飞机，没有想过和波音、空客对标。当时我们的财力和人力都很弱小，直接碰撞风险太大。我们选择它们没有涉足的区域，在这个区域巴西已经涉足了，巴西不像空客、波音那样强大。我们涉足这个领域，要找它们来不及照顾的地方。

所有飞机在中国使用后都有一个问题，甚至包括波音 737、老一代的空客A320，它们到高原地区都不能满载，而必须降载。所以我们想，能不能克服这个难题。如果我们占领这个领域，我们实现一样的座机、一样的运输，这就是我们 ARJ21 找的切入点。这个切入点如果能实现，就能给我们一个市场立足点。然后再争取开始品牌战略，这样就能往前走。

民用飞机发展的策略就是找空隙、做品牌，有了品牌就可以大胆一点，可以把范围扩宽。开始的时候要有策略，不要一伸手就让别人把你掐死，不要做得过多。依据我的了解，C919 开始也是很下功夫，在 2008 年启动时，也是很具有前瞻性的。发展民用飞机就是从市场、客户的角度，去找空隙、站稳脚，发展品牌。

我们发展的动力不能小看

澎湃新闻：国产客机的订单量如何？

汤小平：订单数很多，C919 的销售更有成效。订单多，说明我们民用飞机对路。最开始我们讲技术，后来不仅讲技术还讲规划。怎么在这个地方使用？我们到昆明、乌鲁木齐去推销飞机，昆明当时是老机场，几条跑道都能适应，可以把昆明和内地的城市连接起来，也能把缅甸、东南亚联系起来。我们的设计刚好适合这里，这个飞机的性能在高原更好一些，这个性能我非常高兴。新疆城市间有很长距离，但客人不很多，所以用座位小一点的飞机，经济受损不大。

从乌鲁木齐飞哈萨克斯坦的阿拉木图，还有周围其他几个中亚国家，当时这些国家的飞行旅客也不多，用大飞机不合适，一架 757 飞，不如我们两架飞机飞，一早一晚，还能增加频率，客户选择多了，（我们的方案）很受欢迎。我们改变思路，尊重客户，就能改变市场。

再就是，我们产品的定位很受欢迎。国内民航企业对国产飞机有强烈的期盼和支持，哪怕我们肯定有很多的毛病，大家能容忍，民航企业表态愿意做首批用户。所以我们才有这么多的订单。我没有参加销售的过程，我猜想客户就是那样一些要求，都希望国内自己品牌的飞机能够站住脚，早日上蓝天。我们发展的动力不能小看。

国产飞机没有灾难性的安全问题

澎湃新闻：国产机的安全性如何？

汤小平：网上有人说不敢坐国产飞机，其实大家要对安全性放心。

首先，中国航空制造业有实力，制造一架安全的飞机不是难事。即便大家过去对新舟 60（国产 50 至 60 座级支线运输机——编注）有看法，如前轮有什么事故等，但仔细看，新舟 60 机毁人亡的事情几乎没有。我们其实是牺牲了其他的性能，来保障基本的安全。

其次，设计民用飞机，我们是老老实实按国际适航标准来做的。国际适航标准是进入市场的最低安全标准，必须达到这个标准。没有这个标准，不能进入市场，这很苛刻、很严厉。我们下了很多的功夫，第一步就要达到这个标准，维修人员也要很有经验。我理解大家对安全性的担忧，但应该相信我们。

C919 之所以使用国外的设备，目的之一就是增强大家对安全的认知。并不是国内的飞机设备性能完全不行，但 ARJ21，我们选择国外品牌的设备，这些设备在波音、空客，在巴西航空工业公司（全球最大的 120 座级以下商用喷气飞机制造商——编注）制造的飞机上都使用，我们的顾客愿意接受。我们采用同样的供应商、同样的安全标准、同样的技术，就是希望大家对我们的飞机接受度更高一些。但是带来的问题，就像大家批评我们的那样，说 ARJ21 不带动民族企业的发展，没有自主产权。

航空工业不是发动机的问题，我们用国外的设备是为增加安全感。我们也是两难：用国外的产品就不能支持民族企业的发展；用了民族企业的产品又会引发人们对安全性的怀疑。但我们没有办法抱怨别人，只有在这样的环境下合理取舍，去做自己的品牌。我希望越来越多的人能理解我们取舍的两难境地。

安全性不是问题，关键是要能制造好用、耐用的飞机。其实大家都说国外的好，主要是耐用，没有毛病。我们的产品是大毛病没有，小毛病不断。就像手机触屏，用段时间以后就不好用了，这样的小毛病肯定是有影响的，但严格来讲，不是灾难性的安全问题。准确来说，好用、耐用的产品都会有缺陷，这个缺陷需要一个过程来改，我们希望大家提意见，我们改。但安全性没有问题，10 的负 9 次方的安全标准，绝对没有问题，如果有问题我们也干不来这行。

市场换技术在民用航空业行不通

澎湃新闻：高铁通过市场换技术，取得了成功，民航业有无可能复制？

汤小平：高铁是中国人的骄傲，走引进、吸收、消化、再改进这么一条路，这给我们一个很好的启示。这是一个后发国家或者企业很自然就会采用的一个策略，没有不妥之处。就我们国家来说，采用这个策略的不止高铁一家，我们航空业开始也是这样，希望用市场换技术，我们希望花的代价更小一点，（对方的）技术转让更宽一点、更多一点、更便宜一点。汽车产业也是这样，但是只有高铁成功了。

我认为对于民用航空业，市场换技术是经济问题，更是哲学或者策略问题。市场换技术在民用航空业行不通。我们尝试了这么多久，买了这么多飞机还是换不来技术，为什么？航空是高科技，不恰当地说，航空技术比高铁技术更加敏感，技术更高端，任何一个国家都不会把核心技术拿出来。我在航空业干了三十多年，主要任务就是引进技术。我的体会是，在航空领域是不可能引进核心技术的，引进是不现实的，这是由航空业的行业特点决定的。

高铁之所以学习成功，是因为高铁的使用和制造是一体的，不是使用方制造标准，完全是由制造方制造标准。航空业不一样，在民航业懵懂起步的阶段，国内民航市场是全世界最开放的，我们民航运营的管理水平在全球也是很好的，从事故率低就可以看出来。我们使用端的民航起点已经很高了，但是我们在制造技术层面还是徒工水平，现在要去应对使用要求很高的乘客。在很长一段时间，我们没有认识到，在这样的环境里，首先必须学习航空的要求和标准，适应别人制定的标准，这是民航制造业面临的很大考验。

换句话说，我们的民航制造业受到了更大的约束，制造的灵活度也更小。如果我们从制造开始带动使用，试图用制造规避使用，这不行，那样就销售不了。所以引进、消化、创造这个路径不能简单套用。各行业有自身的特点，这不是找借口，铁路与航空有很大不同，我们要看清楚。

民用航空业不能学铁路，这样反思是要看清我们的问题。搞民航这么多年，民族品牌搞不起来，为什么？我要解释清楚，对于航空业，简单的自主创新不容易，简单的引进再消化也不那么容易。我们民航是向全世界开放，用户有很多的选择，本来造飞机就需要很高超的技术。

过去我们老抱怨，用户只看国外的东西，看不上我们自己的产品。但静下心来想，这个行业有特殊性，不能用蹩脚的东西投放市场混生存。购买方有自己的难处，但它们还是希望我们努力赶，它们尽力帮，双方达成默契，给民航制造业一点机会，同时不放弃竞争原则。希望我们的产品能够获得支持和机会。

我们抓住了 ARJ21 这个最后的机会，不辱历史使命

澎湃新闻：你曾讲过 ARJ21 是最后的机会，为什么这样讲？

汤小平：当时我们认为 ARJ21 是最后的机会，因为在 ARJ21 前的十年，所有努力都失败了，我们和德国合作的 MPC75、与美国合作的 MD90 干线飞机，以及后来想启动 100 座项目，基本都失败了。全社会弥漫着不信任："那帮人还能不能干？""成天干又干不出来，还要钱，这钱给你们是不是浪费了？"决策人和使用人都对我们不信任，精英的技术人认为我们没有志气，内部因为失败，争论也很多，东西之争、大小之争，等等。

在这样的环境下再提民用飞机，谁信得过你？最后争取到这次机会，如果再不成功，我们也没有脸和国家再提这件事了。当时的老总说，我们搞民用飞机是屡战屡败，实在是不好意思。但是作为航空制造人，我们坚信，我们要有民航企业的一条腿，我们的民航市场很大，民众会支持我们。

好不容易争取到这个机会，也是有条件的：不能走老路，要走新路。我认为这是非常好的要求，所以走不同的路，强调从研究市场、客户需求开始。在具体的研制体系上和过去也不一样，采用了大家所知的与主供应商的深度合作体系，特别是建立客户服务体系。启动这样的措施，确实有改进。

第二，国家的经费不能全支持，自己要筹备资金。这增强了我们的经营意识，增强了我们的责任感。当时我们很穷，穷到从西安调来的同事在上海连房子都买不起，只能把西安的房子卖掉，置换上海的房子。那时上海的房价不算太贵，5000 元一平方米，但西安的只有 700 元一平方米。让我们自己筹款，的确不容易，所以刚开始，队伍的建立不是很完备，同事的工资低，生活困难都很难解决。

在这样的条件下启动这个项目，这些同志很了不起，克服了很多困难，最

后一次机会就是这个意思。好在我认为这次机会我们是抓住了，不辱历史使命。

商业化的东西放在上海有很多好处

澎湃新闻：民用飞机制造，原来有一部分在西安，后来怎么把总部放到了上海？

汤小平：在发展民用飞机的时候，我希望能利用上海的资源，有几条理由。

从起源来讲，第一次和国外合作的总装项目就是在我们的大场做的，我们有基础，当时还和美国的麦克唐纳·道格拉斯公司（1997 年被波音公司兼并——编注）有些设计上的探索，是 640 研究所也就是上海飞机设计研究所的同事参加的，他们有设计运 -10 的经验。所以，从基础条件、民用飞机的理念和认知上，上海同事的经验非常可贵。不足的是，那几年没有型号，没让他们干，所以人才流失了。但这是我们的种子。

从环境来讲，改革开放以来，上海是领头的，商业化的气氛更足，发展商业飞机需要有商业气息的感染。事实也的确如此，很多同事到上海以后，观念改了很多，更容易开放，更容易接受一些国外的东西，这真的不一样。

第三，上海经济实力发达，给 ARJ21 的支持力度非常大，包括人员调进，都是开绿灯的。另外，上海的人才管理在全国也很先进。这样的环境不能忽视，从人才、商业环境、地方的经济实力这些条件看，大飞机项目放在上海是非常合适的，虽然有很多争吵。

商业化的东西放在上海有很多好处，这种好处只有身临其境才能感知到。

ARJ21 要创建出一套民用飞机的体系

澎湃新闻：相比民用飞机，军用飞机项目近年有很大进步。是什么造成的这种差距？

汤小平：航空工业前身是从军事工业开始，从 1950 年爆发的朝鲜战争开始。这么多年下来，军事装备研制越走越强。但是军用飞机的研发机制和市场，与民用飞机完全不一样，不同的市场对技术的取向和经营观念都不一样。

简单来讲，军用飞机不是完全由我们说了算，是军队订货，空军或海军提出要求，我们来实现。我们没有开拓市场的职责，没有市场方面的担忧，完全是根据订单来做。如果项目下马，对方要赔偿，研发队伍是皇粮队伍，国家要保护，要养人。这样的体制与市场、用户的关联度差一些。而且军队战时要有自我支持的能力，这方面它们的能力非常完整，只要给予基本的技术材料就可以。我们制造方对市场和维护关注得比较少，只要一心一意扑在型号、技术上，完成要求就行。

民用飞机不一样。所有的用户不直接订货，都是这个型号，因为任何一家航空公司都支持不了一个型号飞机的使用。航空公司可以提要求，但不支持研制。我们对市场了解以后，推出一款产品，希望更多的客户来买，但航空公司不可能弄那么多的支持队伍，所以对我们服务的要求很强烈，甚至苛刻。

更重要的是，民用飞机的安全性是第一的，军用飞机同样也强调安全性，不强调安全性是不对的，但军用飞机更重要的是性能，性能第一，打仗时没有性能不行。民用飞机技术标准的优先级是安全性能下的经济性。

所以，军用飞机、民用飞机的技术取舍、遵循的规律不一样，技术体系的构成不一样，技术队伍不一样，技术人员的技术也不一样，分属不同体系。这样，军用飞机研制转向民用飞机研制，观念要转过来，解决技术问题要有主动性、预见性，才不至于被动。

这个转化的过程就是管理的问题。我强调的是研究这种不同，大的不同大家都能接受，但要贯彻到每一个技术人员的身上。不能讲套话，套话不能解决问题。所以从技术人员到管理人员，都是管理体系的问题，不是纯技术问题，ARJ21就是要创建出一套或摸索出一套民用飞机的体系。今天看来，ARJ21起到了这样的作用，民用飞机研发体系有很大的变化，但仍不完善。

好在现在和过去不一样，国家建立商飞（中国商用飞机有限责任公司），下了很大功夫，有很多想法。我觉得，通过研究ARJ21和C919这两个型号，我们民用飞机的体系更加完整了。研发体系完整之后，技术问题才比管理问题更加重要。头一两个型号上，管理体系要比技术更需要关注。体系转化是需要动脑子研究的，不是自然转换的，商飞的体系和军用飞机的体系确实不同，强调的面非常不同，使用的标准非常不同，使用的范围非常不同，技术员谈话的追求也不同。这个过程不要小看。

从非常有成就的军用飞机装备转换为民用装备，放弃或改变都不容易，就像改变生活习惯那样，你出差时会改变你的生活习惯，但是你回家又回到原来的习惯，要全部改掉很难。

习惯的改变不容易，我希望搞民用飞机的领导更加关注民用飞机的文化，关注客户，关注市场。平常这样讲很容易，但是要渗透到每一个工作环节就不容易，所以要持之以恒，盯住去解决。理解市场、关注客户，这"两关"从2004年开始讲，到现在十多年了，我很熟悉，但我也是说的比做的好。文化的改变太不容易了，文化就是最后影响你习惯的东西，习惯思维、习惯做法、习惯行动等。拿我们和空客、波音的人比较，差距就在习惯，这个要改的话非常难。

这些要慢慢探索，我可以讲宏观，讲体系建设，但都要一级一级往下做，这个过程没有型号的带动，永远是纸上谈兵，转变就完不成。没有型号的队伍成长不起来，一个型号建立，下一个型号验证，不是一个型号就能完成的。所以民用飞机有 ARJ21、C919，下面还要探讨其他型号。我希望经过 C919 后有一个很大的提高，不敢保证每一个人都满意，但我坚信，到第三个型号的时候绝不是这样的。探索要有型号的基础，没有型号就达不到好的结果，不满意没有关系，不满意才有动力，如果都满意，我觉得就非常糟糕了。

希望实现厚积薄发

澎湃新闻：通过制造这两个型号的飞机，目前的收获是什么？

吴小平：经过 ARJ21 和 C919 这两个型号，主要有三个收获：第一，中国民用飞机的研究、制造体系已基本成形。第二，比较完整的专业队伍已经建立。第三，有一两个我们的产品在中国的市场上基本站住脚了，为中国的品牌找到了一块领地。

目前的中国就像我经历过的航空工业，只有一两个型号别人是不看好的。我们的军事装备在 90 年代中期以前非常困难，举步维艰，什么型号都攻不下来，那个过程我们积累了很多东西。从那以后，有了歼 -20、歼 -15，厚积薄发，现在很厉害了。我希望 ARJ21 和 C919 能够给我们带来希望，完成厚积薄发的过程。

澎湃新闻记者　柴宗盛

中国高端制造要有自己的科研系统

——专访霍尼韦尔科技事业部副总裁兼中国区总经理　罗文中

外企来到中国，赚取大量利润，更带来了各种先进制度、先进技术。经过几十年模仿，中国规模企业几乎普遍建立了现代化的公司制度，也学会了先进的经营方式。

霍尼韦尔科技事业部副总裁兼中国区总经理　罗文中

目前中国企业正处在转型升级的档口，若想成功转型升级，就需要学习外企成功的精髓——科研制度。随着外企在华本土化程度的加深，外资在中国设立了研发中心，这些研发中心并不仅仅是售后服务机构，而有很多是在从事创新式的研究。

美国霍尼韦尔公司（Honeywell International, Inc.）是美国知名的科技巨头，在航空、安防等领域全球领先，在中国设立了规模巨大的研发中心，从事多项原创研发项目。《中国实验室》专访霍尼韦尔科技事业部副总裁兼中国区总经理罗文中博士，由其详细阐述霍尼韦尔的科研中心运营的核心原则。

鼓励员工提出新想法

澎湃新闻：你曾经去日本学习过精益管理。你觉得，精益管理能为中国的科研带来什么影响？

罗文中：研发中的精益管理，主要是研发活动以市场为导向，比如说中国的研发团队就是解决中国市场上的一些具体问题。在研发管理过程中，我们既开放又严谨地管理我们的整套体系。在员工产生新想法的时候，我们采取开放形式，让员工发挥自主积极性。员工可以把所有的新想法、重大的想法统统提出来，我们用严谨的体制方式去衡量他们提出的想法的价值。在这个过程中，我们会识别出来，哪些想法对市场，对霍尼韦尔的生意会产生最大影响，然后进行资助、投资，使它们迅速地能够从想法转化成科技成果，最终转化成业务收入。

澎湃新闻：霍尼韦尔如何鼓励工程师内部创新？

罗文中：霍尼韦尔有种子计划。每年我们会毫无限制地向员工征集点子，他们会提出对科学、市场和人的理解方面的想法（idea），我们不设任何限制。在他们提出创造性想法后，我们会把他们的想法和业务挂钩，看哪些想法可以直接产生业务结果，能够最快地转化成业务收入。

我们有一套新产品引入机制，我们有很多入口控制（gate control），还有阶段性的回顾，总共会有五个阶段，每一个阶段都会对某个想法的价值、进展情况进行评估。也许有些项目有价值，但短期内我们无法实现，或者投入很高，不符合公司的发展计划，我们会把这些想法封存，去投资那些能够迅速取得进展的项目，能够产生商业价值、业务收入的项目。有的项目要 10 年，有的项目只要 10 个月，不同项目我们会有不同的回顾周期，来判断我们要怎么样做这些项目。

像我们的自动控制项目，产品的开发周期非常短，要求在 6 个月内就要做出结果来。航空项目就有很多技术协调、论证工作，需要 3 年、5 年才能做出结果来，这都是很快的了，因为通常航空界完成一个项目需要 10 年时间。

东方服务于东方，从东方到西方

澎湃新闻：中国区的管理有自主权吗？

罗文中：我们的管理有这样的理念："East-for-East and East-to-West"。也就是"东方服务于东方，从东方到西方"，就是说，我们的产品是由东方人做出来的，为东方和世界市场服务。这样的理念在跨国公司中是凤毛麟角。本地的科研人员，他每天在解决的问题，都是他每天经历的问题，他有亲身的体验。比如他的家人每天受空气污染的时候，他就有足够的动力，用最快的速度去做研发。

还有，我们的员工，从基层员工到高管，全部做到本地化，他们就是霍尼韦尔的主人。他们得到了充分的授权，把他们的工作做到极致。当然，我们也提供市场上具有竞争性的待遇、报酬、员工关怀。

澎湃新闻：如何判定项目有价值？

罗文中：做一个项目，首先是产生一个想法，但是光有想法不行，每天大街上的人都有稀奇古怪的想法，我们的工程师也有很多的想法。我们会从市场和技术可行性方面进行评估，评估之后立项，员工投入一定的时间，公司投入一定的财力，去进行项目的开发。然后每一个阶段有回顾和总结，来决定是继续做下去，还是彻底把它抛弃。

我们最终的目标是让项目产生最大商业价值，给公司带来利润。在这个过程中有很多可行性研究，实验室能做成功不代表大规模能做成功，大规模能做成功不代表工厂里能做成功，这些都能做成功才能真正变成产品，推向市场。这些我们都有控制、回顾的步骤，来保证我们的项目有意义。

我们并不把自己当外企看

澎湃新闻：外企经常会成为本土化的讨论对象，霍尼韦尔如何做本土化？

罗文中：我们并不把自己当外企看。我们在中国注册落户，也是中国社区公民一部分，企业公民的一部分。我们在积极解决中国最关心的问题，像我们的"净能达"，这款商用空气净化器在美国、欧洲也没有，这是中国研发团队自主研发，由业务部门推向市场的全球首发产品。我们的技术是在中国产生的，服务的也是中国的用户。

我们的很多供应商是中国企业。我们有很多合作伙伴，比如说中国商飞（中国商用飞机有限责任公司），它的 C919 干线客机，霍尼韦尔积极参与。霍尼韦尔百年沉淀下来，有比较优秀的内部流程管理体系、新产品推出机制，能帮我们把这些项目认真做好。

我不认为中国没有优秀企业，中国有很多优秀企业，我们的很多用户都是世界级的水平。《财富》500强，中国的企业有一百多个进去了，至少从商业价值效果上讲，它们已经进入世界级企业的行列。中国现在制造水平不断提高，正在从一个制造大国走向制造强国。

研发要以市场和结果为导向

澎湃新闻：如何做好产品？

罗文中：第一，要做正确的事，从霍尼韦尔的商业模式出发，找到合适的产品组合。怎样知道我们的产品是好的产品呢，这要有一定的领军人物，领着中国的团队去做正确的事情，要在将会影响全世界的事情上花时间和力气。

第二，要形成严谨又开放的管理运营体系。在严谨方面，我们有空间去改善。中国人非常聪明，也非常灵活，但在严谨方面还有一点点差距，只要认识到了，就能够很快地改进。还要创造一种宽松的人文环境，让大家愿意创造。我经常跟员工说，任何想法都是好想法。鼓励员工不论什么想法都提出来，最后我们再华山论剑，把各种想法对比之后，才能找出哪个想法是最好的，值得花精力去投入，能够转化成科研成果和商业成果，体现商业价值。

飞机大概有350万到400万个零部件，汽车大概有2.5万到3.5个零部件，飞机从系统来讲有其复杂性。所有零部件，不但要起到它自身的功能，保证自身作用发挥，而且不能干扰其他零件发挥性能，还要和其他零部件尤其在沟通等方面相互反应。这里就需要有很多的研究过程，需要深入严谨的研究，才能保证不会出事。

从这个角度来讲，飞机零件不但要有性能表现，还要做很多风险控制，这就决定了其系统集成的复杂性。在飞机的风险控制上，霍尼韦尔具有全球领先的技术。

澎湃新闻：霍尼韦尔做研发，如何使用科研经费？

罗文中：研发要以市场为导向，以结果为导向。毕竟，我们是一个商业公司，要考虑达到什么样的目的，根据五年计划需要做哪些事情，然后由各个业务部门决定怎样分配研发基金。研发是为商业目的服务，要考虑怎么用技术为企业增长作出贡献，反过来用增长目标带动科研发展。

我们有很多创新伙伴，比如上海交大、北京航空航天大学、西北工业大学。中国的很多高校都是霍尼韦尔的合作伙伴，有些基础研究我们不一定要自己开发，而会让合作伙伴来开发，利用它们的基础研究成果转化成技术成果，最后转化成商业结果。所以，创新不是孤立的，需要创新生态系统，没有生态系统，很难产生重大的创新。为什么全世界搞 IT 的人都要跑到硅谷去，是因为硅谷有这样的生态系统，鼓励那些行业的人在那里进行最前沿的创新。

中国需要一种将科研成果转化成生产力的生态系统

澎湃新闻：中国造大飞机，很多部件是采购，那么中国大飞机的技术含量如何？

罗文中：即便采购之后再总装也不容易。飞机有 350 万个零部件，集成后可能有几十万个模块，怎么样把这些东西放在一起，无缝对接，完美表现飞机性能，这本身是了不起的技术。这个东西够你研究很多年，乃至几十年。很幸运的是，商飞可以集合波音的经验、空客的经验，比波音、空客用更少的时间把大型飞机研发出来。

澎湃新闻：国内科研院所的技术水平如何？

罗文中：不能一概而论。其实国内的很多科研院所水平很高，和国外没有差距，甚至有些个别科研院所比国外更先进。中国有很好的研究机构，也有很好的科学成果出来，比如嫦娥探月工程，也是顶尖的技术。国内外科研院所之间做比较，我不认为有那么大的差距。

主要还是怎么创造一种将创新和科研成果转化成生产力或商业价值的生态系统的问题。当中国的 GDP 超过美国的时候，你就可以说，中国科研所创造的那些东西是有价值的。

澎湃新闻记者　柴宗盛

个人机器人会像手机一样流行

——专访日本大阪大学教授、国际高级电信研究院石黑浩特别研究室
主任　石黑浩

　　日本机器人产业享誉世界，尤其人形机器人。日本大阪大学教授、国际高级电信研究院（ATR）石黑浩特别研究室主任石黑浩，因在人形机器人上的开创性研究而为世人所关注。2007 年，石黑浩曾制作了一个与自己长得一模一样的人形机器人。其实石黑浩的真正兴趣在于军事机器人。

日本大阪大学教授、ATR 石黑浩特别研究室主任　石黑浩

　　日本人擅长制造机器人，那么日本是一个适合开展科研的国家吗？石黑浩给出了否定的答案：日本在发明新技术和创新方面做得不太好。日本不是最适合形成新想法的国家。美国可能好一点，因为美国有多得多的风险资本，更多的金钱，市场大很多。假如我们对比一下人口，美国的人口是日本的三倍还多。那意味着，美国，或许还有欧洲，它们拥有大得多的市场。

　　在日本，特别是对更小型的公司和创业公司来讲，生存下去就有更多的困难。我们没有获得大量风险资本的渠道。

　　日本"尚能饭否"？不妨随《中国实验室》去看看石黑浩的回答。

做机器人的目的是理解人

澎湃新闻：这个 Geminoid 项目是什么时候开始的？

石黑浩：我们是在 2000 年启动这一仿真机器人（android）项目的，然后在 2004 年，我们开发了一个非常像人的机器人：首先是高质量的仿真机器人，那是一个女性仿真机器人；然后在 2007 年，我按照我自己的模样设计了一个机器人。这就是今天我们所知的仿真机器人 Geminoid。

澎湃新闻：你的机器人最富于创新性的方面是什么？

石黑浩：第一个挑战是类人皮肤传感器。我们用硅胶和薄膜开发了一种非常敏感、可延展、类人的皮肤，以及皮肤传感器。那是我们第一件做成功的事情。当然，接下来就是机械设计。这完全不同于其他机械状的机器人。这个机器人有更精妙而复杂的机能，可以模仿人类的举止。而且，我们在脸部表情方面下了工夫。你在我们这里见到了，我们的机器人可以做出与人非常像的脸部表情，这一点对机器人与人类互相交流是相当重要的。第三，控制机器人的计算机程序。我们特别在交流能力方面下了工夫。我们准备了两项功能，一个是遥控。遥控是一种混合系统，结合了自动化的机器人动作和语言，通过遥控的方式来操作。

当然我们正在研究的是完全自动化的机器人，我们正在为这个机器人设计很多东西。最有创新性的部分是皮肤传感器、内部机械装置、脸部表情，我认为，还可能包括遥控功能。

澎湃新闻：最终目标是什么？

石黑浩：从根本上说，我对机器人本身不是非常有兴趣。我感兴趣的是人本身。这是为什么我正在设计这种非常像人的机器人的原因。假如我对机器人有兴趣，我可能就只会不断设计看上去像是机器人的机器人。但我的团队和我，都对人本身有兴趣。所以，我们设计这种机器人。这个项目的目标是去理解人。我认为，通过对这种类人机器人（human-like robot）进行心理测验，我们能发现人的很多重要特点。

我的项目在世界上是非常独特的

澎湃新闻：在日本、韩国和美国的机器人科学领域，你有见到任何类似的项目吗？

石黑浩：我认为我的项目在世界上是非常独特的，没有人设计这种非常像人的机器人。本田公司设计的人形机器人（humanoid）阿西莫（ASIMO），在日本是相当独特的。但韩国和美国最近也在开发类似的机器人。从源头上讲，类人机器人出自日本。其他国家通常会专注于工业机器人、机械手和无人驾驶车。当然，在日本，我们在机械手方面已经有非常强大的技术。二十年前，70%的工业机器人都在日本制造，那意味着我们在机械手方面有非常好的技术。也意味着，我们需要用我们的机器人技术开发新的市场，所以我们致力于开发那种在日常生活中可以用到的非常像人的机器人。

澎湃新闻：所以 Geminoid 的很多关键技术都来自你自己和你的团队吗？

石黑浩：是，也不是。我们与好几家企业有合作。在开发这一类机器人方面，它们也有非常重要的技术。我在机器人技术方面有贡献，我已经开发了很多项技术，我们正在将方方面面的所有技术整合到类人机器人的开发方面。

澎湃新闻：在日本机器人技术行业，有一个领域是专注于研究服务机器人。你的研究包括那一方面内容吗？

石黑浩：我认为我关注的是可以交流的机器人，就是互动机器人。很多日本的研究者关注的是能够提供肢体支持的机器人。但另一方面，我们必须有更多可以交流的机器人，特别是用于老年人护理的那种。老年人护理的一半内容，也可能一半以上的内容，是交流。与老年人交流是相当重要的。

事实上，我的机器人可以用来与人交流，这就是 Geminoid。这一款非常像人的机器人是理解人类自身的平台。但一旦我们通过那类基础性研究收获了一些想法，我们就能开发出更有实用价值的机器人。Telenoid 就是一款更简单的机器人，它相当实用，是与老年人交流的好伙伴。我们正在日本、丹麦、德国和很多国家进行试验，人们接受了这款机器人。最终，今年（2015 年）9 月，我们成立了几家新公司，用来设计 Telenoid，那意味着已经可以把我们的技术商业化了。

澎湃新闻：这也是 Elfoid 和 Hugvie 背后的同样原理吗？

石黑浩：是的，Elfoid 只是 Telenoid 的小型版本，而且适用于每一个人。Telenoid 可以将我们的在场信息传递到远处。我们用 Geminoid 可以做同样的事情，但 Telenoid 更简化，而功能是一样的。Elfoid 是更小的机器人，尺寸与一部智能手机一样大，人们可以轻松使用 Elfoid 将他们自己的在场信息发到远处。Telenoid 可以当作一种理解力更强、更智能的手机来使用。

Hugvie 与 Telenoid 和 Elfoid 几乎有一样的功能，但 Hugvie 是能传递我们在场信息到远处的最简化的一款机器人（Hugvie 是一款人形抱枕，只要将其与手机相连接，就可实现一边通话一边通过拥抱来感觉对方的存在——编注）。Hugvie 实际上仅包含两种模态：一种是设计巧妙的感应功能，另一种有关人的声音。所以 Hugvie 实际上是一只智能手机支架，我们可以将它与智能手机配合使用。但它与传统智能手机的效果完全不同。比如，当我们用智能手机通话时，我们与说话者只有常态的关系，但假如我们将 Hugvie 与智能手机搭配使用，我们就能感受到人的触摸，这意味着 Hugvie 可以向远处传递我们的在场信息。

这可以让我们放松身心，因为 Hugvie 可以减少被称作皮质醇的压力荷尔蒙。我们在小孩和老人之类很多不同类型的人群那里测试过，通过使用 Hugvie，每个人都能感受到强烈的人的存在，并极大地放松自己。

澎湃新闻：人的存在是如何通过 Telenoid 和 Elfoid 来传递的？是通过震动吗？

石黑浩：不是通过震动，其实 Telenoid 只是简化版的 Geminoid，不同处在于外表。Telenoid 有一种中性的外表，看起来像是一个人，但我们看不出年龄和性别。Hugvie 同样是非常简化的机器人。Telenoid 有脸部和手臂动作。我们已开发出另外一个版本的 Hugvie，带有震动功能，这种功能的目的是模仿人类的心跳，这当然要好很多。但最简化的 Hugvie 还是可以向远处传递人的存在。

个人机器人会像智能手机一样流行

澎湃新闻：就机器人整体而言，你认为未来机器人会像智能手机或者计算机一样流行吗？

石黑浩：是的。实际上，我的公司——我在日本有自己的创业公司——以及很多公司都在开发那种个人机器人。由于计算机的应用，我们才有计算机社会。假如我们有这种个人机器人，（它必须）价格低廉而依旧可靠，如软银（Softbank）公司设计的 Pepper。但 Pepper 只是一种，我们需要不同种类的个人机器人，所以我的创业公司正在设计一种更小型的机器人，称作 Sota 和 CommU。我希望，这些机器人会成为个人机器人，可以被所有人接受。

这里的理念与看待游戏机和智能手机一致。人们只是必须购买硬件，然后从互联网下载各种软件。机器人能做的事情有很多，可以打游戏、获取信息，等等。假如智能手机可能有机器人一样的外表，如同个人机器人一样，那就意味着我们有了一种新型媒体。我们甚至可以更多拓展计算机技术、机器人技术的可能性。

澎湃新闻：你觉得会在未来什么时候发生？

石黑浩：当我们拥有第一部个人电脑和第一部智能手机的时候，我们不可能预料到会有现在这样的信息社会。事实上，智能手机在全世界普及得非常快，只在几年时间里。我认为，同样的事情正发生在个人机器人这里。但个人机器人还没有明确的用途，一旦有人发现个人机器人的明确用途，我确实认为它会在几年内普及，并再度迅速改变这个世界。

是时候专注于机器人的商业化运作了

澎湃新闻：你的项目有不同的资金来源。可以简单描述一下资金筹集过程吗？

石黑浩：事实上，我们所有的研究拨款都来自政府。我从日本科学技术振兴机构（JST）和文部科学省得到了最多的研究拨款。所以，我的主要赞助商是日本政府。但当然，我也和一些公司合作，为的是实现我的项目的商业化运作。如我所说，我有自己的创业公司，但在仿真机器人技术和远端临场技术方面，它们也与其他公司合作。所以我认为，今后十年，我必须集中精力进行商业运作。迄今为止，我花费了大量来自政府的金钱，但当然我有很多（其他）资源。我可以设计很多机器人，但现在是时候专注于实现那些机器人的商业化了。

澎湃新闻：当你启动项目，你是否会考虑那将是个成功的产品，还是说纯粹只考虑科学方面的事？

石黑浩：你知道，我的故事，就是说我为什么现在是在开发类人机器人，这是有点古怪的事情。我最开始想当一名油画家，但随后放弃了成为职业画家的想法，然后学习了计算机科学，把这当作后备的事业。计算机科学对我来讲真是非常好的事情，我是真的对计算机科学、人工智能和机器人技术有兴趣。

当我设计出机器人的时候，我的问题主要是关于它与人类的相似之处。这就是我专注于类人机器人和仿真机器人的原因。当然，我一直在探索和试图去理解人性。所以，下一个挑战在机器人内部，也就是某种基础性软件。目前，我们可以让机器人执行很多人类的感觉和动作，但还不能让机器人有意图和欲望。

所以，假如我们把人类的意图和欲望注入机器人，那么机器人就能与人类进行更多自然的交流，同时通过倾听和理解人类的言谈来理解人类的意图和欲望。它们可以参考自己的意图和欲望模式，然后理解人类的意图和欲望。人类和机器人彼此之间或许会分享某些意图。那意味着，我们（人类和机器人）彼此之间可以拥有更紧密的关系。我认为那是人形机器人的一个重要特征。

澎湃新闻：你认为 Geminoid 最终会成为有销路的产品吗？

石黑浩：Geminoid 不那么容易销售。实际上现在你可以买，但最便宜的一种价格大约也是 10 万美元。你可以用它在你的住处发表演讲，或者让它与你的家人说说话。那是一款远程操作的机器人，相当管用。那意味着，它已经是一款商业化的产品。但价格一直非常高，我们必须把价格降下来。但我不确定什么时候能做到那一点，因为 Geminoid 非常复杂。最难的部分在它的类人皮肤，而大规模生产这种类人皮肤相当困难。Geminoid 的头部还有非常复杂的机理。

实际上，已经有仿真机器人依据一些日本著名人士的模样设计出来了。落语（Rakugo）是一种娱乐形式，它以喜剧的方式讲故事，在日本文化中非常传统，也非常重要。之前有一名落语表演者去世，我们模仿他的外形设计了一款仿真机器人，将他当作国家财富来保护。这是非常有实用价值的机器人应用。他已经离世，但模仿他的仿真机器人可以一直表演落语，人们喜欢这样的表演。尽管他已经离世，但通过模仿他的仿真机器人，他还活在当下。

澎湃新闻：你提到了生产机器人"皮肤"以及头部机理的困难，在这方面，你和机器人技术产业的公司有合作吗？

石黑浩：是的，制作仿真机器人过程中最困难的事情之一是皮肤和头部的机械设计。事实上，我们和一些公司一直合作研究已经 15 年了。那些公司没有设计类人机器人的经验，所以我提议合作设计类人机器人。后来，我们合作开发了这种技术。不幸的是，大学生在两年到最多五年内会毕业，所以在大学里要留住好的技术是相当困难的。所以，与各个公司合作是有益得多的工作。我的学生一直与来自不同公司的人一起工作。那就是我为设计这种机器人正在做的事情。

日本可能是最适合进行科学研究的国家

澎湃新闻：总的来说，你认为日本是一个进行科学研究的好地方吗？

石黑浩：我认为日本可能是最适合进行科学研究的国家，特别是在类人机器人领域。假如我想在国外进行机器人技术方面的一些研究，我必须考虑军事上的应用，特别是在美国。但在日本，我们没有军队，那是不合法的。所以，我们可以自然地专注于日常应用，专注于设计类人机器人。那是日本的一大长处。我们开发机器人的预算有限，但我们专注于日常生活中可以用到的机器人。

澎湃新闻：你得到过很多奖项，获得这些认可对你的工作有什么影响？

石黑浩：我认为，我的贡献是在机器人技术领域确立了新的研究时代。在机器人技术方面，我们研究了两大领域：一个是操作，另一个是导航。操作技术涉及金工车间运行的机床，导航技术用于无人驾驶车辆（如谷歌公司的无人车）和自动驾驶系统。另外，我在互动方面开启了新的研究，互动指的是人与机器人之间的互动。我与来自美国的教授合作，开启了那一研究领域。我牵头举办了一次人机互动大会，还创办了若干份期刊。同时，我开发出这种非常像人的机器人，作为研究人类与机器人互动的平台。我认为那是我对社会的贡献。

澎湃新闻：作为一名科学家、工程师，你怎样看待日本在创新领域的贡献？

石黑浩：日本在发明新技术和创新方面做得有多好？我的回答是：不太好。日本不是最适合形成新想法的国家。美国可能好一点，因为美国有多得多的风险资本，更多的金钱，市场大很多。假如我们对比一下人口，美国的人口是日本的三倍还多。那意味着，美国，或许还有欧洲，它们拥有大得多的市场。

在日本，特别是对更小型的公司和创业公司来讲，生存下去就有更多的困难。我们没有获得大量风险资本的渠道。但特别是在这种类人机器人和机器人技术本身方面，日本拥有非常好的技术。很多公司活跃在机器人技术领域，很容易找到合作对象。在日本，要做点新的事情是相当有难度的，但我们很快就会赶上。比如说，汽车、手表、电器、微波炉、电视机、录音笔、游戏机，日本制造的那些东西都有最顶级的质量。关于马达或者传感器，我们或许没有最具原创性的想法，但我们在装备这一复杂系统方面拥有最多的原创性。我认为那是日本的长处。所以，假如我们是在日本工作，我们就有很多机会与其他公司一同携手，我们可以设计出这种非常复杂而稳定的系统。

澎湃新闻：有些人表示，日本在机器人技术领域的创新工作源自不同国家已有的体系，这些技术几乎都是借用来的。你觉得在今天，这种看法正确吗？

石黑浩：不正确。我们只是在泡沫经济之前致力于模仿其他国家的技术，特别是美国的。如今，我们已经取得进步，并能开发更优质的商业化产品。现在，我认为其他亚洲公司正在做同样的事情，美国和欧洲正在追赶亚洲国家。实际上，日本已到了下一个阶段，下一个阶段是要形成你自己的技术。比如这种类人机器人，我们将相当多不同类型的技术整合到其中，但我认为，这个整合过程本身是新的。比如汽车产业，引擎和轮胎这样的基本零件可能来自其他国家，但控制系统、某种组装系统，这样的日本式系统体现了相当多的原创能力，也相当复杂精妙。所以，我认为，除了对来自其他国家技术的修补，我们还有很多原创的商业化产品。

在我的研究室，每个人都专注于研究

澎湃新闻：在你的研究机构内，如何创造一个利于创新的氛围？

石黑浩：我有一个态度，就是每个人，包括学生在内，都务必做他们擅长的事情。他们有他们自己的特点和技能，我想给他们提供尽可能多的机会。所以我同时在进行三个方面不同的工作。首先是基础科学研究，主要是在大阪大学。再就是基于项目的研究和开发，所以我在 ATR 这里得到了来自政府的大笔拨款。ATR 规模非常大，以研究为导向，我们只进行非常严肃的研究和技术开发，学生和我可以在 ATR 进行合作。第三方面的工作是我的创业公司。假如我们有兴趣面对挑战，我和我的学生可以和创业公司的人携手工作。我总是同时应付这三个方面的工作。

澎湃新闻：那么你的项目的突破来自哪里？是来自作为负责人的你自己，还是你的团队？

石黑浩：通常我的作用是提供想法，我认为我善于形成新的想法。当然，人们在成长，比如我的助理教授和副教授，他们正在形成自己的想法。但我的核心作用是提供新的想法，并从政府那里得到拨款。我们需要做很多事情：有些人专注于技术或者编程；有些人专注于实验；有些人专注于研究原理、认知科学或者是心理学和变量。我们的研究室有很多不同的人，但我的主要角色是提供想法。

澎湃新闻：你的研究室是 ATR 的一部分，ATR 如何帮助你进行研究？

石黑浩：ATR 的优点在于该组织独立于政府和大学，所以，它易于形成融洽的工作氛围。我从各个大学，如京都大学、北海道大学等，邀请过许多教授。他们刚好汇聚到一起，我们一道工作。但假如我们是在同一所大学工作，我们就可能有人事上的麻烦。通常，同一所大学的教授彼此知根知底，合作起来会有稍多的困难。但在这里，我们没有任何人事上的关系，每个人都可以专注于研究，那是我们的一大优点。而假如我们是在同一所大学，我们就必须将精力用于教育。但在 ATR，我们不必关心教育方面的事情，人们可以只专注于研究。那是我们的优势。这是 ATR 能运作大型政府项目的原因所在。

澎湃新闻：假如 ATR 收到了来自某处的资助，对方喜欢追踪你们的研究进展，还是要求你们提供具体研究结果？

石黑浩：要看具体情况。要看项目，要看计划。有若干不同的级别，资助数量也不同。对最高级别的资助，我们有几乎不受限制的自由。政府只是选定研究者，我们可以自由做任何事情。那么，谁能评价最高级别的研究者？没有人可以评价他们。所以，我可以作出决策，决定自己的目标。在第二个级别，我们通常有项目经理，在这样的情况下，我们需要每年汇报我们的进展，也需要进行一些展示。假如研究目标非常清楚，我认为那也是一个好的体系。这两种情况我都会参与。

中国有实力改变世界

澎湃新闻：你是否对中国的研究和创新状况有任何印象，你对那方面了解吗？

石黑浩：是的，今年（2015 年）我和中国的公司合作较多一点。让我惊讶的是，中国的改变是如此之快，并且正在接受新的技术。特别是在电动摩托车方面：它们没有汽油引擎，全是电动的。这令人惊讶。还有，软银公司已决定在中国销售它们的机器人 Pepper。

中国人并不用普通手机，所有人都用智能手机。而且事实上，中国有很多富人。中国的人口超过日本的十倍，他们有实力购买很多新东西。我正在考虑，也只是猜测，假如在机器人技术方面，我们在日本、美国和欧洲没有取得像样的成功，那么机会就在中国。出于他们的兴趣和经济实力，中国人或许会很快接受新技术。他们有实力改变这个世界，我认为有这个可能性。（周雨昕 / 译　听桥 / 校）

澎湃新闻记者　邱傲文

MIT 的生意经
——专访美国 iRobot 公司董事长兼首席执行官　科林·安格尔

美国科技公司层出不穷，不仅技术先进，商业上也极其成功。美国旺盛的科技创新能力如何转变为强大的商业能力？

美国 iRobot 公司董事长兼首席执行官　科林·安格尔

出身于 MIT 的科林·安格尔是美国 iRobot 公司董事长兼首席执行官。这家军事机器人和家用机器人领域的领袖企业是他在麻省理工学院（MIT）时与老师罗德尼·布鲁克斯（Rodney Brooks）和同学海伦·格雷纳（Helen Greiner）联合创立的。

在机器人行业深耕了二十多年的科林说，MIT 的创新创业机制对其职业生涯有重要的影响，推动了多家公司的创办，也促成了 iRobot 从 MIT 的实验室走向市场。2015 年底，《中国实验室》采访了科林，他讲述了未来家庭机器人的发展方向，以及美国大学科技成果商业化的规律。

MIT 塑造了我职业生涯的核心

澎湃新闻：你在 MIT 的学习经历，在你的职业生涯中起了怎样的作用？

科林·安格尔：我认为 MIT 在很多方面塑造了我职业生涯的核心。首先，企业家精神往往会激发创业。如果一个学生对创立一家公司的可能性都没有概念，那就很难想象他们也可以创办自己的公司。

在 MIT 的四年本科学习期间，我参加了一个兄弟会，那个兄弟会大概有 60 人。我们创立了价值 50 亿美元的公司。这不是说我们都是天才，神奇地聚到了一起；而更多是因为，我们都持有"假如别人可以做到，为什么我不能？"的想法。另外，我们还获得了一些支持。比如在风险项目方面，有包括 Harmonix 公司的支持，该公司开发出了《摇滚乐队》(Rock Band)、《吉他英雄》(Guitar Hero) 这样的音乐游戏产品。很多像这样很出名的公司纷纷涌现，因为我们身边有很多对创业感兴趣的人士。

MIT 不仅提供了技术教育，还为我们创造了与教授紧密合作的机会。举例来说，我在 iRobot 的联合创始人罗德尼·布鲁克斯曾是我的老师，实际上我没有参与他之前创立的公司。随着我们当时发明机器人的技术变得越来越有趣，他说："啊，我想另外创办一家公司。"我说："好啊，我想来做管理。"我们整合了彼此的研究和想法，那是 iRobot 公司的源头。这种资深导师与正在考虑职业生涯下一步的毕业生之间的伙伴关系，是非常重要的。

另外，MIT 为创业提供了很多资源。MIT 非常热心地提供一些对我们这样的小型初创公司来讲在别处很难获得的帮助。所以 MIT 从人、教育、导师到资源，那里的一切推动了多家公司的创办。

澎湃新闻：在 MIT，有许多从实验室到市场的成功案例，秘诀是什么？这种模式容易复制么？

科林·安格尔：我认为秘诀是众所周知的，但这很难做到。你必须有意愿去投资一个需要很长时间才会获利的想法。因此，MIT 做对而很多其他大学做错的事情之一是，运营知识产权。MIT 向有抱负的企业家进行技术许可时非常慷慨。它们不会对你说："你是在 MIT 想出这个点子的，所以我们必须获得一大笔专利使用费。"相反，它们的策略是告诉你："知识产权归你，但是请记住，我们为你做了一点好事。"

最后，一百家创业公司里只有一家会成功。所以，向另外 99 家一事无成的公司收取一点点费用并不会给大学带来经济收益。尽你的全力帮助创业者，让他们获得成功，然后那些创业者将回过头向大学捐钱以示感谢。（大学的行动）理当基于自主权，而不是法律上的要求。获得回报需要很长时间，而一旦有回报，对大学来讲将获益无穷。要践行这一信条，需要具备长远的视角。

另外，吸引拥有成功初创公司的教员作为导师，是 MIT 非常重要的一个方面。他们不是你在报纸上刊登一个广告就能雇来二十个的那种人。但如果你能把他们聚集在一起，企业家精神就会激发创业。这种课程、知识和技巧，在课堂上是很难讲授的，需要和做过这件事的人在一起共事才能学到。这是一种资源。所以如果你想在其他地方造一所 MIT，你必须想办法汇集那样一些人：他们拥有一流的教育背景，以及去大学做力所能及的事情以支持学生的意愿。MIT 没有魔法，在那里发生的一切也不是巧合。

机器人产品的方便使用是很重要的

澎湃新闻：你们有非常尖端的技术，也有很酷的机器人，如军事机器人，但卖得最好的是扫地机器人。尖端科技与商业成功到底有什么样的关系？

科林·安格尔：尖端技术并不只是应用于我们最昂贵的机器人。在我们现在所有的产品中，技术最复杂的应该是 Roomba 900 系列的扫地机器人。这款产品采用了视觉同步定位和地图技术。所以，技术和价格点之间没有直接联系，特别是涉及软件的时候。传感器的成本在下降，计算机的成本在下降，所以技术可以随处找到。如果你看一下 Roomba，你会发现它继承了我们公司成立以来在不同领域的技术。

例如，Roomba 上最初应用的导航技术源自我们为搜寻地雷而研发的技术。也就是说，最开始我们是为了国防业务开发了这项技术。这项技术转换到 Roomba 上，成本就降低了。Roomba 的清洁技术源自我们花费数万美元设计的用于清扫商场的机器人。

所以，我们在一个可以投入很多资金的领域首先开发新技术，然后优化成本，应用于 Roomba。因此我们是从各方面借鉴技术，用于开发我们的产品，并让它们的性能达到所需要的级别。

澎湃新闻：你曾说过机器人技术的大跃进将来自降低结构复杂度的发明，能举个例子吗？

科林·安格尔：我的意思是，为让 iRobot 技术能够真正影响世界，它必须方便使用。所以在设计 Roomba 时，我们做的最漂亮的事情之一是在中间设计了一个写着"清洁"口令的按钮。如果你按下这个按钮，它就能启动这个机器人的所有技术，让它做正确的事情。所以我们的界面不是键盘或电脑屏幕，我们的界面非常简单。

你买 Roomba 是因为你想清洁地板。它必须具备随时待命清理地板所要求的全部技术。因此你所要知道的就是如何让它清洁地板。按下写着"清洁"口令的按钮，或者设定它在每天下午两点进行清洁，这是所有机器人真正必须知道的事情，所有其他技术只是控制它去做正确的事情。因此，我们的用户界面极为简单。

一旦你把机器人弄得更复杂，人们就会更犹豫，要不要相信并且使用它。因此，方便使用是非常重要的。我们设计的机器人越是智能，我们就能基于同样简单的界面去完成越是复杂的事情。

找不到答案可以解释制造人形机器人的正当性

澎湃新闻：你们会制造多功能的产品吗？

科林·安格尔：只要界面极为简洁，我们可以设计出多功能的产品。人们习惯于彼此交谈，并且他们是在一个高水平的语境中交谈。比如说，假如我想要别人给我倒一杯茶，我不会说："你愿意转动你的臀部，站起来，以一定的模式旋转你的胳膊，然后用两只脚的步态走到厨房，打开门，寻找一下吗……？"我们不会这样说话。我们大概会说："你可以给我倒一杯茶吗？"因为与我们说话的那个人知道如何去做。

所以，机器人技术的挑战在于，我们如何让机器人变得足够聪明，让它不只是理解"你可以给我倒一杯茶吗？"这样的话，还能理解为完成任务而被要求做的其他一切事情。因此，能绘制你们家地图的新一代 Roomba 是迈向机器人世界的一个巨大飞跃。因为这是第一次，机器人开始理解它们所生活的房间的结构，比如什么房间在哪里。在那个基础上，我们可以进一步：在（机器人的）视觉系统中确立"冰箱在哪里"。这样，机器人就知道它怎样找到奶油……或者它需要的任何东西。并且机器人开始有了背景，能够去执行更高水平的功能，而不用问"现在我要向哪移动我的胳膊"、"冰箱在哪里"、"手柄在哪里"以及"如何抓住它"之类问题。所有这些事情，机器人都应该知道。

澎湃新闻：你对人形机器人有什么看法？

科林·安格尔：假如有一个人形机器人，我的第一个问题就是：为什么它是一个人形机器人？它正在做着的什么事情要求它成为一个人形机器人？有一个很好的答案是：因为它是一个娱乐型机器人，在迪士尼乐园工作，它将站在那里扮演一个加勒比海盗或者是其他人物角色。除此以外，我想不到什么答案可以解释我们花费额外的金钱去制造带有胳膊和腿的机器人的正当性。

如果你问机器人的设计人员："为什么？"答案可能是："我想让它们酷一点。"但是我不同意。让带有胳膊和腿的机器人攀爬楼梯的成本是巨大的。我们设计了装有履带的机器人，它爬楼梯比人的速度还快，但仅仅用两三个马达而不是二十个。说到结实耐用而且可投掷的 110 FirstLook 机器人（这是 iRobot 公司设计的一款供美国军方使用的轻型机器人，它可感知周边环境，执行封闭环境下的侦查任务。——编注），假如你爬到顶楼，把它捡起来扔下楼梯，它会安然无恙。假如它翻倒了，它会将自己翻转过来，然后继续爬楼梯。

为了让机器人这个产业在社会中变得更加重要，我们反而有必要提出这样的问题：人们期待机器人完成什么任务？完成任务的最简单、最耐用、最划算的方法是什么？

机器人技术依旧处在早期阶段

澎湃新闻：传统的工业机器人制造巨头有很强的技术，但它们似乎没有学会制造服务机器人，没有推出什么有影响的服务机器人，反倒是一些新兴企业获得很大成功。那么，什么样的企业会在未来的机器人竞争中获胜？

科林·安格尔：机器人技术产业现在处于一个早期阶段，机器人并不是一个新的想法。但如果让你想想哪些机器人或者哪些机器人技术公司非常成功，数量屈指可数。扫地机器人是成功的，汽车制造业的机器人是成功的，还有工业机器人……这是机器人行业的现状。当然，我们制造出很多工业机器，它们都被称赞为是机器人。但是我重申，机器人技术依旧处在早期阶段。当我们畅想未来时，我们会有机器人在家里做清洁、擦洗地板、洗碗、叠衣服、修剪草坪。当我们老了，有各种各样的机器人照顾我们。机器人有太多可以应用的领域，我们只是处在开始阶段。

所以我们需要一些公司，它们要有创新精神，能够透彻地理解这些问题，从而能够设计出解决那些问题的机器人。但那比较困难，因为小的公司虽然非常善于创新，在技术方面有专长，也非常愿意采取不同的战略，但通常无法理解它们真正需要解决的挑战。一个生产拖把的百年公司非常了解用拖把拖地这件事，但对机器人了解极少。一个生产机器人的公司不了解顾客，生产不出对顾客来说实用的东西。因此小公司有优势也有挑战。机器人设计非常困难而且需要花很多钱，并且在实际操作中，必须投资很多年才能等到回报。

再者，大公司很难进行长期投资。因为如果你运营一家更大的公司，你每天都得面对一个挑战：你愿意为一个在未知的将来才能得到回报的想法花几百万美元，还是愿意投资同样一笔钱在一个确定会带来诱人回报的项目上？大公司面临巨大的挑战，它们可以做一流的研究，但是如果那个产品要花费三年、四年或者五年时间去开发，它们就很少能进行研究，并将研究转化成产品。

所以机器人技术产业的诸多挑战之一是，小公司和大公司都不太能轻而易举地发明出下一代伟大的机器人。

以 iRobot 这样的小公司为例，我们在第十二年的时候发明了 Roomba，那时我们还是一个小型公司，我们曾与像 Johnson Wax（即 S. C. Johnson & Son，成立于 1886 年的知名跨国企业，其在中国的合资公司为上海庄臣有限公司。——编注）这样的大公司合作，学习清洁的相关知识；我们曾与一个玩具公司合作，学习如何降低制造成本；我们获得过一个国防合同，学到了有关探雷的知识。

并且，我们现在依旧足够小、足够具有创造力，可以做一些具有颠覆性的事情。

澎湃新闻：你是否担心过山寨产品？

科林·安格尔：我想山寨产品几乎是立即就会出现的，所以，在首度推出 Roomba 的 18 个月内，我们开始在市场上看到山寨产品。制造一个机器人是极其困难的事情，所以即便你买一个 Roomba，然后用激光扫描仪把每一个部分都精准地复制出来，然后试着制造它，你也会遇到问题。因为，这里那里几毫米的误差，都会极大而且是负面地影响到性能。当然，因为我们是基于一个成熟行业非常有效的制造工艺，如果你想山寨 Roomba，通常你是想让它价格更低，但是在更低价格的情况下，要有同样的质量是困难的。

因为 Roomba 的设计是有成本意识的，所以我们发现山寨产品进入市场，然后它们的退货率高达 80% 到 90%，因为它们的性能不是很好，所以它们被市场淘汰。现在又有了新一代的山寨产品，但是我们的理念是，积极淘汰我们自己的产品，推出一代又一代产品，快速提升它们的性能，那样我们就可以超越那些试图复制我们的产品。

中国有些创新案例是很重要的

澎湃新闻：如何理解创新？

科林·安格尔：创新就是想出解决问题的新办法，并不只是想法。我更倾向于把更多的成果归结为一个词：创新。所以，假如有什么东西是有创新意义的，它就是一种具有实践意义的新方法，并能真正解决问题。一家具有创新精神的公司，可以成就从实验室到产品的过渡，并革新产品，或创造相对于现有产品和服务的真正优势，这种优势能真正满足某种特定任务和新任务的需要。通过产品交付体现的整套思路，是一家具有创新精神的公司的品质证明。

我的一位导师将创新公司定义为：这家公司可以在市场上索取溢价，因为它提供的解决方案是更好的。

任何人都可以自称具有创新精神，我可以是一个只有两个人的初创公司，然后说：我有伟大的想法。但要可持续地创新，你必须从产品中看到收益。

我认为，苹果是非常具有创新精神的公司：它们在全球手持设备市场的占有率为 15%，利润却占到 85%。这就是一家创新型公司，因为它们的产品能让顾客乐意花钱购买。这就给了它们在新技术方面进行再发明和投资的资源。我期待 iRobot 成为这样的创新型公司：既在推出新产品上获得成功，又在商业角度上获得足够成功。这样我们就能从销售机器人中获利，然后继续重新投资到研发下一代 Roomba、下一代拖地机器人中，当然了，也包括继续投资于将来我们会喜欢制造的所有其他上百种机器人。

澎湃新闻：你认为中国的创新能力如何？

科林·安格尔：我认为中国有些创新案例是很重要的。大疆创新（DJI）做的无人机对无人机产业来说是一次革新。假如你有一家创新公司想做飞行摄像平台，但你知道顾客很难掌握使用这种产品技术。所以假如你想取得成功，你就必须在这种无人机上添加其他技术，比如添加全球定位系统等等。这样，顾客就可以真正控制这个装置飞到他想飞的地方，并且让机器人飞到那里。因为大疆创新的产品运行得很好，并且是完全可以买得起的，所以它开辟出了这个新的产业。

我认为，中国擅长渐进式改进，这可以造就一些非常成功的公司，它们能领会并把产品做到更好。中国有一种整体的文化在：如何从不同的产品中借鉴，然后做出进一步改良的东西。因此，中国在这一点上一直做得很好，获得了长久的声誉。

帮助独居老人独立生活是 iRobot 的长期目标之一

澎湃新闻：iRobot 的长期目标是什么？

科林·安格尔：iRobot 的长期目标之一是帮助独居老人独立生活。你知道，想要独立生活，有很多事情你必须解决。你需要一个整洁的家，需要得到照料，需要应付社交隔离所带来的挑战——独居，以及定期地服用药物。你要做一连串的事情，那些事我想也是我们正在做的事，我们现在拥有的技术，只是系统性地追求实现这些任务。在这个过程中，我们需要不断克服技术问题，例如提高对于家庭事务的理解认知。如果我不知道我在哪儿，厨房在哪儿，那么"你能给我一杯茶吗？"这个问题的意义何在呢？所以绘制地图变得极其重要。并且，我们必须持续性地提高我们的技术竞争力来实现长期目标。

在家庭里有一些我们必须与之互动的物品并不是机器人。因此怎样适应网络时代是长期目标很重要的一部分，例如联结电灯泡、恒温器和其他家用系统如电视和娱乐系统。这些将成为实现长期目标的重要节点。

因此，对于机器人行业来说，这是一个非常有趣的阶段，因为现在我们开始更多地关注家庭，然后采取行动。但是，从长期来看，我认为它始终是关于人，关于随着人们慢慢变老，如何满足人们的需求，因为我们的社会正在老龄化。作为一个企业，如果我希望在这个新崛起的行业里成为领路者，解决这些问题将会非常关键。

（陶禹静／译　听桥、张茹／校）

澎湃新闻记者　张茹

人对机器人误解太多

——专访安川电机（中国）有限公司机器人事业部部长　西川清吾

全球机器人四大巨头，有两大在日本。日本机器人强在哪里，中国机器人产业的短板在哪里？机器人产业未来的趋势如何？为此，《中国实验室》对安川电机（中国）有限公司机器人事业部部长西川清吾作了专访。

安川电机（中国）有限公司机器人事业部部长　西川清吾

此外，在铺天盖地的未来学的渲染下，当下的人们对机器人和人工智能有很多浪漫的幻想。在我们的想象中，机器人无所不能，其实目前的机器人离人们的想象有较大差距，只是在具体的工业岗位上获得成功，离机器人走进人类生活还有相当长的距离。而且中国机器人的水准在世界领先水准看来，还有很多短板。

在预见的未来，机器人会如何，西川做了如下表述："我们所构思的是既可以做家务又能够照顾老人的服务机器人技术，个人感觉现实生活中是很难实现的。"

也就是说，需要分开进行某项服务，而不是一个机器人可以什么都做。"我们平时会有一个误解，觉得接近于人了，就是优秀了，但比如搬重物，起重机就会优于人类。所以机器人发展，需要考虑的是怎样将它的用途最优化，达到高效于人类的水平。整个服务机器人市场应该不会是一个万能的，而是一个在各种用途达到最优化后的循序渐进的过程。"

澎湃新闻：中国机器人公司从控制系统方面寻求突破的发展路径，能走得通吗？

西川清吾：中国本土机器人制造商从控制系统技术方面着手寻求突破，是非常好的事情。但机器人制造需要控制、机械臂、应用、系统方面的四大核心技术。所以只是单方面突破控制技术的话，不能达到机器人制造的最终目标。必须同时将其他核心技术难题一起攻克。

澎湃新闻：安川的控制器、电机、伺服器等硬件产品，在技术上有什么样的领先优势？

西川清吾：安川电机是以生产伺服马达起步，生产安川机器人的。安川的高精度伺服马达技术在全球拥有领先地位。因此，我们安川电机相比于其他机器人制造厂商，是拥有绝对优势的。当然生产机器人时，不是单独一个马达，而是同时需要 6 个马达。机器人本体的这 6 个马达，下面的马达运作时，其上方的马达会振动；同样，上面的马达运作时，其下方的马达也会振动。6 个马达组合起来，才有我们俗称的多关节机器人。如何将 6 个马达完美组合，消除振动，实现稳定、高精度运作，还需要另外的关键技术。关于这个技术，安川电机的机器人事业部拥有三十多年技术积累。

澎湃新闻：安川的人机协作技术进展如何？

西川清吾：安川从多年以前就一直推进与人进行协作的机器人的研究开发。我们在开发研究工业用机器人时，是以追求机器人达到比人类具有还要优秀的作业能力为理念，来进行开发的。所谓比人类优秀，具体是指速度快、精度高，因此具有非常高度的生产效率。这是我们开发机器人时所要达到的目的。我们在研发人机协作机器人过程中发现，当人靠近机器人时，机器人就必须将运作速度降低下来。也就是说当人万一与机器人碰撞到时，也要确保撞击力度非常小，所以人机协作的机器人就不能搬运重物。人机协作的机器人不得不将运作高速、负载等工业机器人的优秀作业性降低下来，以确保协作的安全性。所以，与人进行协作的机器人如何保留一般工业机器人的高速、高精度、高负载的优秀作业性，是我们接下来需要攻克的一个技术难题。

澎湃新闻：人机协作的机器人会给我们带来什么样的好处？

西川清吾：基本上有两点。首先是通过人机协作，可以免去一直以来固有的机器人安全栏。免去了安全栏的话，机器人系统在设置上可以变得更简易化。同时，当机器人发生故障时，由于没有安全栏，技术人员可以立即进行故障排查和检修。另一个好处就是，机器人的示教会变得更加简单。一般情况下，机器人需要通过示教、编程后才能运作，所以能够进行机器人操作的人不是很多。但如果是人机协作的话，就算不是特别精通机器人的生产线现场人员，也能够实现机器人的操作，机器人就可以被广泛地应用操作。这样一来，机器人就不仅限于汽车行业，而能够在各种一般行业得到广泛应用。

澎湃新闻：人机协作机器人需要哪些核心技术？

西川清吾：确保人机协作的安全，首先需要确保机器人与人不会碰撞；其次是，就算碰撞到了，也不会对人产生伤害。所以在技术要求上就要达到：（1）当人靠近时能够对其进行识别的传感技术；（2）还有就是当机器碰撞到人时不造成伤害的马达控制技术。

澎湃新闻：目前机器人智能化达到了什么样的程度？

西川清吾：智能化的定义是非常宽泛的。比如说人在进行弧焊时，可以做到根据焊接的实际效果进行焊接调整，以不出现不良焊接，或确保完全熔合焊接等。这些操作，人工焊接可以实现，但机器人焊接还不能完全达到这个水平。所以说，机器人在某种程度上可以说是"不完美产品"，要达到跟人一样的智能水平，还需要攻克很多技术难关，智能化还有一段很长的路要走。

澎湃新闻：有人认为语音技术对未来机器人关系重大。那么，哪些外沿技术将对未来机器人产生重大影响？

西川清吾：关于语音识别技术，工业机器人和服务机器人有很大的区别。如果是工业机器人的话，基本与语音识别技术没有什么关系。因为生产线现场非常嘈杂，是无法进行语音识别的。但服务机器人需要与人进行会话交流，语音技术相对服务机器人来说，就是非常重要的核心技术。

在服务机器人领域，除了突破语音识别技术之外，如何降低制造成本、如何使机身轻量化以及与人碰撞也不产生危险的传感技术等至关重要。个人感觉，其实在服务机器人领域，需要攻克的技术难题还有很多很多，也不能一句话概括什么技术重要。以我们安川电机所从事的人类辅助机器人、医疗康复机器人领域为例，那种体积小、功率大的驱动执行单元技术会很重要。

澎湃新闻：制造一个可以像保姆一样帮人干活，也能照顾老人、陪人聊天的机器人，需要解决哪些技术难关，预计大概需要多少年，这样的机器人可以走进人类的家庭？

西川清吾：我们所构思的既可以做家务又能够照顾老人的服务机器人技术，个人感觉现实生活中是很难实现的。比如做菜、扫地、洗碗之类的家务服务机器人，个人觉得，类似于智能家电那样，会不断地发展。再比如说老人护理，智能床就会变得非常重要。床实现智能化，可以自行动起来帮助老人起床等，也许这不能叫做服务机器人，但类似这样的技术会不断地发展起来。

也就是说，需要分开进行某项服务，而不是一个机器人可以什么都做。我们平时会有一个误解，觉得接近于人了，就是优秀了，但比如搬重物，起重机就会优于人类。所以在机器人发展这块，需要考虑的是怎样可以将它的用途最优化，达到高效于人类的水平。整个服务机器人市场应该不会是一个万能的东西进入市场，而是一个在各种用途达到最优化后的循序渐进的过程。

当然，产品最终能否达到普及状态，还是要考察投入产出效率的。实际上有些产品可能已经被研发出来，由于产品价格非常昂贵，而达不到普及。

澎湃新闻：例如像人一样手指灵活地进行手机装配的机器人，现在已经存在了吗？

西川清吾：进行手机的装配，或者进行打磨、搬运之类的生产线，已经达到比较高水平的自动化了。在这方面，机器人与人的操作相比，速度会更快、精度会更高。比如对手机的非常小的零部件进行精准加工，现在机器人已经是比人更加优秀的。并且该技术在手机生产线上已经普及。

当然现在也还有一部分生产线，出于投入产出的考虑，没有做到完全自动化。因为生产线实现自动化需要它周边的设备能够达到自动化的标准。而且手机的更新换代速度非常快，为了自动化而去不断地重新购买新的周边设备，是非常不划算的。除非生产设备本身价格下降，或者一台设备能够对应生产多种手机机型。一款汽车的话，可以持续生产四五年，那么对应的生产线周边设备也可以使用这么长时间。但智能手机需要不断地更新换代，市场热度就只有一年左右，手机生产线要达到像汽车生产线那样的机器人化，还是比较难的。

当然完全不考虑投入与产出的话，很多生产线的高水平自动化（即机器人化）是有的。比如安川电机除了机器人事业部以外还有研究开发部门，也就是说，单纯科研型的技术研发和工厂泛用型技术研发还是有一定区别的。工厂泛用型技术，安川有机器人用控制柜DX100。一台DX100控制柜就可以对应约500种安川机器人。

澎湃新闻：目前医护机器人可以帮人类干什么活？

西川清吾：安川的医疗机器人如今仅限于康复和人类辅助两种。康复机器人，是帮助由于中风等瘫痪的病人进行腿部康复理疗的机器人。安川的下肢康复机器人LR2已通过中国国家食品药品监督管理总局（CFDA）的认证，并且已在中国市场开始销售。

澎湃新闻：大家都知道机器人制造的核心零部件是本体、控制柜、减速机、伺服马达，请问这四个核心技术，对中国本土制造商来讲哪个最难？

西川清吾：对现今的中国本土厂商来讲，可能不太好说具体哪个技术最难，应该都挺难的。现在的本土制造商基本上减速机、伺服马达、控制柜都是对外采购的。因为研发生产这些关键零部件的成本非常高，技术方面也需要经过很多年的经验积累才行。比如说减速机的生产，跟很多基础工业、生产材料以及加工技术都有着很大的关系。

澎湃新闻记者　柴宗盛

中国半导体发展已具备天时、地利、人和

——专访矽睿科技 CEO　谢志峰

　　韩国的半导体逆袭，是由 20 世纪 80 年代的留美学生启动的，矽睿科技 CEO 谢志峰恰和那批韩国学生同期求学美国，学成后几乎同期进入美国英特尔公司，但五年后韩国留学生在政府的支持下回国创立本国的半导体产业，而中国的半导体产业还未出现，直到 2001 年谢志峰回国协同张汝京创立中芯国际集成电路制造有限公司，并在此工作十年，2012 年 9 月创办上海矽睿科技有限公司。

矽睿科技 CEO　谢志峰

　　谢志峰的成长经历就是中国半导体的发展史，同时他也见证了韩国半导体的"逆袭"史。

　　所以对于中国半导体的前途和发展路径，以及存在考验和问题，谢志峰自然有深度的思考。因此《中国实验室》专访了谢志峰，他认为，中国半导体产业的发展，目前具备天时、地利、人和。他解释说，地利是说市场在中国；人和是说中国人才够了，国外回来的和本土的都起来了。十五年前，找个像样的高级管理人才一定是进口的，一定要从美国挖，人家还不愿意来，现在这样的人才国内都有，现在把握机会就能做好。他说，如果这个阶段不把握机会，到下一个周期我们又落后了。

中国需要全产业链

澎湃新闻：紫光在做大量的并购，试图完成一个完整的半导体产业链。那么，一个完整的产业链对中国有多重要？

谢志峰：中国是需要全产业链的，但所有的细分行业放在一个公司是不可靠的。每个公司都有自己的基因，有自己的特长，一个公司什么都做，做到大而全，是不可能做到世界第一的。只有专注一个领域去做，才有可能做到世界第一。产业链的每一个部分都需要有人来做，但是要分开，请不同的专家来做。在历史上，大而全、样样都精通、都做到世界第一的企业是不存在的。

以英特尔为例，我的第一份工作就在英特尔，它的最强项是集成电路芯片的制造，到今天也是世界第一，没有对手，同时在设计上也有独到之处，所以制造和设计就是它的专长。但它对系统，甚至是手机方面的应用都没有优势，它的设计制造都偏向 PC（个人电脑）、手提电脑、云计算，它的特长就在这里。它在四十多年的历史里做过很多尝试，手机项目做了关掉，做了又关掉，都失败了。它的基因就是适合做高速高性能的芯片，做低功耗的手机芯片也一直不太成功。或许未来可能会成功，但这说明从自己很有特长的领域跳到另外一个领域会有多难。到别人的领域去战胜别人是非常困难的。

它们还努力希望在物联网方面有建树，但是给别人的印象就是高速、高性能芯片的生产、设计，用在云计算、个人电脑，除此之外，别人还没有把它当作一个最优秀的公司。所以我们也要培养在某一领域最优秀的公司，不要指望它能在各领域都优秀。

对大公司合并比较悲观

澎湃新闻：你看好中国半导体企业在全球发起的一系列并购吗？

谢志峰：高科技并购，是经济形势所迫，很多公司自己没有办法生存了，必须并在一起，抱团取暖，并购应该是互补的，你有的他没有，合并会更合理。但有的并购是为了并购而并购，抱团并不解决问题。

对大公司合并，我一般比较悲观，世界范围的大公司合并，都造成了人才流失。并了以后切成小块再卖掉，没有太多的成功案例，失败的居多。企业要有非常强的文化，其他公司进来后你可以把它融进来，有时候名义上是一家人，但充满了明争暗斗。如果有强大的文化，两个公司并在一起，所有的人都很认同，就不会有摩擦，但大多数公司的兼并造成了兼并方和被兼并方员工之间的矛盾，往往兼并是 1+1 小于 2。

技术和文化上很强的公司才能很容易地把别人融进去，否则兼并会失败。文化冲击之后，人才大量流失。虽然能买到一些专利技术，但专利只是落在纸上的，需要人去落实，相当于买了个机器，会使用的人不再了，还是发挥不了作用。

终端产品的配件没有必要区分国界

澎湃新闻：中国市场对组成整个产业链的那些企业有什么样的吸引力？

谢志峰：技术市场是很残酷的，每个终端产品必须用最好的配件，没有必要分国界。苹果的产业链是全球采购，用最好的部件，没有要求必须用美国的东西，只要自主可控就没有问题，除非是军工产品。并购了那么多公司，关键是能不能消化。公司能买到，但人才是流动的，很多核心的东西是在人脑子里，不是在硬件里。

我回国十五年了，看到一个趋势，中国对高科技产品的需求很大，比美国欧洲都多。十五年前美国最大，如今全世界的高科技供应商都来中国设厂，人才、技术、生产都想往中国大陆转移，确实带来了技术上的迁移。台湾、韩国非常羡慕，它们是很小的市场，虽然它们某些领域很强，如韩国的三星、台湾的台积电。所以不得已它们也来大陆建厂，台积电要在南京建一家世界级的工厂，三星在西安有世界级的存储，英特尔要在大连增加十倍的投资。它们必须往大陆转移，不然就失去了市场机会。

大陆的企业有机会借此发展。这些公司会带来人才和技术，这些人才会在中国流动，不论是去国企、外企、民企。过去清华、北大的毕业生第一优先是去欧美，毕业以后在全世界最好的公司工作，留在英特尔、苹果、谷歌，现在很多留在中国，所以未来有很好的机遇。

现在要有自信心走到世界前面去

澎湃新闻：海外半导体企业来大陆是因为成本吗？

谢志峰：成本不是最重要的，现在芯片在大陆做和在台湾做，成本其实差不多。主要还是市场，你要靠近客户，一定要知道客户要什么。远在美国，对中国的客户需求不敏感，如果在中国设立研发中心，反应速度会快很多。所以在中国设厂，第一考虑的还是接近客户。

当然成本、人才资源也很重要，中国的人才很勤奋、聪明，他们要有机会发展。发挥它们的聪明才智，需要好的老师带。如果有好的公司，不管中资、外资，它们招了优秀毕业生就会给好的培训，他们一旦有经验了，就成为市场上流动的人才。

要学习创新的能力、解决问题的方法，方法学到后可以创造新的技术和产品，可以有雄心壮志创造外企也没有的技术和产品。不要老想着从它们那里转让技术。世界是平的，这方面的自信心要建立。过去我们一直提要赶超世界领先水平，但大多数时间是赶，不是超，是填补国家空白。现在要改变思路，不要老想着赶，要超，要选定中国人有优势的领域，集中精力，要突破，要走到世界前面去。

从战略角度来说，中国必须把存储发展起来

澎湃新闻：中国半导体企业的细分水平如何？

谢志峰：半导体产业分为设计、生产、封装、测试这几块。论制造水平，中芯国际是中国大陆的龙头，水平达到了世界级，未来是非常有前景的。设计方面，总部位于深圳的海思（海思半导体有限公司）是有优势的。封测方面，江苏江阴的长电（长电科技股份有限公司）是最具规模的，最近又收购了新加坡的金鹏科技，上了一个新台阶，大概能达到世界第三或第四的水平。这三家

都能在中国做领头羊，比较欠缺的是存储行业。

三大关键技术，逻辑运算的 CPU（中央处理器）技术方面，英特尔世界领先；存储技术方面，韩国的三星领先；封测技术方面，台湾的日月光集团比较领先。大陆的领先企业和它们比都有蛮大差距的，尤其是存储，几乎没有。从战略角度来说，大陆必须把存储发展起来。

国家准备 5 年投入 1400 亿元的资金，但这么多钱还不如三星和英特尔加起来一年的投入。纵向比较发展是很快，但横向比，和竞争对手的投入比起来还是很有限。而且这不是钱能解决的问题，还要看人才、技术储备。千万不要轻视专利储备，只要你一做大，要起势了，肯定要打专利战，一旦打起来一拳就被打倒。

设计也只是手机芯片的设计，用于云计算、个人电脑的高速 CPU 设计，我们还是很弱，差距很大。

大陆半导体制造企业离台积电的差距很远，长远看台积电还要领先很长一段时间，这是苦工、硬功、资金、人才、知识产权积累形成的，毕竟它有四十年的积累。制造是很难的，要想赶上，先解决钱的问题，再说人才、技术、设备。

看好未来十年

澎湃新闻：国家规划雄心勃勃，中国有条件实现这个规划吗？

谢志峰：现在的国家规划有进步，不是只搞五年规划，而是也注重长期规划了，中国制造 2025，是十年规划。技术积累要长期规划，美国的老朋友都很羡慕中国的这种长期规划。

国家有长远计划，但是业界的人却急功近利，老想一锤子买卖，今年投下去第二年就要见成效。未来十年我还是很看好的，天时、地利、人和都具备。天时是说，时间到了，全世界投入在减少，中国在增加；地利是说，市场在中国；人和是说，中国人才够了，国外回来的和本土的都起来了。十五年前，找个像样的高级管理人才一定是进口的，一定要从美国挖，人家还不愿意来，现在这样的人才国内都有，现在把握机会就能做好。不把握机会，到下一个周期我们又落后了。

国家资金的管控越来越健全

澎湃新闻：国家资金的使用效率之前有一些讨论，现在怎么样？

谢志峰：原来钱不够多，还喜欢撒胡椒面，高校、研究所，大家都分一点，形不成合力。现在是择优扶强，哪个企业的能力强就扶持哪一个，这个格局比十年前有效得多。现在挑有成功希望和成功经验的企业去投。原来是高校研究所为主，现在是以企业为主，企业带着高校和研究生在走，而不是高校和研究所在做，这是这几年比较大的改变。

这五年，中央到地方的领导都在说，企业是科技创新的主体，研究所和高校辅助。因为研究所和高校不做产品，与市场是脱节的。资金给谁、不给谁是一条成熟的机制，是不是最优不敢说，但现在这套制度还是蛮健全的，感觉国家越来越重视，资金的管控也越来越健全。国企、私企都有机会去拿，当然国企拿到的机会更多，民企也有机会，特别是我们这个领域，谁有能力谁就能拿到。

澎湃新闻：投资效率如何去追溯呢？

谢志峰：如果投下去没有效果，以后就不给你了。如果没有达到国家要求，再申请项目，你的评分就很低了，这是很重要的评分。评委是在全中国去请专家，他们可以是国企领导、高校教授。有一个业界专家库，从专家库去挑选专家去做项目，这套机制蛮合理。但也有点问题，这些专家都是兼职的，有时候比较忙就不能去，有时候就找不到最合适的专家，假如最合适的那个很忙，就得用其他专家顶替。不过养这样一帮全职专家太贵了，每次给专家们车马费500元、1000元，这蛮符合中国国情。同样的情况在美国那就很贵了。

不要老想着引进，自己要创新

澎湃新闻：韩国和台湾的半导体发展经历对大陆有什么启示？

谢志峰：韩国的三星就是一个巨大的央企，很多国家资源都砸在三星和海力士（Hynix）那里。早期韩国从日本买技术，也派了大量留学生到美国，那些学生毕业以后到美国大公司工作五年，然后回国，创办三星半导体。中国没有制定这样系统的人才政策，我们都是自己去，自己回。所以韩国的效果很明显，80 年代我在美国留学，那帮韩国人也在美国留学，都是我的同学，今天都是三星和海力士的高管。

澎湃新闻：台积电的副总被挖走，如何看这个行业的暗战，以及人才和技术交流？

谢志峰：韩国人把台积电的副总梁梦松直接挖过去，真的是商场如战场，当商业战争来打。人才和技术的流动，西方有西方的规矩，但据我了解，美国并没有明令禁止出售产品给中国，它要求是透明可控，你要什么技术可以告诉我，它们根据本国的法律法规来审批，同意了就会给你，只要你不是去造杀人武器。只要保持好的沟通，技术还是开放的，可以走正常途径买来或者学来。

但也不要老想着引进，自己有人、有钱，为什么不自己做？自己要创新，我们是有能力的。当然有些是大家都没有的，需要引进的。

澎湃新闻记者　柴宗盛

航发技术禁运没想的那么多

——专访通用电气航空集团中国区工程技术总经理 王鹏

如果中国某一项重要技术落后，罗列落后理由，总有一条会归于西方技术封锁。西方封锁客观存在，但不能因为有封锁，就不去合法尝试接触西方先进技术。航空发动机制造技术是工业体系中的皇冠，高度敏感，是中国一直渴求突破的目标，同时，它与西方技术封锁高度关联。

通用电气航空集团中国区工程技术总经理 王鹏

近些年来，中国加大了航空发动机自主研发的力度，中国巨大的航空市场有强大的吸引力，各大国际航空巨头在利益的召唤下进入中国，继而加大在中国的投资，甚至是研发和产业链的配套。在多因素的综合作用下，中国本土航空发动机制造业有了一定进展。

中国如何更好地借力国际航空巨头带来的技术溢出的红利？

2016年1月间，在接受《中国实验室》专访时，GE（通用电气）航空集团中国区工程技术总经理王鹏认为，在西方巨头尖端技术本土化的过程中，我们应充分相信市场的力量。基于互惠互利的原则，不存在损人不利己的技术封锁。在遵守规则的前提下，其实一切皆可以谈。

一言蔽之，灰色地带是存在的，而且其边界也是不断变化的。技术禁运不是高压电线，只要在互惠互利的基础上，就可以不停试探其边界。

GE 对培养中国本土人才非常重视

澎湃新闻：GE 中国有多少人为 ARJ21 项目服务？

王鹏：作为 ARJ21/CF34-10A 这个项目团队第一个工程师，我 2003 年到上海。过去十多年里，在中国，我们这个工程团队做了三方面业务。一个是与发动机有关的项目，包括 ARJ21 项目，还包括船的项目。第二大块是整个地区供应链的支持，涵盖中国大陆、台湾等地区。第三块是航空服务，在大中华区我们有 4000 台发动机，很快会达到 6000 台，对这些发动机的技术支持，对客户的支持，是我们重要的任务。我现在主要是做这三方面工作。（ARJ21 是中国按照国际标准研制的具有自主知识产权的支线客机。CF34-10A 是 ARJ21 使用的发动机，由 GE 航空集团制造。——编注）

我们的人其实不多，加起来才 140 个。ARJ21/CF34-10A 项目上，我们到今天只有四个人。这个项目已过了高峰阶段，接下来是支持它如何进入航空公司去运行。目前这四个人都是很重要的，未来会为这个型号培养两个总师（Model Leader），一个是 CF34-10A 的工程总师，另一个是 CF34 家族发动机的服务总师。虽然在中国只有四个人，但是他们可以调动全球的资源支持这个项目，之所以把这么关键的总师转移到中国来，就是为了更好地支持中国的飞机项目和航空公司运营。这两个总师都很年轻，都是 80 后。

澎湃新闻：总师意味着从设计到生产都负责？

王鹏：工程总师对这个型号的全寿命周期都负责。譬如 COMAC（中国商用飞机有限责任公司）宽体机配套发动机的设计总师，负责项目的进度、技术的确定与评审、经费管理、如何调动全球资源来执行这个项目的开发等。这个总师在中国，但整个设计团队未来不一定都在中国，有美国团队、印度团队、波兰团队，这个总师要能去调动所有资源为这个项目服务。

澎湃新闻：既然以前已经有成熟的设计流程，也有成熟的总师，为什么在中国要新放一个总师，再新搭一套班子？

王鹏：因为 ARJ21 和宽体机都是中国的飞机型号，客户在中国。长期来看，这个岗位放在中国是最合适的。从这一点可以看出，GE 是非常开放的。GEnx-1B/2B 全球第三个服务的型号总师就在中国，现在正在美国培训。我正在谈 GE90 中国地区的总体系统负责人的工作范围，很快就会确定下来，并且开始招聘。LEAP-1C 的型号总师未来也会在中国。这些人大部分是 80 后，虽然是在中国，其实他们的职能范围非常大，根据不同型号的发动机，可以涵盖南到澳大利亚、新西兰，北至日本。（GEnx-1B/2B、GE90 均为 GE 航空集团生产的发动机。LEAP-1C 是中国首款大飞机 C919 唯一指定的外方发动机，由 GE 和法国赛风集团的合资公司 CFM 制造。——编注）

在 GE 总部，这种职位没有二十年的工作经验是不可能有机会得到的，但是在中国这种机会能够给这些 80 后，可见 GE 对中国的重视和培养。GE 目前运营的商用发动机型号粗算是 20 个不到，有这么多型号的总师是中国人，这是对我们很大的放权。另一方面，这也是这么多年我们中国团队不断努力证明自己的实力，建立信任，不断突破人为障碍，在市场需求的推动下，争取来的。

知识产权方面严格遵守中美两国法律

澎湃新闻：有知识产权方面的担心吗？

王鹏：知识产权是这样的，我们一定要遵守美国的法律，同时也要遵守中国的法律。知识产权有时候变成了一个借口。第二方面，这个是很多中国人内心中的一堵墙，还没开始做呢，就有一堵墙在那里，跨越不了。

美国人对中国知识产权方面的担忧是正常的，完全可以理解，既然如此，我们就更要把知识产权保护好，这样大家会放心，工作就可开展了。出口限制也是同样的，我们要严格遵守两个国家的法律，不能在出口限制上有任何差错。但这不等于说我们可以不作为，在法律允许的范围内，还是可以做很多事情，这是我对知识产权保护和出口限制的看法。如果你想做一件事，你有一百个办法可以做的。你不想做一件事，也有一百个理由不做。

澎湃新闻：我们总觉得知识产权有刺，不能碰。

王鹏：你觉得你个子比别人矮，总认为别人会欺负你，这是一种自卑的心理状态，导致你没有办法和别人相处。我们面对这个问题，在出口限制上，做了非常多的工作，因为我的这块是做供应链的支持，不能把工作限制在中国，我们的目标是整个亚洲地区。我要做这件事，就必须去了解美国对相关产品出口的法律限制，否则就可能违规，或者碰到很多人都会说，这里有出口限制，中国人不能去做。

那么，我们就跟专门管出口限制的律师，一个法律条款一个法律条款地看，一个零件一个零件地去分析，一个工厂一个工厂地去研究，看这里面会有什么样的风险。到最后，我们得到的答案是，我们可以做非常多的事情。

做这件事情之前，很多人会以此为借口，说你这不能做，那不能做，或者我们内心把自己限制住了。所以，你碰到这种问题，没办法去回避，就是要面对面地解决。这些东西我们可以放到明面上谈。否则，要么把自己限制死，要么就去违规，这都会出问题的。

中国做不出发动机不是制造技术问题

澎湃新闻：外企的技术溢出效应到底如何？

王鹏：GE 的发动机有很多零件在中国做。

出口限制最严格的是热端部件，就是高压涡轮，高压涡轮的叶片不在中国做，但高压涡轮盘是在中国做的。高压涡轮罩环，我们过去研究过，是可以在中国做的，但最后这个没拿过来，是因为经济性问题，不是出口限制问题。燃烧室不能在中国做，但燃烧室的头部已经在中国做了，发动机从头到尾的机匣都有在中国做的。发动机还有非常多的转子，转子的盘都有在中国做的。

轴承有特殊供应商，这个供应商是否在中国做我没有去仔细调查过。发动机有两根轴，一个是高压转子的轴，我们有在中国做的；低压转子的轴没有在中国做，是因为中国现在的技术不行，中国在开发，但是还没有开发出非常好的合格产品，所以没有在中国做。还有发动机叶片，我们的高压涡轮叶片不能在中国做，这是出口限制的要求。其他叶片没有在中国做，不是因为出口限制，是因为在中国做得不经济。低压涡轮的叶片，我们合作伙伴已经在中国做了。

所以，你可以看到，一台发动机不能在中国做的东西太有限了，80%—90%种类的零部件都有在中国做。你说中国发动机做不出来是制造技术问题，纯粹是扯淡。这不是问题，即使高压涡轮叶片不在中国做，但高压涡轮打孔技术是我们在中国开发出来的，很多东西中国人是可以做的。

我们帮助中国供应商快速成长

澎湃新闻：GE 在中国的下游供应商成长如何？

王鹏：我们跟供应商合作。我们这些年帮助中国供应商成长得非常快。第一个成长是由做不出来变成能做得出来，这个我们花了很长时间，有十几年的时间，我们把中国供应商培养得能做出来。第二，能做出来，要更加经济，更加有竞争性。我们这个团队也做了非常多的工作，让我们的供应商做得更好。

然后，我们不单纯从加工的角度考虑问题。从产业链的角度考虑，中国制造业的主要特征是两头在外，原材料是进口的，市场是在国外。从国外买原材料，做技术加工，然后出口。这种产业模式是不安全的。从 2011 年开始，我就一直推动原材料本土化，不单纯在中国做机加工，原料也要在中国生产。我们花了四五年的时间，现在中国的供应商已经培养得差不多了。现在很多锻件在中国做，铸件现在也有一些已经在中国做。

我们又进一步往上游推，上游是高温合金，如果把这些高温合金工厂培养成 GE 的合格供应商，这条线就串上了，从高温合金的生产，到锻件、铸件的生产，一直到机械加工生产，都在中国。我们这条产业链就建起来了，就会很稳定。

澎湃新闻：投入很大吗？

王鹏：投入是在投入的，没有外界想象的那么大。我们的经费是很有限的，我们更多是靠市场杠杆来解决问题。我们技术上的投入是非常多的，我这块光做工艺的就有非常多的工程师，要做新零件开发、新工艺开发，就是这样做出来的。

举个例子，我们现在做的最新 LEAP 发动机，有一个非常难的零件，是

LEAP 发动机高压压气机后面的一个导向器，那个是非常非常难加工的零件。三四年前我们 GE 航空工程部的工程师团队就和 GE 上海研发中心制造实验室 (GE GRC Shanghai) 的一家公司合作，用最新技术加工，这个零件加工工艺开发完成后，比当时美国供应商加工的时间缩短一半。我们把这个技术开发出来，是免费送给我们在中国的供应商的，让他们能够去制造，现在西航（西安航空发动机有限公司）是这个零件的主要供应商。这就是如何用技术推动制造业发展的例子。

过度揣测是一种风险

澎湃新闻：GE 不担心供应商起来了，出来另外一家企业把它们整合起来，和你们竞争？

王鹏：在市场经济里面，我们不过度揣测，一切都很简单。很多事情做就做了，没做事就惧怕无谓的风险，那你就没法做了。我们要解决问题，就是要把所有问题放在桌面上谈。你做这件事情有什么好处，揣测如果敢放到桌面上，我也愿意和他谈。过度揣测是一种风险，如果放在桌面上讲，很多误解和猜忌是可以克服掉的。

澎湃新闻：美国对华输出技术不是有很多限制吗？

王鹏：我去很多大学里招生，很多人跟我讲：你们 GE 在中国做的都不是发动机的核心技术，到底能学到什么东西？我说，有些人总是看到的没有得到的好，得到手里的往往又不珍惜。咱们先不要谈那些核心技术。第一，是有很多出口限制，人家不会给你。第二，中国根本不做这些业务，为什么要给你？我们先把这块抛开。

现在已经给到你手里的东西，做得怎样了？中国人已经拿到的东西都做好了吗？举个例子，我们那么多供应商，图纸给你，规范给你，你能不能做得出来呢？答案很多时候是：做不出来。我还要派很多工程师去帮他做。你如果把我给你的东西都做不出来，还成天哭着喊着说，因为限制导致我不能发展，这个逻辑是不成立的。这就是借口。

民营供应商现在出现得多了

澎湃新闻：如何培养供应商，选择什么样的供应商培养？

王鹏：现在主要的供应商是国有企业，中航（中国航空工业集团公司）的企业为主。它们的基础比较好，我们现在大部分的供应商是这样。但我们在不断开发新的供应商，现在有更多民营公司进来了。过去想找民营的也没有，随着中国经济的发展，民营供应商出现得多了，比例在一点点增加。虽然现在非常少，但你可以看到它们的成长。

像我们做锻件的供应商，就是民营的，做得也很好。你会看到在这些新领域逐渐有更多民营供应商进来。我在去发展它们的时候，特别强调，你的原材料要有，航空业在加工上跟别的制造业有特别大的不同，就是有很多的特种工艺。独立的特种工艺能力要建立起来，对民营企业发展有非常大的帮助。特种工艺需要企业很多年的积累，民营企业如果只是做一个简单的技术加工，没有特种工艺，很难活下来，市场上没有这些特种工艺供应商的资源，民营企业就没办法发展起来。

在我们供应链的发展中，这是很重要的一步，原材料特别重要，独立的特种工艺能力建设也非常重要，民营经济的进入也非常重要。这样我们才是完整的供应链。

澎湃新闻：你们的技术向供应商提供，是有偿还是无偿？

王鹏：我们基本是无偿的。我们做这件事的动力来源于我们在这个地区制作出来的零部件，价格更具优势，比别的地方采购更便宜，这个采购成本降低就够我们去养这些工程师了。纯粹依靠道德去约束人，是不可持续的，必须互利。

我们中国人可以做很多事情，就看是否有机会去做

澎湃新闻：你们为 C919 提供了哪些服务？

王鹏：C919 发动机系统的集成、试飞和取证工作都是 CFM 做的。GE 在

C919 中间有两部分内容，一个是推进系统，是我们做的；另一个是航电，我们跟中航有一个合资公司在做。推进系统主要是我们 CFM 在现场做的，从系统级别的设计一直到试飞、取证。我们在 C919 上做得比 ARJ21 做得更多了。发动机外短舱的结构设计，是我们在中国的团队去做的。发动机外围管路的设计也是我们中国团队做的。（CFM 由 GE 与法国赛峰集团合资成立，是世界领先的民用飞机发动机供应商。——编注）

2008 年我接手这个团队的时候有 22 个人，人少、能力很有限。我从那个时刻想，我们怎么进一步发展。2010 年在美国开一个全球各个地区分工的战略会议，有三个主题，一个主题是制造，一个主题是发动机设计，一个主题是飞机的系统。我们做制造已经做了很多年，当时只邀请我去制造的分会场。我想我们不去争取，怎么有机会进入另外两个领域？我就带了两个人去，放一个人去参加发动机设计会，一个人到制造的分会场，我本人到飞机系统的分会场。

大家就在会上介绍自己的能力是什么，当时有印度团队讲，他们怎么怎么厉害，当时印度团队已经有四五百人，波兰团队当时有三百多人，墨西哥团队是六七百人，我们跟他们根本没办法比。他们都讲怎么怎么厉害，等他们都讲完了，我说我们要讲两句。在飞机系统领域，我们团队的能力是零，我在黑板上点了一个点，但要考虑中国研发中心的能力，我们就不是零了，我就在上面画了个圈。如果考虑供应商的能力，我们就更大，全球所有工程团队所在国家，只有中国可以做飞机、做火箭。我们 GE 中国团队现在能力为零，是因为之前没给我们机会做，如果给我机会，我一定会把能力建立起来。

就这样，从那时开始，我们把这个系统结构设计团队从零建立起来了，C919 短舱风扇罩的负责人就在中国。我一直想说的观点是：我们中国人可以做很多事情，就看我们是否有机会去做。我毕业到现在二十多年，我的工作简单总结，就是在做从零到一的过程。

澎湃新闻：中国能做很多事情的底气是什么？

王鹏：C919 项目在这，市场本身就有这样的需求。如果这个项目是波音的项目，我们在中国做，这个理由就没有这么充分了。当然，如果我们是这个领域最牛的团队，我看波音的项目我们也可以做。第二点，中国是有人的，工程师资源是非常丰富的。中国一年大学生毕业 700 万人。欧洲有些国家都没有这么多人。我去过捷克，他们一年大学毕业 3600 人，他们怎么跟我们比？资源没办法比。而且中国工程师很刻苦，晚上我们楼面加班工作的工程师特别多，我经常劝他们早点儿走，大家都不愿意走。还有，你要按照非常规范的流程去做，再加上资源，很多东西是可以做出来的。

澎湃新闻记者　柴宗盛

中国的燃机发展有非常好的上升势头
——专访西门子（中国）发电与天然气集团首席技术官　赵作智

中国是世界工厂，也是用电大国，不要说中国用电量是世界第一，2016年中国大陆发电量竟然占全球四分之一强，其中火电占比超过60%。在石油价格高企的年代，用油气发电对中国是件奢侈的事，但石油价格持续下跌，低油价逐渐成为常态。在中国雾霾频发的当下，用更为清洁的油气发电成为可能，那燃气轮机可能就是今后中国主要的发电设备。在发电之外，燃气轮机是大型运输工具的发动机，轮船、飞机，甚至坦克都需要小型燃机来推动。

西门子（中国）发电与天然气集团首席技术官　赵作智

但由于历史原因，中国的燃气轮机发展一直滞后。但是因为中国巨大的市场，燃气轮机的主要制造商，西门子、GE、三菱在中国有各种形式的合作项目。以高铁的发展历程来看，庞大的市场必然有更大的话语权，中国有条件，外企也有动力在中国实施更加本土化的燃机策略。

2016年3月，《中国实验室》专访西门子（中国）发电与天然气集团首席技术官赵作智博士。赵作智在西门子的这份任命有深远意义，这是中国人第一次负责一流国际巨头的主打产品的技术主官。

赵作智就中国燃气轮机发展历史与现状，以及西门子燃气轮机在中国的本土化等议题做了分享。

西门子燃气轮机的发展历程比较复杂

澎湃新闻：西门子燃气轮机发展历程如何？

赵作智：西门子燃气轮机的产品线比较丰富。初步来分，可以分成重型燃气轮机、工业用的中小燃气轮机，还有航改机。重型燃气轮机大概从 100 多兆瓦到 400 多兆瓦，分为 E 级、F 级、H 级。工业用燃气轮机我们有 SGT100-400，从 5 兆瓦，到 15 兆瓦。还有 SGT500-800，从 15 兆瓦，到 50 多兆瓦。航改机，最近我们收购了罗罗，从 4 兆瓦，到 60 多兆瓦。（"航改机"是指由航空发动机改装而得到的燃气轮机。"罗罗"即罗尔斯–罗伊斯［Rolls-Royce］，是英国航空发动机公司。——编注）

西门子燃气轮机的发展历程比较复杂。可以用 16 个字概括：自主研发、技术合作、授权生产、收购采购。在 1939 年，燃气轮机作为一个产品和技术刚兴起的时候，西门子就做了好多技术储备。真正董事会批准是在 1949 年，从 20 世纪 50 年代到现在，西门子推出了形形色色不同款的产品。这是自主研发的路线。

还有一个是技术合作，比如现在 50 赫兹用得最好的，是 SGT5-4000F 级燃机，就是在 90 年代与三大飞机发动机厂商之一的普惠合作制造，走的是技术合作的路线。

授权合作方面，你可以看到，现在一些燃气轮机的技术路线和产品，是通过西门子的燃机授权出现在市场上的。

收购方面，1998 年，西门子收购了美国的西屋电气公司。现在日本的三菱是在西屋授权生产的基础上发展起来的。中小燃机方面，西门子历史上有一些收购，最近收购了罗罗的航改机。

澎湃新闻：授权对方生产，是不是需要对方有很好的技术储备？

赵作智：我们挑选生产伙伴，它肯定有一定的技术储备，比如生产制造装配的基础。西门子授权上海电气生产燃气轮机。

西门子每年的研发投入非常巨大

澎湃新闻：燃气轮机的技术特点如何？

赵作智：可靠、高效、灵活、环保、运行维护方便。

可靠方面，以 SGT5-8000 为例，它长 13 米多，宽和高 4、5 米的样子，整个燃气轮机有 400 多吨，相当于一架 A380 空中客车。它每秒会转 60 转，里面温度会达到上千度，可以融化所有金属。每天 24 小时、365 天不间断地运转，就对可靠性提出了非常高的挑战。

燃气轮机作为机械工业和制造业皇冠上的明珠，涉及多学科、多专业、多领域，在这里面，经常充满矛盾，就是打架的地方。比如压缩机叶片，负责气动设计和机械完整性设计的两拨人员会经常打架。怎么样去保持可靠性？这里面有两个原则。

第一个原则，把燃气轮机的研发作为一条产业链，那么你有市场上用户的需求，你有设计团队，会去制造一些部件，你会去采购一些部件，那么还会去测试，然后放到市场上，让用户去用。这里面每个环节都需要反馈。就是说，在生产部件，包括整机装配、包括测试、包括用户使用过程中，到底这款机器的使用怎么样，反馈到设计团队，这对保持可靠性非常有必要。第二个原则，燃机不仅仅是设计仿真出来的，而是测试出来的。测试包括基础材料测试、小零件测试、整个部件的测试，比如整个压气机、燃烧室的测试。

关于高效，有两层意思，一个是燃机作为产品的高效率；同时，燃机研发需要非常大的投入，你必须形成一个良性循环。你的产品必须可靠、高效、环保、灵活，这样你才能卖得好，卖得好才能有足够的资金流反哺研发。所以每年西门子在研发上的投入是非常巨大的，市场对我们的研发速度提出了要求。

灵活，就是不断把验证过的最先进的技术融合到产品中。市场和客户对燃气轮机的技术发展、产品更新换代要求更严苛，如果你在原地踏步，就是不进则退，所以几家大公司都是大资金、高投入、开放式创新，同时努力把最新的技术用到产品中。

可以举两个例子。不久前西门子在瑞典开了一家 3D 打印工厂。这里有两个好处，首先，对于特别复杂的零件，比如燃烧喷嘴，或者涡轮叶片，如果你能用 3D 打印技术把它尽快打印出来，可以极大加快你的研发周期。其次，在产品维修的时候，你可以把用户索要的零件打印出来。

第二个例子，现在大数据、云计算、数字化很热，西门子在这行耕耘了好多年。比如我们的最新燃气轮机，这是一台智慧燃机，不仅是一个机械产品，它上面的传感器有好几千个，就跟人的可穿戴设备一样，可以把整个机器的运行状况实时记录下来。这样，数字化技术被充分用在了燃机上。

澎湃新闻：3D 打印可以满足精确条件吗？

赵作智：可以。完全可以把整个叶片打印出来。我还可以用不同的材料合在一起打印出来。

西门子在中国已深度本土化

澎湃新闻：中国的燃机发展情况如何？

赵作智：中国燃机的发展可以溯源到 20 世纪 50 年代，我们起步比较早。甚至六七十年代有一些厂家研制出过燃气轮机。但是在 80 年代初，因为当时中国油气资源比较紧缺，国家决定不用燃气用于发电。所以自从 80 年代一直到这个世纪头十年，我们用市场换技术，中间有三十年的断层，导致人才梯队断层。这个过程恰恰是欧美大发展的时期。

但没关系。为什么这么讲？因为长期来看，中国的燃机发展还是有非常好的上升势头，而且现在国家比较重视。

西门子燃机在中国走过了一条从销售到合作生产、授权生产，到在开放的研发生态系统中合作研发的道路，已经深度本土化。

澎湃新闻：西门子中国承担哪些任务？

赵作智：西门子在中国研发有七年多的历史。它不仅承担本土化的工作，而且在全球研发网络中起的作用也是非常巨大的。比如，最新的燃机中，好多的零部件，从概念设计到基本设计到最终设计，到最后与供应商打交道，都是中国团队领头的。

澎湃新闻：西门子在中国如何整合资源？

赵作智：西门子的产业链大概分两大块，一块直接跟客户打交道，从市场调研，到项目前期，到客户关系管理、销售，到后面的合同执行，比如调试维护，有整个的产业链。另一块在后面提供支持，有一个很大的研发团队和采购团队。

西门子燃机面对两个市场，一个是国内市场，一个是和中国的总包商合作的海外市场。我们秉承两个原则，一个是以市场和客户需求导向的带有前瞻性的深度本土化，我们在产业链的每一个环节都和合作伙伴一起本土化。第二个原则是合作共赢，西门子研发、制造、运营、维护成本降低的同时，提高了整个行业的产业水平。

澎湃新闻：西门子的本土化成就主要有哪些？

赵作智：西门子的本土化，一个是采购的本土化，一个是研发、采购合在一起的本土化。

西门子有三个采购中心：美国、德国和中国。中国采购中心覆盖中、日、韩和整个东亚，西门子很多核心部件是从中国采购的。中国供应商有它很好的优势，不仅仅在成本方面，还可以做到跟国外供应商一样的水准，质量上过得去。当年大家都做手机的时候，可能在深圳、东莞，一条街上就能买到所有零件。同样，做一款燃机，从冷部件到热通道部件到辅机设备，在中国，基本上除了极个别的零件，都能采购得到。而且，随着"一带一路"战略推行，项目多了，如果能在本地采购、装配、提供服务，这样的响应速度对西门子来说也是非常重要的。

本地的采购团队和本地的研发团队合作。我们在中国多开发一家供应商，对西门子来说可以降低采购成本，对供应商来讲，和西门子合作，可以提升供应商的质量管理和生产制造工艺水平，从而提高整个行业水平。

研发和采购合作一起进行本土化，这里面有一个聚合效应。比如我们要去一个小区买房子，虽然这个小区环境很优美，但如果没有好的学校、医院，升值空间就小。如果有，就有了聚合效应。同样，仅仅在中国做采购，做研发，做项目管理，非常好，本土化，但还不够。如果你把这些结合在一起，这样 1+1 会大于 2。很多时候，我们从供应商方面会得到很好的回馈，他们说，你（设计）这样改动一下，可以降低我制造的难度、成本，那么好了，我的设计团队需要去衡量，这样改动会不会影响到我设计方面的需求。

澎湃新闻：供应商在中国多吗？

赵作智：非常多。一开始能够达到西门子技术要求的供应商不多。但这里你可以有两种做法。一种做法是，我的要求是 100 分，你们是 99 分，我去找下家。另外一种做法是，你只有 80 分，我宁愿和你一起合作，帮你把剩下的 20 分补上去。西门子采取的是后一种。

澎湃新闻：西门子与中国高校科研院所合作的情况如何？

赵作智：西门子与中国高校合作有好多年的历史，我们跟西安交大、清华、浙大、上海交大等，都有方方面面的合作，投入了几千万元和非常领先的教研组合作。我们与上海交大在两三年前合作创立了一个燃气轮机联合创新中心，运作了三年，成果非常好，决定延续下去。

中国方面的人才储备有好转

澎湃新闻：西门子燃机的人才、技术储备如何？

赵作智：人才储备有两个点。

一个点是核心团队。一款燃气轮机，如果你把每一个环节都走通，从概念设计到详细设计到零件出来、装备测试，到用户那里，这个周期要好多年。现在市场和客户使劲推燃机厂商缩短周期，但也要些年头。如果没有稳定的核心团队，走不过整个周期，那么你的知识储备、你的经验是不够的。我们储备了很大一批有经验的核心团队。

第二点，西门子燃机不断融合最新技术，同时团队需要新兴血液进入。我们在全球有一个大学联络人计划。针对一些在燃机研发方面领先的高校，我们会有大学联络人计划，我们从 20 世纪 90 年代中期，就在清华大学推行每年一期的专家讲座。我们还资助上海交大的密歇根学院，资助了六届，有十多个不同的项目。

燃机是一个系统性工程，有六大部件，支持这么一个大型复杂系统运作的还有二三十项核心技术，我们针对这二三十项技术都会有首席技术负责人，他们不仅负责整合公司内部的研发网络，还负责整合公司外部的研发网络，公司内部的中国研究院就有四五百人，全球有上千人。外部，西门子一直秉承开放全球性的创新网络。

澎湃新闻：中国人才方面，目前情况如何？

赵作智：现在肯定比之前有好转。通过打捆招标，首先积累了一大批在运行维护方面有经验的人，同时各大科研院所和高校近年来又重新重视起了燃机。

中国有句老话，叫知行合一，就是理论联系实际。安装在中国的燃气轮机有好几百台，运行了好长的年头，运行过程中也有各种问题。高校学生可以投入燃机的原始设备制造厂商、设计院、项目的总包商以及用户单位，这样可以将所学理论和实际结合起来。

我们现在的研发团队，有好多直接从高校毕业的学生，表现都不错。第一，学校教育还是非常好的；第二，求学阶段有工厂实习。我建议，学生一定要把自己一半的时间放在实际的设计、制造、运营阶段，把经验值补起来。

澎湃新闻记者　柴宗盛

第三集　生态力量

本集主要讲述大企业如何激励内部员工创新和创业。

从海尔鼓励员工创立新的独立公司，到微软举办骇客马拉松活动、英特尔营造珊瑚礁式的创新生态系统等案例向观众展示了中外企业在激励员工创新方面的同与不同。

技术加速度越来越快，商业模式的创新也层出不穷，对企业的创新能力的要求越来越高，快速迭代者生，固步自封者死。互联网企业是最具创新能力的企业，非互联网企业只有跟上互联网的脚步，才能求生存求发展。传统制造业的巨头纷纷作出改变，尤其中国的企业，若想在全球竞争中获得一席之地，只有创建自己的创新生态，如海尔，如已经创新失败的乐视，都在尝试找出自己的创新活力。通过对国内外引领潮流的企业的创新生态的观察，感知企业自我革新的能量。即便遭遇失败，也值得尊重，变总比不变要强。

互联网时代给了我们研发更大的可能性
——专访青岛雷神科技有限公司 CEO 路凯林

青岛雷神科技有限公司（雷神科技）是海尔集团内部创业的第一个吃螃蟹者。雷神科技 CEO 路凯林曾在海尔体系中工作了 11 年。从 2013 年 4 月选择游戏笔记本电脑这个细分行业作为创业方向，到 2014 年 12 月引入第一笔风投资金，雷神科技在海尔集团这个创业平台上经历了一年多的孵化期。

青岛雷神科技有限公司 CEO 路凯林

路凯林在接受澎湃新闻记者采访的过程中，回顾了自己的创业历程，并向记者讲解了雷神科技的商业模式、未来发展方向。

"互联网游戏本第一品牌"的目标已经做到

澎湃新闻：什么样的契机让雷神科技成为海尔内部创业的第一家企业？

路凯林：2012 年的 12 月 24 号，这是海尔的 28 周年。当时首席执行官（海尔集团董事局主席、首席执行官张瑞敏——编注）提出，海尔进入了互联网的战略阶段，即海尔的第五个战略阶段。同时，在 2013 年的上半年，首席在内部提出了创客的想法。

在那之前，我是负责整个海尔的全球笔记本业务。从 2008 年开始，整个行业是下行的，增长压力非常大，我负责的这块业务面临同样的困难。所以我们在找一些突破点，到底哪一方面突破，其实当时很困惑。

当首席执行官提出互联网战略以后，我们就想，我们有哪一块细分业务可以跟互联网紧密相连，既能够去践行互联网战略，又能够与首席执行官讲的创客相结合。所以我们在聊天的时候，偶然就谈到了游戏这块市场。

考虑到这块市场以后，我们到互联网上，到京东、天猫这样的电商平台，包括很多网站的评论内容里面，针对游戏这块市场，我们大概找到了三万多条用户的抱怨。我们总结出大概有13类比较集中的抱怨，像运行不稳定、蓝屏、死机等。依据当时我们供应链的能力，我们能够解决掉其中很重要的七大类问题。

通过市场调研，我们也发现，这块市场在细分市场里面是高速增长的，所以我们从2013年的4月开始筹划如何切入这块细分市场。我们当时跟团队里面的80后，有些是85后来聊，这个市场到底怎么去做。发现用户抱怨以后，我们做了很多跟用户交互的工作。

我们当时去做这个品牌的时候也在考虑，是用海尔品牌还是全新的互联网品牌。最后我们讨论的结果是，要做一个全新的互联网品牌。所以在这个品牌创立之初，我们的目标就非常明确，就是要做互联网游戏本的第一品牌，实际上在今天，我们已经做到了。

螺旋式的迭代开发

澎湃新闻：雷神科技的研发理念是怎样的？

路凯林：传统时代的研发，大部分是靠研发人员拍脑袋，至少在原先那个体系里面，我是这么给研发定义的。互联网时代给了研发更大的可能性，我们现在的产品开发理念是，螺旋式的迭代开发。

首先，我们雷神做的是一个粉丝经济。我们有大量的粉丝，现在为止有500万的粉丝量。我们提供了很多用户交互的平台，比如QQ群、贴吧、论坛、微信、微博等。在这些平台上你会发现，消费者整天就在讨论你的产品，讨论与你这个产品相关或不相关的各类话题。

我们提供这个平台之后，就在这个平台上捕捉用户对产品的抱怨或需求，我们拿到用户的抱怨和需求以后，对一些痛点进行归类整理，得到这些痛点以后，会跟上游的合作方一起形成草稿或者图形或者工程样机。

拿到工程样机以后，按照传统的研发逻辑，我们是在实验室做各种测试。但现在，我们除了在实验室做各种测试以外，还会把我们的工程样机给到我们的极客和粉丝，让他们对这个产品做测试，提意见，我们叫第一轮公测。第一轮公测以后，会回来很多意见，我们会在这些意见的基础上再做改进。同时，对核心产品我们会再做一轮公测。

公测完了以后，我们会在互联网上预约和预售。预约和预售完了以后，建议和意见又会回到我刚才说的这些交互平台上。这就开启了下一轮研发的环。这种每天的迭代意见，都会上到我们的平台上。

一个针对游戏玩家的一站式服务平台

澎湃新闻：雷神是在学习小米的模式？

路凯林：在很长一段时间内，我们把小米作为我们的榜样或者母本，有很多东西我们会去学习小米的一些做法。当然我们认为，在利用互联网方面，过去很长一段时间，小米是做得非常成功的。所以我们也希望通过经营粉丝，第一时间获得用户的需求，并且用最快的速度满足他们。

我们也提出我们的口号："雷神，只为游戏而生！"我们只专注于做游戏本，所以能够更近距离地去跟用户和粉丝沟通，并且想尽一切办法去整合各方面的资源，满足用户的需求。当然这么做只是针对游戏本的硬件。

雷神科技成立之初，目标非常明确，要做互联网游戏产业的第一品牌。首先我要做到游戏本的第一品牌。我们着眼和布局的是整个互联网游戏产业。2014年，我们主要是在做硬件，整个2015年的上半年，我们依然在做硬件，不过扩展到了周边产品，比如机械键盘、鼠标、耳机等。

从2015年的下半年开始，我们切入到软件，比如做了自己的游戏浏览器。游戏玩家通过这个游戏浏览器进去以后，其游戏的体验会大大改善。比如游戏加速、游戏录播、小号多开等功能，都是针对游戏玩家的。在这里面，玩家经过这个浏览器进去玩游戏，我们会和游戏的开发商有一定的分成。

电子竞技方面，我们主要做的一块是游戏战队、游戏竞技，另一块是游戏主播，再一块是游戏队员的培训，还有一块是赛事的承办。这四块其实是切入到了游戏文化产业。

另外一块我们做了专门针对游戏玩家的平台，叫 shenyou.tv。

其实，关于我们的布局，你会发现，除了硬件以外，加上 shenyou.tv，加上竞技文化这块，我们是想做一个针对游戏玩家的一站式服务平台。

也就是说，在这个平台上，想玩游戏的人，从硬件开始，你要游戏本，我给你最好的游戏本。买了游戏本以后，你需要机械键盘、鼠标、耳机、电竞座椅的话，都能买到。买到这些装备以后要玩游戏怎么办？你可以去 shenyou.tv 上下载你想要的游戏。下载完之后，你要是不会玩，可以在我这个平台上对着视频去学，甚至有人在互联网上陪你玩，我们可以提供游戏培训，教你怎么玩。所以，跟游戏相关的所有这些东西，在雷神这个平台上都可以得到满足。

在新的创客组织里，主动性完全不一样

澎湃新闻：您转型创业之后，有何感触？

路凯林：我在海尔工作了十一年。在这十一年里，经历了很多岗位，运营和管理一个公司所涉及的岗位我基本上都干过。在原来那个体系里，更多还是打工的心态，就算后来到了一个事业部负责人的位置，还是有一些打工的心态在里面。但是因为有分配机制的变革，在新的创客组织里，在这个新的公司里，你会发现，你真正把这个公司看作是自己的了。所以你的这种主动性、能动性就完全不一样了。

澎湃新闻：雷神对研发有什么样的激励？

路凯林：在雷神科技里边，第一个是核心层，核心层都是有股权的，后来也做了一部分的期权，后来公司的骨干员工都会有期权激励。实际上工资是他的一部分，这样给了大家未来更多的可能性。

澎湃新闻：在海尔平台上创业，有哪些特别之处？

路凯林：海尔这个平台，平台上的资源是非常强大的，那么在雷神创立之初，物流、供应链甚至管理这些东西都是利用这个平台上的。也正是因为有这个平台，所以我们在一年的时间里能迅速成长、做大。如果不在这个平台上，你可能就错过了行业迅速发展的机会，可能你就走不到今天。所以在这个母体里面孵化了一段时间之后，我们才成立了这样一家公司。

未来，雷神科技仍会是一家独立的公司，原则上在海尔平台上有竞争力的很多资源，我们还是会用这个平台上的。如果有些资源，和社会上最有竞争力的资源相比还有一段差距的话，我们会进行市场化的运作。

澎湃新闻记者　郑戈

海尔孵化平台与小微企业共同成长
——专访海尔家电产业集团副总裁　周兆林

　　从 2012 年开始，海尔集团开始其"空中换发动机"的转型。在其内部推出"倒三角"、"小微企业"、"利益共同体"、"战略事业单元"、"人单合一"、"创客"等举措。海尔将自己变成创客孵化器，将整个公司拆分成几千个小微体。在简单化组织结构、增强决策与市场反应速度之余，如何管控好这么多组织，是个超级难题。

海尔家电产业集团副总裁　周兆林

　　时至今日，海尔尝试似乎已经度过了危险期，内部项目开始开花结果，走向市场。《中国实验室》就海尔的内部创业问题专访了海尔家电产业集团副总裁周兆林。他分享了海尔内部创新的经历和具体操作方法。

孵化平台与小微企业共同成长

　　澎湃新闻：海尔孵化平台和原来的部门有什么不一样？

　　周兆林：原来在电脑部门，更重要的是全流程平台，连生产等都要管；现在作为孵化平台，实际上下面有很多小微企业，并且员工分为在线员工和在册员工之后，实际上人员也精简了，形成了与原来完全不一样的工作状态。

　　这相当于重新做一次创业。以前在事业部，更多的是一个职业经理人的思维方式，把咨询层面的事情做好，把每年的 KPI（关键绩效指标）做好就可以了。现在不一样了，你想做平台孵化，实际上基于创业思维来看待这个事情的时候，第一，你这个平台自己要成长，为每一个小微做好服务；第二，每一个小微还面临生死的问题，怎么样让每一个小微过得更好，实际上是我自己这个平台在创业，每一个小微也在创业，大家是在共同成长。转成一个创业者，真正要以老板的思维来做平台，通盘都要思考。

所谓老板心态，就是你要考虑方方面面，有一个整体运营的思维，而且你服务的心态要在原来的基础上，提升很大一块。

小微化之后效率完全不一样了

澎湃新闻：内部孵化平台与海尔大平台的关系是怎样的？

周兆林：小微化以后，实际上就在小微这个体系里面养活了很多人。比如全国有几十个网格，等于把人分散到各个网格，每一个员工实际上跟每一个网格签约，由网格的小微在每一个区域的维度里做好用户服务，黏住用户，服务好用户。第二个，在产品方面有很多小微企业，包括雷神、教育、小蓝等，它们拿到社会投资以后，很快都脱离了原来平台的母体，自己出去创业了，这些人等于是分流了，在另一个平台一步一步地自己去慢慢成长，建立自己的生态。（雷神，海尔旗下的游戏笔记本电脑品牌；教育，海尔集团旗下子公司从事教育产业，主打"海尔智慧教育"；小蓝，海尔集团旗下平板电脑品牌。——编注）

维护整个平台运营和整个平台服务的人还在这个平台上，其他的人都作为创业者，比如雷神科技有限公司，它是独立的公司，我们跟它之间完全是用投资者与董事会这种方式交流。

它不是外包思维，而是脱离母体创业的思维。外包的思维是，活还是我的活，无非是找个第三方来干，我来付工钱。现在这种小微思维，工作本身已经变成小微自己的工作，另外工钱不是由我来付，是他们服务好用户，用户来付。这个已经完全不一样。我跟它之间是投资回报的关系，我向它投了多少钱，我在小微里占多大的股份，这个小微每年的收益或增值，我是以股份的形式进行分享。第三，这个小微，我是不需要每月给它付钱。我要给它钱，就是以一个投资者的身份给它钱，而它回报我的是与母公司的分享。

这样一来，效率完全不一样了。第一，整体营业额每年两位数复合增长，利润也是两位数复合增长，人数大家已经看到了，实际上只有原来四分之一左右。但是在我整个互联生态圈的人可能就不是3000人了，可能变成5000人甚至1万人了，这个改变不可同日而语。

雷神小微从我这个地方出去的实际上只有三位员工，是去创业的，现在它已经有几十个员工。这个团队再往外延伸，生态圈可能就是几百个人，这几百人都是为雷神这个生态圈服务的，但它已经不是这个平台上的人了。实际上是三个人拖来了几百人的一个生态，这个生态可能会拖更多的生态圈的人，这些人都是在为一个共同的目标创业，但不再跟平台签约了。

我们有服务和管理两方面的压力。我们这个平台的供应链、服务体系，像财务、法务、人力等这些小微企业都可以利用在平台上的资源来做。第一，我们会对上游的资源方做好规划，有些资源是小微自己争取到的，有些是通过平台统一谈判拿到的更好的资源，我们将这些资源释放给每一个小微分享，比如英特尔、微软这些资源。第二，风险的管控，作为集团投资事务的委托部门，我们平台对每一个小微企业，主要是看好它的风险，这个过程不止我们自己去做，社会化资本进来之后也会一起去管控。这样保证小微在一个相对安全的通道上前进。

比如雷神，它的创办，就是针对互联网上几万条的用户抱怨。大家打游戏的时候，发现设备散热不太好、速度有点慢、有点卡等，雷神就是针对这些问题，把这些问题一点一点地去解决掉。（在这一过程中）实际上用户已经参与到下一代产品的设计中。这里面有很多大神级的消费者，他们给你提出了很多专业的技术问题，把你的产品进行拆解，针对里面的每一个零部件都能提出很多具体要求。在这个过程中，我们借助的是一个交互的生态圈。我们小微的人、用户、大神级粉丝，还有厂房的技术大拿，都在这个生态圈中，所以有时提起一个问题来，连做了十几年的人都觉得这个东西太专业了。

第一代雷神的时候，三五百台的产品，要卖几个小时甚至卖一两天，后来就变成了几分钟抢几千台。再以后，一天卖出上万台，这个过程不断地在迭代。

消费者期待小微企业第一时间的响应

澎湃新闻：这个生态圈的交流，有召集人吗？

周兆林：完全自主。

以前在做事业部的时候，有什么问题大家坐到一起开会，现在没法坐在一起开会，都是远距离的。大家都在网里面，他们开玩笑说叫"吊死鬼"，就是人永远在网里面吊着，所以所有的问题都是即时的，分分秒秒之内的事情，不能拖。再就是，一个问题一出现，马上就得有响应，消费者不能等着你回去研究研究，研究三天以后再解答，不可能。即使某个问题目前不能马上解答，第一时间也要有响应，要第一时间对每一个玩家马上响应。实际上消费者要的是这种感觉。

对于小微来说，一两个月、两三个月或者一个季度，有定期或不定期的董事会会议，有什么重大事件，我们就开董事会。我们作为孵化平台，也跟小微、社会化的投资方之间都有一些对赌的关系，对赌下一个拐点目标，对赌一个更远点的目标，通过这样的方式，让小微有一个清晰的路径前进。第二，小微自己有一个探索的空间，这样双方之间都是动态的。

海尔作为孵化平台能为小微解决很多后顾之忧

澎湃新闻：你们如何选择社会资本，投资小微的最大压力是什么？

周兆林：我们对社会化投资的态度非常开放，投资方在投资的一瞬间参与到小微的倒逼和管理体系中。投资方投资进来以后，通过拐点的验证，不停地也在为小微释放资源。比如，我就是投游戏的，你这个小微在游戏的生态里，那我可能投别的游戏的小微或者别的公司，大家就可以 1+1 大于 2。

最大的压力是风险。管理最大的还是风险，怎么能让小微做到基业长青，怎么能让每一个小微茁壮成长，这里面还是有很多风险的。在天使阶段，大概有十分之一能到 IPO（新股发行）之前的 B 轮，到了 B 轮之后，还有十分之一能够到 IPO。实际上从天使走到 IPO，走到下一轮，一轮一轮可能就是百分之一甚至更低的成功率。这个过程中，每一个小微都怀揣着梦想，每一个小微脑袋里都有用户，所以在这个过程中它都要成长。即使 IPO 以后，也还会有新的问题，IPO 可能就是它下一次创业的起点。还要前进，在前进的过程中又存在风险。在这个过程中，作为平台，我觉得自己的压力也蛮大。

澎湃新闻：目前海尔的系统里面虚拟小微和孵化小微有什么区别？

周兆林：虚拟小微未来全部会转化为孵化小微。虚拟小微还没有转化为孵化类小微的原因，在于它还没有完全独立，没有引入社会化资本。为什么叫虚拟小微？实际上它已经按小微的方式独立核算了，你自己挣的粮食在你这个碗里，用虚拟的方式把小微管理起来，但是它还没有完全脱离母体、没有引入社会化资本，它的未来一定要和孵化类小微走到同一条道路上。

海尔的孵化跟其他社会化的孵化不太一样的地方是，第一，海尔除了有前期孵化的资本基金外，更重要的是海尔这个平台能够为小微解决很多后顾之忧。举个例子，社会上的创业，需要你自己去注册一个公司、工商税务很多的事情需要自己去跑，但这个平台上有专门的小微帮你把这个事情做了。这既提高了效率，又节省了成本。第二，有很多可以合并同类项的，每一个小微就没必要去重复建设，这个成本对初创的小微来说，还是蛮大的。你跟我是契约关系，它本来需要 500 块钱解决的问题，通过这个平台可能只需要花 5 块钱，这对初始阶段的小微是非常有利的。第三，很多平台不用单独去建，比如送货服务体系。对我们来说，一个送货服务的小微就可以把这个服务干得好好的。比如海尔物流平台，你看海尔有 9 万辆车的小微，这些小微可以把你的物流问题解决掉。这样你可以集中精力把自己最强的那一块做强做大。

不能说你爬上了一座山就成为胜利者

澎湃新闻：小微失败了怎么办？

周兆林：海尔是一个动态合伙人制度。每一个小微在起步时，我们都和对方把所有的对赌情况签订好。你能做到哪一个拐点，你能到哪一个地方去，海尔为你释放多少分量，不管股权也好期权也好，合同都会讲清楚。你做不到就要退出。怎么退出？动态合伙人来接手这个盘继续前进，如果你这个小微本身就是不行的，那就解散。

每一个里程碑都要签约，每一个里程碑会传带着动态的人上岗，传带着动态的提升，目标都在不停地提升。你能胜任，就继续前进，你不能胜任，那就终止。像闯关一样，有些人能通过5关，有些人能通30关，都不一样。

不能说你爬上了一座山就成为胜利者。你得持续地去做，要不停地去挑战新的高度，就像跳高一样，最终都是自己把自己打败。

澎湃新闻：一个小微如何保持它的活力和战斗力，这方面怎么考核？

周兆林：我把它理解为交流电。当你一个项目走到波峰的时候，一定要往下掉，怎么办？在没掉下去之前，你要不停地有第二个项目出来，这就像交流电，有不停的波峰出来，你就可以不停地走。我们希望每一个新项目出来，它的波峰更高，这不就是迭代升级嘛。

我的平台也面临转型的问题，由原来的到产品，变成现在的到创客。你的创客能不能真的成为小微，能不能指导小微黏住用户创造新的生态，能不能转型成原来的从硬件，迭代成软件、迭代成生态圈，它是不一样的。集团考核我，考核这些。

现在集团改革已经吹响号角，对我们平台来讲，就要义无反顾地去做这种试验。

澎湃新闻记者　郑景昕

乐视不等风来，而是自己创造风
——专访乐视联合创始人　刘弘

乐视注定是中国企业史上浓墨重彩的一笔，其成功和败落都值得深思。但其创新历程值得尊重，因为即便是失败的经历，也是中国企业创新的宝贵财富。

乐视作为互联网企业，在几大互联网企业的夹缝中顽强崛起，而且处于敏感度极高的广电领域，遭受诸多政策限制。虽然遭遇诸多非议，但无法遮盖其曾经的光芒，否定在公司经营策略、招募人才、筹集资金等方面的能力。

在 2015 年末，乐视如日中天之时，《中国实验室》专访了乐视联合创始人刘弘。就资金链、产业布局、激进狂奔等市场关注的热点问题向其发问。

乐视联合创始人　刘弘

澎湃新闻：乐视有一些超前的战略是如何形成的？

刘弘：乐视成立之初，现在这种生态系统战略的雏形就已经形成。乐视是 2004 年 11 月成立的，刚开始的时候，乐视做联通的流媒体平台业务，就是手机电视的平台，叫联通思迅新干线，做这个流媒体平台。当时没有内容，乐视成立了内容部门，来专门为这个流媒体平台做流媒体内容，就是手机电视的内容。发现没有可适配的终端，就与韩国 LG 合作，把 LG 的四款 CDMA1X 手机买断了中国销售权，包销了几万台手机。当时就有了为用户提供整个生态服务的雏形。

在成立之初，我们坚持两个战略：正版＋付费。正是坚持了这两个战略，才让乐视第一个在全球上市，成为全球第一个上市的视频网站，上市后在资金、品牌上有比较大的拓展。经过六七年的内容积累和储备，我们在 2012 年推出乐视盒子，在 2013 年推出乐视超级电视机，在 2015 年推出乐视手机。

澎湃新闻：乐视电视像一个大的电视台，未来会怎样发展？

刘弘：为什么说乐视电视重新定义了电视这个产品？乐视提供给用户的不仅仅是一个电视机。电视机的传统功能可能不到乐视电视的三分之一。还有三分之二的功能是给用户提供互联网服务，电视、手机等硬件只是乐视互联网服务的入口而已。这是乐视在商业模式上的创新，我们称为乐视生态系统。

我们给用户提供的是平台＋内容＋硬件＋应用的整个乐视生态的服务，或整体解决方案。所以在乐视电视上，你不仅能看到影视剧、体育直播、音乐、综艺节目，更可以看到互联网上的海量内容。这是内容层面。其他还有很多应用软件，你可以在乐视的应用商店里下载成千上万款应用软件，包括娱乐、教育、工具、游戏等类别。也可以用乐视电视和手机进行互动，可以在千里之外将手机拍摄的照片、视频一键上传到家里的电视机上面，和亲朋好友共享。

澎湃新闻：乐视现在的商业模式有很多同行在复制，引发了价格战，乐视有什么样的壁垒？

刘弘：乐视打造开放的闭环系统。乐视的闭环系统，是平台＋内容＋硬件＋应用的生态系统，能实现自我进化、自我生产、自我循环，如果别人仅仅在硬件上跟乐视打价格战，它打价格战的最终目的是什么？它不能亏损来卖电视机，卖盒子，最终这个亏损从哪里来补呢？如果没有一个生态来补贴，那它们的商业逻辑成立不了。

乐视电视 2014 年的销售量累计超过 400 万台，生态补贴大概补贴了 5 个亿，硬件可以成本价或者低于成本价销售，但利润或亏损必须由内容或服务来弥补。我们就靠一年 490 元的会员费，也就是内容的补贴来弥补硬件的亏损。

打破边界，才能创造出全新的产品和服务

澎湃新闻：也有内容制造商和硬件制造商结成联盟来参与竞争，它们实力都不错，对乐视有威胁吗？

刘弘：现在的硬件和内容制造商还是传统工业时代的思维方式。做内容的把内容做好，做硬件的把硬件做好，然后两个合作一下，这样就可以创造出新的用户价值？这种商业逻辑不成立。通过松散的合作方式，打破不了产业的边界，打破不了平台组织的边界，只有打破这些边界，才能产生跨产业链的垂直整合，也就是必须在一个公司底下，才能打破产业组织平台的边界，因为大家的利益一致。而那种企业与企业之间的合作，利益是不一致的，硬件方会站在硬件的角度思考问题，内容方会站在内容的角度思考问题。

澎湃新闻：你们也和其他传统电视制造商在做软硬结合的合作，是不是将来互联网电视就是几大厂商结盟，出现几大竞争阵营？

刘弘：打破组织边界，打破产业边界，打破平台边界，才能创造出全新的产品和服务，这必须有资本的深度合作，几家人变成一家人，才能在利益目标上形成一致，才能做到这种打破。我们和 TCL 和酷派的合作，都是资本上的联姻，就是要变成一家人。它们里面的用户界面系统全用乐视的。它们上面的很多视频内容都用乐视的全球云视频平台来保证用户体验。然后，合作方可以安装乐视应用，看乐视的海量内容。视频节目的传输用乐视的云视频平台，内容用乐视的平台，整个用户界面系统用乐视用户界面系统，那就和乐视的很多其他一些产品都能打通了。

用户会为好的内容买单

澎湃新闻：用户付费的推进是否还有难度？

刘弘：随着国家对知识产权保护法律法规的完善，随着互联网企业自身知识产权意识的觉醒，以及一些竞争对手要进一步在资本市场上推进，知识产权保护方面会有所改观。譬如，有的企业原来靠盗版发展到一定程度了，但是现

在要上市，就必须在知识产权方面合法合规。中国的知识产权环境日益完善，这样会使用户有更多自觉付费的意识，为好的内容买单。

比如这次的《太子妃升职记》，大家可以看到，因为内容好，好多网友希望看到全集，播到几集或十几集的时候希望把后面的全集或把后面的五集提前收看，他们愿意来付费。我们看到了更多的 90 后网民为好的内容付费。

之前我们有很多好的电影，从电影院下线之后，如果想及时看，大概有半个月到一个月的窗口期，他们可以提前看，过了这半个月到一个月的窗口期再转到免费的窗口期。现在一般在互联网上播放电影都遵循三个窗口：先是电影院线，然后是付费窗口，然后是免费窗口。我们 2014 年又实行了更新的模式，希望拿出一两部好的电影，和电影院线同时甚至先于电影院线在互联网上收费播出。我们在今后会越来越多地采用这种先在互联网上收费播出，然后再去传统的电影院、电视台播放的模式。

把七个产业当一个产业来运营

澎湃新闻：乐视广告这块情况如何？

刘弘：乐视的营销有很多创新。我们的广告部门不叫广告部，叫生态营销部门。乐视很多的营销不仅仅是做个广告那么简单，比如我们（2015 年）10 月 27 号的发布会，贾跃亭（乐视董事长兼 CEO——编注）身上穿的鞋、服装，都植入到我们的发布会中了，因为很多企业希望借助乐视的理念推出它们的产品。

我们再也不会说仅仅是推广别的企业的产品或者品牌，而更多的是我们在用户层面、交叉营销层面，为其他产业、其他企业提供更多的资源，我们统统称之为生态营销。

澎湃新闻：多元化会不会分散精力？

刘弘：乐视的生态模式其实有很多人质疑，或者看不懂，因为我们的模式和传统工业化时代下的思维、经济理论是相背离的。工业化讲究专业化分工，在一个擅长的领域做精做深。但从工业时代进入互联网时代，时代的变革必然对商业模式、经济理论产生变革。在外人看来，乐视在做七个产业，但是在乐视自己看来，我们是把七个产业当一个产业来运营。（乐视介入的七个产业是指互联网及云、内容、大屏电视、手机、体育、汽车和互联网金融。——编注）

我们给用户提供的是完整的服务，把内容、科技和互联网三者结合起来，是一个完整的服务。在外人看来我们做得很杂，但在我看来，它是一个完整的生态系统，七个产业。

我们收购易到，易到和我们有什么关系？其实易到正是承载我们的汽车社会化或分享经济理念的非常重要的载体。乐视做车，做电动车，不仅仅是造车这么简单，是对整个汽车产业链也在做垂直整合。（易到用车是一家提供网络预约车服务的平台。2015 年 10 月，乐视汽车宣布将控股易到用车，交易完成后将获得后者 70% 的股权。——编注）

我们认为，未来的汽车有四大趋势，第一互联网化，第二智能化，第三电动化，第四社会化，乐视造车也是围绕这四化进行全产业链布局。我们不仅是在造车本身，从电池、电池管理到电机到整车制造，我们在与车相关的制造环节进行创新。电桩我们布局了，汽车的社会化分享我们布局了，车联网我们也布局了，从上游、中游到下游，整个我们都布局。所以未来，乐视提供给用户的也不仅仅是一辆车，而承载了很多互联网应用的服务，以及汽车的分享经济。

乐视希望打造中国自己的民族品牌汽车

澎湃新闻：乐视做手机得益于中国手机产业链比较成熟，互联网汽车产业链没有那么成熟，乐视怎么做？中国会不会出现与手机产业链一样成熟的汽车代工产业链？

刘弘：其实中国现在制造汽车的基础设施已经没有什么问题了，之前的观致汽车已有很先进的汽车制造能力。中国有很多产能是闲置的。中国汽车产业的基础设施是比较完善的，从 A 级车到低级车，我们都有自己的生产工厂、生产线。（观致汽车有限公司于 2007 年 12 月成立，生产基地位于江苏常熟。——编注）

但国人对国产车的品牌没有信任，认为高档车还必须是国外品牌或合资品牌。乐视希望打造超级汽车，打造中国自己的民族品牌，通过不管自己建厂、合作建厂还是收购别人的生产线的方法来做自己的车。在制造方面，我们认为中国还是有比较完备的设施来配套的，但是在关键技术比如电池、电机控制技术方面，可能需要和海外合作。

以后乐视的超级汽车肯定要在国内设生产线，或设自己的生产工厂，而不是像电视和手机一样采用代工模式。

澎湃新闻：你跟贾跃亭是怎么走到一起的？

刘弘：当时乐视还是一个做视频网站的想法，还是一个新媒体。当时等于是我从传统媒体出来，带来一些媒体资源，对媒体行业我是比较熟悉的，要找内容制作人才，建立公关和市场营销部门。当时我们和信息产业部、电信部门打交道，我就是跑信息产业部，和运营商都有很多的联系。

当时我们对趋势，对带宽提速、3G什么时候到来等，都有很多信息来源和判断。（当时我们在一起）像一块海绵，吸取各种各样的营养。其实乐视生态最大的优势或最大的魅力在于，把以前毫不相干的专业人才放在一起，讨论出一个新的产品、新的玩法、新的服务。

比如汽车行业的丁磊，原来是上海通用六年的总经理，他现在要跟搞电视的专业人才梁军、做电影的张昭、做电视剧的郑晓龙，坐在一起讨论，怎么来做互联网内容的营销。这个和汽车有什么关系？跟电视有什么关系？跟手机有什么关系？跟互联网金融有什么关系？这种不同专业行业里的人才坐在一起讨论一个产品，在全世界都绝无仅有。［丁磊于2015年9月加盟乐视，担任乐视超级汽车联合创始人；曾于2005年1月起担任上海通用汽车有限公司总经理，至2011年2月出任上海张江（集团）有限公司总经理。梁军2012年1月加盟乐视，担任乐视网副总裁兼乐视电视总经理，之前为联想集团高管，负责智能手机开发。张昭于2011年3月加盟乐视影业，担任CEO，之前任光线影业总裁。郑晓龙是知名电视剧导演，代表作包括《甄嬛传》、《芈月传》。——编注］

我们不等风来，我们自己创造风

澎湃新闻：乐视资金链一直很吃紧，什么时候会宽松些？

刘弘：资金链确实是乐视的一个短板。其实在去年（2014 年）我们在融资方面取得了非常大的进步，比如乐视体育 2014 年完成了 A 轮融资，估值将近 30 亿元，2015 年完成 B 轮融资。然后去年乐视影业也完成了 C 轮融资。乐视移动虽然还没有开始 A 轮融资，但是债转股的资金已经融了 5 亿多美元了。云视频公司也在去年完成 A 轮融资。其他的非上市公司都在进行不同阶段的融资。我们的上市公司去年启动了 48 亿元定向增发的工作，相信也能在今年完成定向增发。

现在比以前，我们的融资能力大大提高了，融资的状况正在得到逐步好转，但依然还是比较紧张。

澎湃新闻：资金紧张，为何还要激进扩张？

刘弘：对我们来说，互联网这个行业就是逆水行舟，不进则退，有很多产业不能说你等一等，等资金充裕了再来布局。互联网的窗口期很短，等待就会失去，如果你战略到位，我相信资金是为战略服务的，你有好的战略，有好的执行团队，资金自然就会来。我们常说，我们不是要等风来，我们自己创造风，做一个自由翱翔的雄鹰。我们认为，风口论是机会主义。你要等风来的话，你不知道风什么时候来。你要自己创造风。

澎湃新闻：外界看乐视会讲故事。逻辑能自洽叫战略，逻辑不自洽叫忽悠，你们是哪一种？

刘弘：2013 年我们提出要造电视，要颠覆传统的电视机行业，当时大家都不相信，无论是资本市场的投资者还是产业的专家，甚至普通的用户，都对乐视推出超级电视冷嘲热讽。我们的股价从提出造超级电视一直跌，连跌三个月，跌到谷底。但等到我们把产品真正推出来的时候，所有的人都惊诧了，最后我们要靠产品来说话。现在乐视可以说已经实现了当年的目标，基本上已经改变了传统电视机行业。

澎湃新闻：关于内容这块，与同行比起来，乐视有何优势？

刘弘：乐视成立之初，就坚持正版策略，所以在版权方面，乐视一直是个领先者。当初大家都不知道什么叫网络版权的时候，我们就已经开始买网络版权了；当大家都意识到网络版权价值，都跟进买的时候，我们已经进化到在电影公映、电视剧播出的窗口期去谈版权的地步了；在大家又跟进在窗口期去谈版权的时候，我们又到了在拍摄期就去谈版权的地步了。也就是说，你要对版权预测非常精准，某个影视剧到底会不会火、火到什么程度，直接跟价格相关。

当视频网站都跟随乐视在拍摄阶段谈版权的时候，我们又在筹备阶段谈判版权，这就更需要你对版权有一个精准的判断。当年我们与华谊兄弟签过一个整体版权合作协议，当时它第二年的作品，基本上是十几二十部电视作品，我们全部买断了独家版权。它们以为以一个比较好的价格卖给了我们，但到了第二年整个版权的价格提升了很多，它们又后悔了。当时这些剧，只是有了个名字，剧本还没有完成，只是在筹备阶段。

当大家跟进在筹备阶段谈版权的时候，我又上升到更上游，直接把网络小说的版权给买断了，我们买很多网络文学的影视改编权、游戏改编权、动漫改编权。所以说，乐视在版权方面，在版权的运营方面一直处于领先地位，包括这次在《芈月传》《太子妃升职记》上的运用，更能显示出乐视多年来成熟的经验。

我们的电视剧火了，马上就推出电影。《太子妃升职记》现在很火，网剧，我们马上要宣布拍摄电影，然后还有很多延伸产品。这部剧推动了我们的会员业务，《太子妃升职记》里面的服装，大家说穿着凉鞋，其实那是迪奥（Dior，法国时装品牌。——编注）推出的最新款鞋子。相关延伸商品的开发，我们也在加紧。

全球化是乐视现在最重要的战略

澎湃新闻：最近乐视也在印度开拓市场，这是出于怎样的考虑？

刘弘：乐视十一年的快速发展是基于一个新的经济理论，即互联网生态经济理论。另外也是基于对形势的判断，即全球化的形势判断。我们认为，现在中国遇到一个百年难遇的历史契机。在互联网方面，中国有得天独厚的条件：有数量巨大的网民，电子制造能力在全世界排第一，互联网应用数量在全世界排第一。另外，我们的专业化分工不像美欧日韩那么充分。这些都为中国企业打造生态型企业创造了得天独厚的条件。

全球化是乐视现在最重要的战略。乐视全球化的道路不选择传统企业的"农村包围城市"战略，即从第三世界逐步开展，然后逐步趋进欧洲，然后是美国。我们是直接一步到位，去美国，去最先进国家占有一席之地，这是因为我们对我们的商业模式有充分信心。我们选择印度，是因为很多专家学者都认为，印度是第二个中国。首先印度人多，印度是十几二十几年前的中国，它的互联网基础设施正处于爆发前端，网民数也在急剧增长。这些也都为乐视的硬件产品和服务提供了非常好的基础。

澎湃新闻：对媒体、媒体人转型，你有什么经验可以分享？

刘弘：互联网不仅仅是一个工具，它是一个相当于工业时代的电的东西，无处不在。它解决了信息不对称问题，可以让更多的人知道你创造的内容和产品的价值在哪里，你的用户在哪里。你能第一时间知道，用了你的产品、看了你的内容、用了你的服务的月户，他们是怎么想的。他们的反馈、建议会第一时间到你这里，使你能充分地去改善你的产品、内容和服务。这是新老媒体最大的区别，也是我们身在这个互联网时代的最大幸运。

澎湃新闻记者　柴宗盛

中国云计算的规模会跻身全球前列

——专访微软亚太研发集团首席运营官、微软亚太科技有限公司董事长、微软中国云计算与企业事业部总经理　申元庆

云计算是一个横空出世的大产业，更为重要的是这是一个工具性的产业，更大的数据，就会有更强的算法，它将为人类带来多方面的改变。所以它也是一个战略性的产业。微软凭借 PC 时代的积累，顺利切入云计算，为自己开启了第二春，微软在中国增长最快的也是云计算业务。

微软亚太研发集团首席运营官、微软亚太科技有限公司董事长、微软中国云计算与企业事业部总经理　申元庆

2016 年 1 月，《中国实验室》专访微软亚太研发集团首席运营官、微软亚太科技有限公司董事长、微软中国云计算与企业事业部总经理申元庆，就云计算的未来及发展现状等问题向其提问。

申元庆说，从财报来看，微软云的业务每年都有超过三位数的增长。大概两年前微软把公有云带到中国，之后每一年都保持了三位数的高速增长。他看好中国的云计算，因为中国人口众多，且智能设备普及率很高，将来全部的智能数据都会来自云端。在可预见的将来，中国云计算的规模会跻身全球前列。

云计算是微软的增长引擎

澎湃新闻：云作为微软很重要的一个生态组成部分，现在进展如何？目前取得了哪些成绩？

申元庆：微软这几年在云计算方面取得了长足的进步。从全球化的角度来看，不同领域的分析师对微软云计算所带动的产业升级都给予了高度评价。从财报来看，微软云的业务每年都有超过三位数的增长。大概两年前我们把公有云带到国内，之后每一年都保持了三位数的高速增长。以最新的数据统计来看，国内有超过 6.5 万家企业采用了微软的云服务。云计算不仅指最底层的计算、存储或者是带宽方面，更重要的是它有上层中间件，能为企业提供最有价值的服务，能够带动产业升级。（中间件是指提供系统软件和应用软件之间连接的软件。上层中间件是中间件与业务服务的结合产物，允许业务人员定制业务服务，实现实时的业务价值。——编注）

澎湃新闻：具体到中间件和产业服务，您能再具体介绍一下吗？

申元庆：云计算最常提到的架构方面可以从三个层次来看，最底层次是"基础架构即服务"（IaaS），中间层次是"平台即服务"（PaaS），最上层次是"软件即服务"（SaaS）。不管是初创企业、稍具规模的企业，还是大型传统企业，中间层次的"平台即服务"对它们来说都是转型利器。而上面层次的"软件即服务"能够使更多的开发者和企业获益，不论是对传统软件开发商还是提供开源技术服务的企业来说，SaaS 都是绝佳的机会，因为它们能利用云架构升级软件服务。

澎湃新闻：也就是说，使用微软云的企业不需要购买基础设施，包括电脑、存储、服务器、有特点的软件？

申元庆：云计算大概包括三个套件：运算（compute）、存储（storage）和带宽（bandwidth）。云计算的运算能力可以比作电力，每家企业和每户家庭都需要用电，可能有备电设备，但很少会有发电设备。存储就很像银行的作用，我们比较少将钱存在家中，更多是存在银行里。带宽有点像交通工具，比如我们到很远的地方会搭飞机，近的地方就选择搭车。所以现在不管是家庭、消费者，还是企业用户，都离不开云计算。

澎湃新闻：多年来，微软一直是互联网巨头，云是不是微软的下一张王牌？

申元庆：云计算是微软的增长引擎，不管是在国内还是在全球范围，微软云计算特别强调"一个中心，三个维度"。"一个中心"我们叫作"可信云"，包含安全、隐私、透明和合规。安全是最起码的标准，也就是放在云里的东西不会消失；隐私是指放在云里的信息或数据只有经过用户的授权才能存储；透明是指用户可以选择把数据放在哪，比如我想把数据放在北京，数据就应该在北京；合规则是要求云计算提供商遵守世界各国各地区政府的法律法规。这四点就是我们强调的可信云。

"三个维度"分别强调全球化的计算规模、本土化的生态系统及智能化的技术创新。全球化计算的规模可以以银行为例，如果用户将钱存在小型的、和其他银行没有任何合作的地方银行，用户在别的国家和地区就无法提钱，因为地方银行得不到认可，缺乏全球化的基础。在全球化的云计算部署方面，目前微软在全球范围搭建了24个数据中心，每个数据中心相当于可以停32台波音747飞机的大小。除了空间搭建之外，微软在节能减碳方面也做了很多努力。以微软第四代数据中心为例，每花费1.1度电，有1度电完全投入做真正的生产力，相当于90%的能源都完全用在运算方面，这也是全球化计算规模的展现。

云计算让很多初创企业的发展变得相对容易

澎湃新闻：是不是可以理解为，云计算服务提供商必须是全球化的大企业，必须擅长做软件、计算甚至是人工智能？

申元庆：是的，我认为这些都是不可或缺的要素。如果做云计算无法达到可信云的标准，发展过程中一定会有阻碍。世界是平的，越来越多的企业会从中国走到国外，也会从国外走到国内。在这种情况下，如果没有全球化的计算规模，会遇到一个很痛苦的问题：如果把钱放在这家银行，到了别的国家又需要重新提取和储存，这会造成很多资源的浪费。因此，全球化的计算规模是必要条件。另外，更重要的是智能化的技术创新，包括但不限于机器学习和人工智能，微软在这方面投入了很多人力物力。此外，云计算对物联网的发展也很重要，因为大量数据的汇集、分析和处理都需要智能化的方式。

澎湃新闻：现在有很多企业，包括国内企业、大企业和小企业都在发展云计算服务。那么小企业的数据质量和大企业相比，差距在哪里？

申元庆：云计算让很多初创企业的发展变得相对容易。一家初创企业的成长会经过很多门槛，首先是资金获取，第二是技术和商业模式的创新，等到小企业发展到一定规模，如何迈向全球、如何扩展客户群都是巨大的难题。云计算可以帮助初创企业站在巨人的肩膀上，把专注力放在商业创新、技术创新上，而基础架构的部分只需交给云服务的平台厂商就足够了。

以微软为例，我们在 2012 年 7 月成立了微软创投加速器，每期加速器为入选的初创公司提供 6 个月的创业孵化，短短三年取得了非常丰硕的成果。目前微软创投加速器一共毕业了 6 期，成功孵化了 106 家初创企业，这 106 家企业总市值已经超过 234 亿元人民币，累积用户量超过 5 亿。从这些初创公司进入微软创投加速器到毕业，市值增加了将近 500 倍。国内如雨后春笋般出现的孵化器和加速器已经超过 3000 家，而微软创投加速器有幸得到很多单位的认可，包括 2015 年中关村和国家级的认可，这是对微软创投加速器的高度肯定。

中国云计算的规模会跻身全球前列

澎湃新闻：目前云计算服务提供商在中国西部有投资倾向，云贵、甘肃、宁夏也设置了很多云服务的存储投资，亚马逊还在宁夏中卫市租用了很多中国的云存储设备。这方面的投资是需求还是泡沫？

申元庆：肯定是有需求的。云计算最基础的部分在于运算、存储和带宽，但更重要的是需要空间，因为微软的每个数据中心都需要能停放 32 架 747 客机的大小，因此我们需要考虑土地的获取。其次是出于便利的考量，因为如果放在中心地区，电费可能较高，不利于节能减排。除此之外带宽也是重要因素，如果放在西南或者西北地区，虽然土地获取可能相对容易，电费也相对便宜，但带宽能否支持云计算所需要的规模，也是微软下一代云计算中心选址的重要考量。

澎湃新闻：如果微软打算在中国用租用云存储设备的方式部署下一代云计算，会考虑哪些技术条件？

申元庆：前面提到云计算大概分三个层次。第一个层次是"基础架构即服务"，或者是"架构即服务"，包含运算、存储和带宽，有一定程度的技术含量，但相对偏低。电力使用率方面，微软能够做到每花 1.1 度电，有 1 度电用于生产，相当于 90% 的使用率。第二个层次的"平台即服务"也就是中间件，技术含量非常高。微软的小冰和小娜在国内受到很多用户的青睐，来自中国式创新的小冰还发展到了海外，包括日本和欧美。相对而言，这里面的智能都放在云里，所以对云来说，"平台即服务"非常具有技术含量。除了小冰和小娜这样的人工智能和机器学习范例，2014 年下半年的颜龄（How-Old.net）和微软我们（TwinsOrNot）都是很好的人工智能的展现，全部引擎都在云里，也在"平台即服务"这一块，所以中间件这一块的技术含量是非常高的。

澎湃新闻：就是规模越大成本会越低？

申元庆：规模越大，成本的考量一定会相对较低，而且有效率。此外，在全球化运算的规模、管理和服务上，微软也积累了很多相关的经验。

澎湃新闻：您认为中国云计算的市场发展潜力是否与美国接近？

申元庆：这是肯定的。中国人口已突破 13 亿，除了人口红利之外，中国的优势还包括装置和设备的使用量。无论是手机的数目，还是汽车、电视机、电脑，中国在装置方面也是全球范围数一数二的。人口和装置都一样离不开云，每个装置外都是连接的装置，每个连接的装置都会是智能的装置。因此，全部的智能都会来自云端。在可预见的将来，中国云计算的规模会跻身全球前列。

在中国做公有云服务一定要遵守相应法规

澎湃新闻：数据已经提升到国家安全这个层面，但是微软是一家外企，如何在国内发展云服务？

申元庆： 这个问题可以从两个维度来回答。第一，微软虽然是外企，但在国内的发展也已超过 20 年。微软从进入中国的第一天起，就将研发视为不可或缺的 DNA。在过去的二十几年中，有人将微软戏称为 IT 界的黄埔军校，因为微软培养了很多杰出的研发人员，所以在人才创新方面，微软不输给任何国内 IT 界的企业。更重要的是，除了人才的创新和输出，微软还将国外成功的技术研发经验带到中国，我们在帮助中国很多企业走向国际方面也扮演了非常好的桥梁作用。

第二，微软作为一家外企，在中国数据很敏感的情况下如何发展云计算？云可以分成三类，存在不同的云服务模式：第一类是私有云，一般的企业还是认为将很多很敏感的数据放在自己家里、有防火墙的隔绝比较安稳；第二类，企业可以采取混合云的机制，将不那么敏感或者是跨国跨地区使用的数据放在公有云平台；第三类是标准的公有云的设计。针对云计算，微软强调"一个中心，三个维度"。"一个中心"很重要的就是可信赖，可信赖包含了安全、隐私、透明、合规，其中第四点合规性特别重要。例如，在中国做公有云服务的厂商一定要遵守相应的法规。微软作为全球范围第一个把公有云带到中国的外企，是目前唯一的一家，也是做得最好的。

澎湃新闻： 马云曾说，云计算的重要性可以对抗腾讯的微信，您怎么看？云是否可以达到此种效果？

申元庆： 其实以微软的观点来看，云计算并不是用于竞争和抗衡，更多的是把更好的服务普及给每一个个人和企业，包括传统企业和初创企业。无论是运算、存储还是带宽，微软希望能够将这些更高层次的智能化技术创新普及给大众。

我们每赚 1 块钱，合作伙伴大概赚 16.45 块

澎湃新闻： 微软最近跟乐视在合作，是吗？

申元庆： 对，乐视是微软非常重要的客户。在从媒体彻底拥抱互联网方面，

乐视做得非常成功。不光是乐视，微软跟 CNTV（中国网络电视台）、小米、可口可乐、蒙牛都有着非常多的成功案例。李克强总理之前提到的"互联网+"给很多企业带来了创新的思维和响应。微软通过云计算跟国内领军的互联网企业建立了很多合作，包括运算、存储、带宽、CDN（内容分发网络）服务方面的合作，与它们共同打造更高规格的智能化创新。

澎湃新闻：一提到云生态系统，是否很容易构建起一个很庞大的系统？

申元庆：前面提到"一个中心，三个维度"，本土化的生态系统就是第二个维度，所以云计算的发展肯定需要依附生态系统。微软重视生态系统的发展，有数据统计过，我们每赚 1 块钱，产业合作伙伴大概赚 16.45 块。在云计算领域，这个比例一定会更高，因为我们提供云计算的基础服务、增值服务之后，一定有更多的厂商为它们的行业提供更多的价值。

澎湃新闻：在高科技研发领域，微软有一些出彩的表现，也会向企业提供帮助，具体有什么样的案例？微软曾帮助研发美国的战斗机，具体能给予研发怎样的帮助？

申元庆：我对战斗机的案例并不了解。事实上除了产品开发之外，微软投入了很多资金进行基础研究。微软应该是少数在全球范围投入很大的人力、物力进行基础研究的企业。微软亚太研发集团中的微软亚洲研究院是集团的金头脑，它们所做的基础研究是为未来 5—25 年的技术需求奠定科研基础，会对未来人类和产业产生巨大影响。每年都会有很多消息报道微软的黑科技，我们非常关注短时间内有效且大规模的技术转化，在高科技这方面也不遗余力地坚持着。

云计算会带动很多产业的创新

澎湃新闻：2014 年微软中国云的增速是 127%，哪些方面的需求比较强？

申元庆：纳德拉（Satya Nadella）接任微软全球首席执行官之后，帮助微软重新规划了产品线。微软全球范围 10 万名员工近 50% 属于研发人员。全部的产品线和研发的能量集中在三个地方，分别是未来个人电脑装置、生产力平台以及企业和云服务。这三大支柱 2014 年在中国都达到了增长引擎的效果，满足了业绩、用户体验和企业方面的一系列需求。

澎湃新闻：微软游戏电脑的硬件发展减缓是不是这个原因？

申元庆：云计算会带动很多产业的创新。以游戏为例，传统电脑游戏，需要下载或者需要版权费用；慢慢地发展成页游，通过网页去玩；如今还有手机游戏，或者游戏平台，包括 Xbox 和游戏机游戏。这些产业会因为云计算的发展产生更多的创新和改变。例如，未来的游戏会采用串流的方式，游戏能够串流到不同终端，比如电脑、Xbox、手机。不仅如此，游戏本身可以适合各种不同的界面，高清、黑色、传统、1024×768、长形、宽形……都可以无缝满足游戏者的需求。通过串流的方式玩游戏，把很多引擎放在后台，玩到一半需要开会、上洗手间或者吃饭时可以临时暂停，也可以换到另一个场景继续玩，所以会大幅度地改变游戏。更重要的是，用户还可以和社交结合在一起，玩游戏不再枯燥无味，可以代入更多的社交方式。

澎湃新闻记者　柴宗盛

中国做机器人应该考虑怎么弯道超车

——专访英特尔中国研究院前院长 吴甘沙

技术变革越来越快，企业组织形式和经营创新层出不穷，因此很多世界级的科技企业跟不上变化的脚步，在短短数年里相继沉沦，如松下、夏普等。似乎非互联网企业的科技公司的前景一片黯淡。

英特尔作为半导体领域的鼻祖，在新技术的不断冲击下，依然生命力旺盛。在后摩尔时代，在变化更快的互联网大潮冲击下，如何克服大企业病，保持基业长青。就上述问题，澎湃新闻记者2016年1月采访了尚未离职的英特尔中国研究院院长吴甘沙。

英特尔中国研究院前院长 吴甘沙

保证创新源源不断

澎湃新闻：从 PC（个人电脑）时代到移动互联网时代，英特尔如何保持创新？

吴甘沙：总结下来，英特尔的创新，第一个来自骨子里的摩尔定律，第二个就是冒险精神，勇于涉险、不怕犯错，第三个就是生态创新这样一种商业模式。

澎湃新闻：英特尔如何克服大企业病？

吴甘沙：英特尔有不同的分工。产品部门的任务更多是把我们的主营业务做好，把我们的产品做得越来越好，把我们的利润做得越来越好，回馈我们的股东。同时我们也有像英特尔研究院这样的做变革式创新的组织。

我们看很多东西，都不是说看现在用户需要什么，我们会想象在未来的一个时间，我活在这个未来，再穿越到现在，那么这个时候我会看到，我过去做的、现在拥有的，可能没办法去实现这样一个未来。那么我就必须改变自己，必须有所突破，那么我们现在有自底向上的创新，来解决三年之内的问题。我们有技术的长期规划，解决 3 年到 5 年的问题；我们有大量跟大学的合作，解决 5 年到 7 年的问题；我们还有长期的技术展望，解决 10 年的问题。

在不同的时间跨度上，看我们需要做什么样的事情，保持我们对市场的敏锐，对技术的敏锐，对时代变化的敏锐。这样我们才能保证创新源源不断地从研究院出来，去影响我们的主营业务。

要有选择机制让好的留下来，坏的退出

澎湃新闻：您说过英特尔研究院是一个特区，这个特区特在哪里？

吴甘沙：英特尔中国研究院的研究机制实际上有两条。一条我们叫作自上而下，就是说，从英特尔中国研究院甚至英特尔全球的角度，我们去看未来 3 年、5 年、7 年以后的技术，去看我们应该在这样一个变革性创新的过程中承担什么样的职责。

同时我们又有一条自下向上的研究机制。中国研究院比较特殊的地方，就是在自下向上方面做了很多组织、管理方面的创新。自下向上可以总结为三个部分，第一个部分就是如何去创造新的突变，第二个部分是如何去创造与其他团队和其他技术临近的可能性，第三个部分是创造达尔文所说的像珊瑚礁这样的生态系统，能够鼓励多向性，让创新源源不断地产生。

从生物角度上看，创新是从哪里来的？第一是死亡，死亡会让过时的思想退出历史舞台。第二是突变。大家知道我们的基因都是自私的，它会不断复制

自己，而在复制的过程中，它会突变。我们同时知道，像细菌这种微小的生物，它突变的可能性要比大型动物高 50 万倍，这也是为什么我们推崇小团队这种文化的原因。第三种我们叫性繁殖，这是在自私和创造力之间的很好折中，就是我通过把父母双方的创新思想融合起来，形成一种新的个体。

有一种我们说的跨界混搭，叫作入侵，这是一种更剧烈的引进新生思想的方式。在我们人体里面，50% 以上的基因组是原始病毒入侵的遗留物，你能够去抵御这样一种入侵，你活下来，那你就形成了新的个体。而那些不能抵御这种入侵的个体，就死亡。

你有那么多的创新机制，你一定要有一种选择机制，自然选择的机制，让好的留下来，坏的退出历史舞台。我们刚才说的三个方面都是围绕这三个隐喻去做的。

澎湃新闻：英特尔对创新有什么样的选择机制？

吴甘沙：英特尔有很多选择机制。一个研究可以分成三个阶段，第一个阶段是纯粹创意、试验的阶段，第二个阶段我们叫概念原型，第三个阶段可以交付给产品部门这么一个产品原型。

在这三个阶段之间，我们都有 gate review（阶段性质量评审）。第一个阶段，它这么一个纯的研究的东西能不能变成一个概念原型，我们需要一次 gate review，这个 gate review 在我们中国研究院内部就可以完成。第二个阶段，从概念原型到产品原型，这个需要英特尔全球研究院进行审核。一旦过了这个阶段以后，产品部门大量投入，护送它从一个概念原型到产品原型。这就是一种我们叫作工作流的选择机制。

英特尔如何培育机器人产业生态

澎湃新闻：你们在整个机器人产业链中扮演什么样的角色？

吴甘沙：英特尔的核心就是做芯片，什么是最适合机器人的芯片，这是我们要解决的问题。做完芯片之后，我们怎么去培育这个生态呢？

首先是垂直领域，芯片之上需要软件，我们去支持开源软件，现在机器人中大量在使用的开源软件，包括 OpenCV，这是一个跨平台的计算机视觉库开源软件，包括机器人操作系统，都是在 X86 的平台上开发出来的。再往上走，整个系统的参考设计，英特尔虽然自己不卖机器人，但我们会做整个机器人的参考设计，做完了就给我们的生态环境伙伴，让它们自己在上面去做产品化。

在水平领域，除了做技术以外，我们还做教育，我们跟大学一起设计课程。还有去投资，我们英特尔的投资部门这两年投资了大量与机器人相关的公司和产业，像无人机、平衡车、机器人。同时我们要和政府去解决标准化的问题。PC 之所以成功，是因为它做到了标准化、平台化，所以，更多创新者可以在这个平台上做创新。它（做到标准化、平台化）就可以更廉价地推出产品，更快地把产品推向市场。

英特尔中国研究院做的工作，低一点就是机器人的计算。机器人的计算有什么不一样？我可以讲一个悖论，它是说，有一些只有成年人才会做的工作，像推理、规划、下棋，所需要的计算量不大，电脑早就在国际象棋上战胜了国际大师。而另一方面，我们人类一两岁的小孩就能做得特别好的事情，像感知、运动、手眼的配合，需要巨大的计算量，这些计算，我们目前的计算架构没办法很好地满足。

我们关注机器人第二块是成本。现在机器人非常贵，贵就贵在机械的部分，因为需要高精密的组件。比如非常有名的机器人 PR2（Personal Robot 2），成本20 万美元。机械部分成本的下降并不是按照摩尔定律，有没有可能在这些机械部件里面引入计算，引入信息的部分呢？一旦它沾上计算，沾上信息，它就可以享受摩尔定律带来的魔力。我们希望把这个 20 万美元的成本降到七八千。

第三块是可靠性和安全性。英特尔芯片现在也是很多机器人用的主流芯片。未来各种各样的智能机器人、无人机、自动驾驶汽车甚至是穿在身上的动力外骨骼，它们被攻击的可能性是非常大的，所以我们需要创造一种新的设计方法学，从一开始就需要搞清楚，我们是不是在设计对的系统，do the right system。然后我们要去验证，我们是不是 do the system right（把系统设计对了）。接着在运行的时候，我们要保证它足够安全。最后一步，万一它已经出问题了，我要有控制，可以随时把它终止。

第四块就是云化和协作化。机器人和人不一样，我看了一本书，很难把知识给你，除非你也花时间看这本书，而机器人学了知识，把它作为一种表示放到云里面，马上一百万台机器人都会学到这种新的知识。协作的意思是说，现在的机器人是作为独立的个体，（未来）它能不能跟其他机器人和人一起工作？我们一直说，机器人的一种宿命是取代人，干掉很多工作，而另外一种宿命是，它能够和人非常和谐地工作。

第五块就是机器人跟人的交互。我们说机器人不只是一个会动的平板电脑或者手机，也不只是有一只手的机器，而是第一种有情感的机器。那我们就得去理解，人和机器人怎么去互相理解和交互，机器人的外形怎么设计才会让人喜欢。

这些是非常有意思的课题，也是我们正在从事的课题，从计算到怎么把我们的计算融入机械，使得机器人的成本下降，到安全可靠的方法学，到机器人的云化和协作化，最后到机器人与人的交互。

中国做机器人，应该考虑怎么弯道超车

澎湃新闻：国内机器人与国外机器人差距如何？

吴甘沙：我首先说工业机器人。说到工业机器人的整体设计和制造，我们的水平应该相当不错。瑞士的 ABB、日本的发那科（FANUC）、日本的安川电机、德国的库卡（KUKA），构成了工业机器人领域的所谓"四大家族"。论市值，我们中国的新松在"四大家族"中排在第三位，领先于安川和库卡。所以从这个方面来说，我觉得我们取得了长足的进展。（据媒体报道，工业机器人领域的"四大家族"企业占了中国机器人产业 70% 以上的市场份额。新松，全称为"沈阳新松机器人自动化股份有限公司"，隶属于中国科学院，是一家以机器人技术为核心，致力于数字化智能制造装备的高科技上市企业。——编注）

可是同时，新松的曲道奎曲总说，他们其实也面临着三个问题，一个是技术空心化，第二个是产品低端化，还有一个是市场和领域的边缘化。这也是摆

在我们前面的很大的挑战。所以我们中国做机器人的话，一定不是想着怎么去跟随，我们应该想着怎么弯道超车，或是去改变跑道，改变规则，利用我们的强项，能够去超越。（曲道奎是沈阳新松机器人自动化股份有限公司副董事长、总裁。——编注）

再说服务类机器人。服务类机器人对智能、联网、计算的要求很可能更高，而这一块，实际上全球都在一个混战的过程中，你也没有看到非常非常领先的这样一个机器人制造商。虽然我觉得中国在技术上还有改进的空间，但是我们在机器人智能也就是人工智能，在大数据、物联网这些方面，相对比较强。所以我们可以利用这样一个竞争的环境来加速超越。

另一个方面，中国比较好的是，我们有大量的风险投资，而风险投资也可以帮助我们用更快、更便宜的手段去获得国外的技术和人才。利用资本的力量，可以获得所有的知识产权、技术和人才。所以总体上来说，我们已经看到了，我们有很好的追赶趋势，可以用我们的人才和差异化的竞争优势，用我们的资本做得更好。

澎湃新闻：会不会出现低端这块成本做不下去，高端这块产品又做不上去的情况？

吴甘沙：低价创新或颠覆性创新，一直是我们中国特别擅长的，只不过我们现在还没法很好地去做低价、颠覆性创新，因为像减速器、伺服电机、控制器、驱动器这种部件，事实上需要非常高的技术含量，日本和德国非常厉害，我们必须赶上。现在工业机器人里面，像刚才说的这几样器件，占到我们整个机器人成本的50%，而日本的同类机器人，这些部件占到成本的20%，所以这一定是需要我们去追赶的。

但是从另外一个角度上看，现在国内的很多机器人公司，是传统做机械和自动化起家的，他们并不知道在智能方面，这些潜在的技术，大数据、人工智能、互联网方面的这些技术，实际上在中国有大量的人才存在，只不过现在做机械和自动化的部分，跟做人工智能和大数据的部分，没有对接起来。我们把机器人不是做成一个预先编程好的，必须完全听你命令的这么一个奴仆，而可以把机器人变成有温度、有情感，能够跟你一起工作的朋友。在这个方面，正好我们有可以弯道超车，可以改变规则、改变跑道这样一个机会。

能不能做好创新，在于能不能用低成本试错

澎湃新闻：一家公司如何才能做到创新？

吴甘沙：一家公司能不能做很好的创新，在于它能不能用非常低的成本来试错。我们说有三种 fail（失利），一种是 fail early（早早失利），第二种是 fail often（经常性失利），第三种叫 fail cheaply（低成本失利），也就是说你在不断地试错。你开拓知识疆域的方法就是试错。如果这个试错你用非常低的成本，那你就能够生存下来。而另一种试错，你一次试错就把命给搭上了，那么很显然，这样的公司不可能成为一个创新的公司。

澎湃新闻记者　郑戈

科学家不能逼得太急
——专访微软全球资深副总裁、微软亚太研发集团主席兼微软亚洲研究院院长　洪小文

微软深度融入中国，微软亚洲研究院是微软全球拼图中极其重要的一块。因为它是微软最接近中国市场的研发机构。微软的产品和技术进入了中国每一个角落。微软把中国视作能为其产生技术的基地。近年来微软一扫以前颓势，推出了一款款叫好又叫座的产品，而且很多引领潮头的爆款，如 surface、hololens，而且微软云也势头强劲。

微软全球资深副总裁、微软亚太研发集团主席兼微软亚洲研究院院长　洪小文

微软是如何研发、创新，微软中国如何做科研和技术创新，为此纪录片《中国实验室》专访了微软全球资深副总裁、微软亚太研发集团主席兼微软亚洲研究院院长洪小文博士，由他谈微软如何在中国做科技创新。

中国的创新真的是充满了特色

澎湃新闻：中国式创新有什么特点和不足？

洪小文：中国在科技上的创新可以分两方面来看。一方面是学术界的创新，另一方面是企业的创新。在中国，学术界，包括学术单位、高校，与欧美等国家一样，都做一些基础研究，做一些创新。除此之外，中国还有很多国有企业、

国家部委，它们也在做研究，做创新，投入也比较多。这却是有中国特色的，与国外不同。在国外，虽然政府也成立了一些基金会，支持学校来做研究，但政府单位直接参与创新的比较少。国外的学术创新主体大部分是高校。

企业的创新方面，改革开放后的前几年，是以学习西方为主。但因为中国的努力加上聪明，中国做到了举一反三，成功地把一些学来的东西做大。特别是移动互联网，不管是移动支付还是O2O（线上到线下，即以线上营销带动线下消费的一种模式。——编注），不管是谁先做的，但中国走得更快，可以更快地举一反三，可以看得更长远。所以我觉得中国创新真的是充满了特色。这其中，中国的市场优势以及移动互联网的普及起到了一定的作用。这是创新在中国的一个亮点。

如果要说不足的地方，也可以从两个方面来谈一谈。首先，从研发投入来说，宏观上看，美国研发投入占GDP的3%，中国现在是2%，所以研发投入占整个GDP的比重，如果跟美国比的话中国还有加强的空间。但中国的研发投入绝对值与欧美发达国家比，已经不差了，所以看你如何来比。

其次，从企业的参与度来说，美国有很多企业，特别是大型的企业，愿意做一些基础研究，而中国企业这方面做得比较少。以微软为例，我们除了产品的创新，对未来的技术会很执着，比如说人工智能、自然人机界面、语音识别、计算机视觉。微软在1991年就成立了基础研究院。当时我们就看到，未来，人工智能、不管是语音识别或者是计算机视觉，一定是个趋势。虽然可能是20年、30年以后才会有成果，可是我们还是执着地投入了大量的精力。包括现在做的量子计算方面的创新，我们真的不知道要多少年（才会有成果），可能是10年，也可能是20年。为什么回过头看，10年前跟微软竞争的公司，现在已经换了一批，原因在这里。

很多人觉得投入创新不一定是非常有效率的，但像大家今天谈的人工智能、机器人、语音识别、计算机视觉等，如果不是学术界以及像微软这样的公司，20年前、30年前、40年前、50年前就投入大量研究的话，我相信今天不会有这样的成果。

语音识别不只是识别，还必须理解

澎湃新闻：语音识别技术对人工智能意味着什么？

洪小文：我想有两方面。首先，语音识别是人工智能的一部分。人不但听得懂，还可以听出某些话的弦外之意，这是人的智慧之一，所以人工智能当然包含着语音。另外一方面，通常大家觉得语音识别只是识别，事实上不完全正确，语音识别不但知道你说什么，而且要能够理解，要理解你要它做什么，它才会真正去做。

譬如说，我让机器人帮我弄一杯咖啡，机器人显示出它听懂了"帮我弄一杯咖啡"（这句话的意思），可是没有真正去帮我做一杯咖啡，这有用吗？当然没有用。所以，我们要求它不但要理解我这句话的意思，理解以后还要执行，最后把咖啡端到我的面前来，我喝到这杯咖啡才满意。机器人要做到这件事情，不但需要语音识别，还要去那边看到一个咖啡机，把咖啡豆放进去磨一磨，最后做出咖啡，再走过来给我。这里面一定包含着电脑视觉，否则的话它不知道咖啡壶在哪里。同时，它要知道先放咖啡豆再放水，次序坏了都不行，它还要能够走路，要像人一样。

看好中国科研未来的进步

澎湃新闻：是不是美国基础研究还是以企业为主、院校为辅？

洪小文：并不是。基础研究很大一块还是靠学术界来做的。我们常常说在巨人的肩膀上可以看得更远，今天做的所有东西都是基于前人基础所做的。牛顿、爱因斯坦、爱迪生，这些科学家对我们今天科技的进步都有影响。所有的科研都是在前人研究的基础上进行的。基础研究不能只靠一个实验室、只靠一个国家，而是要全人类来参与才是研究，而且是无私的、跟大家分享的，所以基础研究有很大一块是学术界、高校、国家实验室这样的研究单位来做的。

但公司的参与也很重要，因为公司毕竟看技术，与学术界相比还是有独到的眼光。因为公司会最早看到应用，所以公司参与基础研究，我个人认为也是非常重要的。所以像微软这样的公司在 1991 年也就是 25 年前，就成立了研究院来进行基础研究，除了基础研究我们也做产品的研究。希望中国企业茁壮成长，变成世界级的公司以后，也多一些资源来做基础研究。

澎湃新闻：中国的科研有没有什么体制、研究思想或者是企业文化方面的不足？

洪小文：我个人是比较看好中国科研未来的进步的。这是一个必须经历的过程，就像一个生命体，首先要温饱，满足了温饱这样的基本需求以后才会想得更长远，树立更宏大的目标。我想企业也是一样，企业必须赚到了今天的钱才能想明天的钱，才能想后天的钱。

对微软这样的公司来说，我常常比喻，微软有三大部门。一个是销售单位，它必须赚今天的钱才能立足。我们必须有产品部门，必须开发下一个版本的产品，才能赚明天的钱。同时我们也要有研究院，才能想比明天更远的东西，才能赚到后天的钱。今天的钱如果没赚到，怎么可能有明天呢？必须有今天才有明天，有了明天才有后天，我觉得这是一个必经之路。所以，希望今天中国很多成功的企业能够立足今天，明天才可以投入一些资源来做后天的事情。

微软兼顾短期和中长期项目

澎湃新闻：微软有很多的技术储备，比如说我们也看到了所谓的"黑科技"。那么，微软是怎么确定研究方向的？

洪小文：在微软有好几种创新的模式，比如刚才提到的产品部门，产品部门必须非常熟悉市场的脉搏，一方面是用户，一方面是竞争对手彼此的长短，根据这个才能判断出，什么样的项目、什么样的产品做出来才可以在市场上占得先机和优势。

另外一个是研究院。我们一方面是跟产品部门配合，提供给产品部门好的技术，比如说机器学习、大数据、人工智能这些领域的技术。因为我们有储备，因为我们多年来执着于基础研究。今天几乎所有的产品都需要这样的技术，把这些技术用上了就可以让我们的产品占得先机。另一方面，我们必须让研究人员去畅想、预测十年以后的事情。量子计算就是一个好的例子。量子计算今天对大部分人来讲还是天方夜谭，今天的计算机架构跟量子计算完全不一样。至于要多久能够实现，没有人知道，很多人估计要 10 年以后甚至要 20 年以后才能做这方面的事情。我们要相信研究员最好的判断，让他们来从事这方面的计划。

澎湃新闻：即便是某一项研究跟现在研究的主业看上去关联度没有那么强，也要做？

洪小文：当然，这是一个比例的问题。好像做投资，不会把所有的蛋放在一个篮子里，一些短期的要做一些，一些中期的要做一些，一些长期看好的也应该放一些。这是一个平衡。可以是 1 到 3 年、3 到 5 年、5 到 10 年甚至 10 年以上这样来做区隔。当然高校大部分应该是做偏长期的研究，因为它做基础研究。一个初创公司应该做短期的，它一定要先保有今天。对像微软这样的公司就应该短期、中期、长期都有适当的比例。当然，到底如何分配，是 20%、还是 25%，这要基于多方面的考量、权衡，才可以做出规划。

澎湃新闻：微软的科技经费是怎么分配的？项目是怎么立项的？

洪小文：从公司的角度来看，会在宏观上来决定短期、中期、长期项目的比例，雇最好的人，相信他们。做短期、中期的和长期项目的，他们所看的东西都比较不一样。短期和中期研究，看的更多的是用户马上的反应是什么，还有就是你和竞争对手之间的比较。

长期研究更多是对技术的判断。为什么四五十年前大家会想到人工智能？当时还很遥远，但大家会想，计算机可以做人工智能，可以做机器学习，可以做语音识别，可以做电脑视觉。产品是什么还不见得清楚，觉得有一天我们机器可以用人所熟悉的方式来做交谈，像人一样，这是很粗略的想法。但根据这些东西来做项目，根据这些东西就可以立项。所以对越长期的东西，我们大部分是相信研究员，相信工程师。什么叫相信呢？可能以前他们做过很多很成功的项目，或者我们觉得他们可能是全世界最聪明的几个人，或者说他们对这个技术很多时候就是相信，我就进行投资了。大概是这样子的方式。

保证项目的成功高效，很大程度上依靠判断力

澎湃新闻：微软如何保证项目的高效运行？对科学家怎么考核？

洪小文：保证项目的成功、高效，很大程度上依靠判断力。比如，在项目立项的时候，就算一开始我不见得相信你的想法，但我相信你这个人，就会让你去试，所以你一定要能定期展示出你的成果。检验成果当然还是有很多方法的，譬如说语音识别，我个人做语音识别三十几年，你说做不了一万字的语音识别，总能做一百字的吧，一百字今天能做到90%的准确率，明年能不能做到95%？所以还是要数量化来衡量研究成果。如果他能继续改进他的系统，做出好的成果，我们应该鼓励他继续往下做。

当然，这里面会产生一个问题，就是鸡生蛋，还是蛋生鸡，或者一个金鸡能不能多下一个蛋。逼得太严了把金鸡逼死了，它的蛋也生不出来。

考核很重要，但是对研发、创新团队的考核，要辩证来看。首先，对科研项目的考核，时间拉长才更公平。比如说有一些五年前看好的项目，五年以后出了很大的成果，甚至于变成一个很成功的产品。同时，对未来的预测是最难的，但这确是很重要。高科技跟未来相关，未来的赌注是什么？这还是需要有相当程度的对技术的判断。因此，不懂科技的职业经理人来管理研发项目，很难成功。因为职业经理人今天管房地产，明天管高科技，后天管运动员，都能管，没有专业背景。对于科技来说，最难的一个地方就是对未来的判断。

很多公司的CEO不一定是科学家，但是微软历年来的CEO都是做技术的。有些人不见得懂技术，但懂用户体验，这个东西很难说。但无论如何，技术也好、用户体验也好，都是很重要的。所谓懂技术，也不能只是技术，技术要被人所使用，要有人的特性，所以（要懂得）什么样的技术被什么样的人采用才能取得成功，不管是商业上的成功还是用户体验方面的优秀表现。公司有很多的决定是技术＋用户＋市场的综合。公司领导者还必须对未来，对一些未知的东西做出判断，这些判断有可能是对技术的发展，也有可能是对用户的判断。

早年，索尼有人提出Walkman（随身听）的创意时，有人不能理解，说怎

么会有人愿意戴一个耳机走在路上听音乐呢？事实上，戴着耳机走在路上听音乐已经变成大家可以接受的模式了。这就是对用户的判断。这些判断在科技领域是非常重要的。

刚才讲的都是关于一些长期的项目，但有些科研创新不见得是 10 年的，有些是 3 到 5 年，甚至更短的。今天跟 10 年前不太一样的地方是，很多科研创新因为时代的速度变快了。现在，一些科研创新尝试会先把它放出去看用户的反馈，到底这个功能是好还是不好。我们叫封闭测试（beta testing）。我们鼓励科学家或者是开发者把项目推出去，让用户来使用。比如说全息眼镜，的确不见得每一个人可以马上买到全息的眼镜，但我们有一些封闭测试，请开发者提供用户的反馈，因为有了这些反馈数据，就可以知道这个项目哪里做得好，哪里做得不好。

上面谈到的考核当然很重要，但更重要的是在考核、反馈、评比的过程中能够找到方式，把我们做的东西做得更好。快的有的一个月、一个礼拜就可以推出一个产品，马上就可以占据市场的优势地位。今天因为移动互联网，我们可以很快得到用户的反馈，得到很多信息，让我们能考核我们的产品。因为一时的成功跟一时的失败不代表什么，最重要是要获得最后的成功。所以从数据的考核和反馈之中，我们可以让我们所做的项目得到更多、更快的优势。

要让每个人有创业创新的精神

澎湃新闻：未来的科研很多是没法规划的，那么极客只能是等着新技术发生，然后再加以培养？

洪小文：其实不见得是这样。科技领域的确有一些颠覆型的创新。所谓颠覆型创新就是一些大部分人都不相信的革命性创新，投入市场之后却能迅速锁定消费者，最终蚕食原有产品市场份额——这就是"虽千万人吾往矣"。但是颠覆型的创新毕竟是少数。

微软提倡的极客精神也是这样。我们强调要让每个人有创业、创新的精神，

"微软车库"（Microsoft Garage）、"骇客马拉松"（Hackathon）计划都是极客创新的"试验场"。

自去年（2014年）开始，微软举办全球规模的骇客马拉松，受到了微软员工的热烈欢迎。骇客马拉松在微软已有很多年历史。但在同一个星期，微软全球各地集中实施，还是从萨提亚·纳德拉（Satya Nadella）接任CEO后开始的，而且参与人数和影响力也在不断扩大。今年（2015年），就有来自81个国家、173个城市的微软员工参加了骇客马拉松。在大中华地区，我们的员工也是非常积极踊跃，其中还包括很多来自非技术部门的员工贡献想法和力量，产生了非常多的好项目。

实际上，在一星期的时间里面，不管你会不会编程都没有关系，只要你有想法，就可以自由组队，把想法变为现实。同时，无论你是何种岗位、层级高低，是正式员工还是实习生，都能参与其中。骇客马拉松为员工利用业余时间"脑洞大开"地进行创新研发提供了舞台与支持。每个项目完成后，都会有一个路演，在这个过程中我们去看哪些跟我们比较接近，跟我们现有的产品比较接近，这样能很快地把项目转化为产品。今年光在大中华地区就产生了近千个项目。

澎湃新闻：鼓励极客创新是否也会带来企业组织形态的变化，目前组织架构有几层？

洪小文：鼓励极客创新，需要企业内部对部门的规划也必须灵活，因为世界变化太快了，一旦看到好的机会要快速反应。事实上微软也在朝着这个方向转变，团队间的界限要比较灵活，才能敏捷地去调整。

关于组织架构有几层，不同的团队情形是不一样的，主要是根据产品的规划来安排，因地制宜，人员的配置也作相应调整。比如说Xbox、Kinect、HoloLens、小冰，刚开始一定是一个很小的团队（在进行研发），但一旦这个团队做出计划，做出好的方案，得到更多支持的时候，他们就会得到更多的资源。这是一个很自然的过程。（Xbox、Kinect均为家用游戏产品，HoloLens是一款全息计算机头戴式显示器，小冰是一款跨平台人工智能机器人。——编注）

我们与中国学术界一起成长

澎湃新闻：中国正在向更高端的产业链条努力，那么中国本土的研发体系怎样，能否胜任现在的任务？有哪些明显的缺陷？

洪小文：自微软 1992 年进入中国之后，特别是微软亚洲研究院 1998 年创立之后，微软跟中国的产学研各界都有很深入的合作。我们选择在中关村注册公司。从第一天开始，清华、北大、中国科学院很多的老师和领导就是我们的合作伙伴。现在我们还是不断地在跟中国学术界合作，这一直是我们研发的一个很重要的策略跟工作之一。我觉得，跟其他跨国企业比起来，我们的力度、深度以及持久力，都是非常值得骄傲的，我们很高兴能真正地跟学术界、科研界一起成长，真正地在中国生根。

教育部与微软公司共同开启的长城计划，已经是第五期了。长城计划将在巩固已有合作项目的基础上，重点从高等教育人才培养和科研合作两个方向，围绕培养学生的创新能力以及跨学科、跨地域的教学、科研合作展开。

2015 年，清华大学、美国华盛顿大学以及微软公司共同宣布合作建立全球创新学院（GIX），通过在大西雅图地区建设开创性的教育机构，建造专业配套设施，来打造创新生态系统。

微软亚洲研究院与中国高校和科研机构保持良好的研究合作关系，交流研究经验，分享研究成果。截至 2015 年，微软亚洲研究院已与 10 所中国高校建立了多个领域的联合实验室。同时，为推动亚太学术界共同关注的、具有社会意义的研究课题，研究院启动了一系列主题研究支持计划，如文化遗产数字化、大数据时代的科学研究、城市计算、云计算等。产业方面，微软是一个平台公司，一直以来，微软为中国政府、中国企业等合作伙伴提供先进的技术支持和平台资源，在中国打造合作、创新、共赢的产业生态环境，创造了 1 : 16.45 的生态辐射价值，相当于微软在中国每赚 1 元钱，合作伙伴赚 16.45 元。

如果比较中国和国外的产学研，国外的产学研更多是在人才培养上，因为学术单位通常是做基础研究，发表的论文也是完全公开的。学校的人才、研究院的人才最后加入企业。它们的产学研合作大部分是在这个方面的。

多年来，我们跟中国学术界一起成长，把全球最好的研究与全世界人分享，很多人在我们的帮助下把中国计算机科研的成果带到了全世界的舞台。

澎湃新闻记者　柴宗盛

第四集　两条道路

本集主要讲述所有科技创新的诞生之地——实验室，以及相关的科研机制是怎样的。

通过对中外研究机构以及跨国公司研究部门的实地探访，向观众展现了基础研究或长期持续性研究机制的国外做法、国内做法以及大公司做法，为中国科研机制改革提供某种参考。

从中国科学技术大学的实验室，到上海科学院里的国家重点实验室，再到麻省理工学院的实验室，以及跨国公司 GE 和微软的实验室。

中国目前有 20 家国家实验室和 250 多家国家重点实验室。它们集聚了中国第一流的科研人员。根据"2015 年自然指数"，中国对世界高质量科研的总体贡献居全球第二位，仅次于美国。这个结果表明，中国的科研能力大体与中国经济总量相当。这也说明中国工业化的质量之高。

此外在中国的企业的研发机构也实力强劲。如华为、腾讯等，同时，诸多外资研究机构如微软亚洲研究院、GE 中国中央研究院、英特尔中国中央研究院这样的外资研究机构，在中国本土培养、招募了大量科学家在做原创性的研发。

只有这体制内外的所有科研力量，都生机勃勃，中国的创新才更有生命力，《中国实验室》采访了包括欧洲粒子中心、中国科学院等公立科研机构，也走访了知名企业的研发中心，如微软、GE、英特尔等来回答中国科研创新活力的问题。

科研经费永远不够，考核一直很严
——专访中国科学院上海分院院长　王建宇

中国科学院系统是中国科研体系的主体，他们的竞争力很大程度上决定着中国科研能力的高下。但人们对于体制内科研体系一直有陌生感，对体制内机构的活力心有疑虑。

中国科学院上海分院院长　王建宇

具体来说，科研项目立项、科研经费的分配与使用、技术成果的考核等这些决定着竞争力高低的细节，中国科学院体系是如何来处理的？

2016 年 8 月 16 日，世界首颗量子科学实验卫星"墨子号"发射升空。2015年底，《中国实验室》背对着组装的"墨子号"，在实验室就前述问题专访了中国科学院上海分院院长王建宇，同时也请教了有关量子通信的问题。

量子通信利用了物质的量子特性

澎湃新闻：什么是量子通信？

王建宇：到目前为止，是利用物质的量子特性，来对通信过程保密，进行加密。并不是说我把信息用量子当作载体，而是产生秘钥。所以我们的实验，另一个名词叫量子秘钥分发，或量子秘钥分配。

量子通信的基本原理利用了量子的粒子性。量子是一份一份的，所以两个人通信的时候，甲给乙的信号，你收到了，别人就收不到，如果中间过程有窃听或者有丢失，别人收到了，你就收不到。这个过程中，凡是收到的信号，只有甲和乙知道，别人就不可能窃听。假设窃听的人有很大的能力，它可以把量子里面的东西，每个量子态收到以后，拷贝以后，再发给你，这里面又用到了量子力学另一个原理，就是测不准原理，或叫不可复制原理。量子态通过复制以后，再生成一个量子态，它的误码率就会增加，所以我们两个通讯的人在最后只要去计算我们两个收到的码和发出的码的误码率，如果超过一定的量，这个码就不安全，我可以不要。而如果这个误码率低于多少，那我从数学上可以严格证明，它一定是安全的。

所以目前我们做的量子通信，就是通过量子的方法产生秘钥，然后确保通信载体的安全性，今后可以把每一个量子作为信息来调制，这方面的研究也在做。

澎湃新闻：量子通信具体怎么做？

王建宇：我从空间打下一束一束光，但这个激光非常弱，每一次发射，我们是控制在 0.8 个光子，或者 0.5 个光子。因为光弱到一定的时候，是一份一份的，所以我每次调制到非常小，然后下来以后有一个概率问题。我最好有个设备，每次都发一个光子，但这个是做不到的，要么成本非常高，我们现在就是用弱光子来做，但是它这么小的光，我地下怎么接得到啊？它是发的小，但是频率很高，我们一秒钟发 50 兆个脉冲，整个光子数是 50 兆或者 100 兆乘以 0.8，这样来提高它的亮度，然后我地面就能接收。不是所有都能接收到的，我可能接收到十分之一，也可能接收到百分之一，大概能够接收到成码的几十 K，作为通信的密码足够了。

以后如果你要把量子作为载体的话，那你这么低的概率就不行，而必须都能收到。最早量子通信在地面就是在光纤里面做的，因为光纤里面，要比自由空间里面条件好得多，激光一头进去，跑不到外面去的。但是光纤有一个弱点，因为光纤是靠光的全反射，激光在光纤里跑的时候，它在光纤壁上不断在反射，有损耗。损耗到一定程度时，量子通信就做不成了。所以用光纤做，距离是有限的，做不成全球的量子通信，我卫星就能做到全球的。

中国的量子通信研究走在世界前沿

澎湃新闻：我们国家量子通信研究进展怎样？

王建宇：我们国家量子通信领域应该说是走得比较快的，特别是国外留学的科学家、博士回国（有很多）。我们这个工作都是跟中国科技大学潘建伟院士合作的，他21世纪初回来以后就一直在做，这方面的成就全世界公认。我们是走在全世界前沿的。

我们有一个名词叫量子调控。以前对量子现象可以去观察、分析，但到21世纪，人已有能力去控制这个量子现象，可以去调控它，所以叫量子调控。现在这方面真正有应用前景的，一个是量子通信，一个是量子计算。相对来说，量子通信做得快一点，现在可以初步进行实际的验证和初步的应用。

澎湃新闻：你们为什么会做量子通信？

王建宇：我们上海技术物理研究所一直是做红外光电探测技术的，有一部分应用是遥感领域。现在大家看到的天气预报，这里就有我们做的多光谱红外相机在天上拍，现在精度要求越来越高。把光电通信技术、光通信技术用在量子通信上面，是我们现在在做的工作。

澎湃新闻：红外和光电探测怎么和量子通信有关系？

王建宇：红外和光电探测，最早是被动的，就是太阳照在地球上，反射上去，我从卫星上看，获得物理量，这是一种探测。这个还是一种大信号的探测。后来有了激光以后，我们可以用激光来做主动探测。前面一种是被动的，光源是太阳下来的。到激光以后，就是一种主动探测，设备先发出一束激光，探测激光在物质上作用以后，我们叫回波，我们探测这个信号来分析地面目标的特性。

比如我测距离，过去以后回来多少时间。第二种，我也可以激光探测物质的特性，比如它反射率是多少。量子是主动的非常弱的光电探测，它每次发的就是零点几个光子，这个就比一般的激光主动光源更难。我们原来是做被动的，后来又做主动的激光探测，从光的探测原理上讲是一样的，但光的源和强度不一样。当然在难度上，越弱、越主动的越难。我们实验室也是这么走过来的，从一般的被动探测到主动探测，到非常弱光的主动探测。

中国航天成果越大，美国人的禁运就越厉害，它觉得你发展太快了。但禁运也是一只双刃剑。举个例子，我们的探测器、传感器是核心部分。可见光的传感器，军事运用相对弱一点，国外一般是不完全禁运的，而红外探测器绝对是禁运的，所以我们现在上天的红外探测器都是自己做的。可见光的传感器就不行，因为它能运进来，相对国内发展就慢。国外不卖给你，你没办法，就得自己想办法做出来。有时候禁运反而促进了你这个方向的发展。

澎湃新闻：这对我们的半导体工业要求比较高？

王建宇：所以国家科技重大专项，第一项就是"核高基"嘛，就是"核心电子器件、高端通用芯片及基础软件产品"的研制。我们现在做的核心红外器件，都是自己做的，这买不到，但是差距还是存在的，得先解决已有的问题，一点一点做。

原来有一个摩尔定律，说是集成电路上可容纳的晶体管数目，18 个月翻一倍，价格低一倍。老早就说摩尔定律要被推翻了，但有一点是确定的，就是现在要建一条完全的半导体供应线，那是数百成千亿美元的投入，量很大，不是很小的一个集团能够投得起的。但是现在的半导体设计，确实变成小企业可以做的事情了。中国人设计不笨啊，都能做，如果能有好的平台，也能做出东西来。

经费永远短缺，针对中间层人才政策不够

澎湃新闻：科研经费立项、分配机制是怎样的？

王建宇：在科学院里面，我们是偏应用研究和工程研究一类的，所以我们的产品绝大部分是国家的特殊需求，比如说气象卫星、环境监测卫星。经费渠道是多方位的，一个我们现在国家还会给一些基础研究经费，以前叫事业费，

现在叫创新经费，这还是小头的。主要还是根据国家的需求，在国家的大平台上，通过竞争得到国家的支持，这块是大头。比如国家需要发展气象卫星或量子卫星，这个任务出来以后，有这个能力的人都可以去应标。

澎湃新闻：经费感觉充裕吗？

王建宇：经费永远是短缺的，要看你怎么比。如果和自己比，和过去比，国家在这方面的保障已经强很多了，某种程度上说，我们的科研已经进入比较好的良性循环阶段了。和国外的投入比，我们还是低一点。但中国人还是有中国人的办法，通过自己的努力，同样能完成和国外（差不多的成果），甚至有些地方能够超过国外了。

澎湃新闻：人才引进方面如何？

王建宇：人才竞争是最关键的。现在国家有很多人才计划，高端的像国家千人计划，中国科学院的百人计划。具体到上海，到我们研究所，不单自己户口没问题，家属的户口也没有问题。人才是要有梯队的，比如有顶尖人物，还要有一批骨干和中间层。针对中间层人才，目前有一定的政策，但我个人认为是不够的。我们技术物理研究所每年培养几十个甚至上百个博士，但是真正能留下来的没有几个。留不下来的主要原因，还是和民企和国外相比，在待遇上有差距，包括能够落户的，还要经过打分什么的。这方面（能不能）给予进一步的政策，是吸引人才现在比较难的问题。

共性管理和特殊管理怎么统一，是学问

澎湃新闻：经费立项之后，怎么管理？

王建宇：我们技术物理研究所的政策是属于全成本核算。经费申请到了，特别是工程任务，它不是一个教授或研究员的钱，是整个团队的。它是按计划，由专门机关来管理这个经费，要按计划、按节点、按需求来使用。而且现在国家对经费使用越来越严格，买老酒的钱是不能去买醋的。下面的研究人员也是按需求，然后分步来使用。

有一些纯基础研究，前面计划性不是特别强的，可能会宽松一点，但是里

面的科目也是非常明确的，比如哪些经费是可以用于人的，哪些经费是用于材料的，哪些经费是用于设备的，在申报国家计划里面都非常清楚。

澎湃新闻：与国外科研经费比较，我们如何？

王建宇：这十几年里，我们国家的科研水平还是有大幅度增长的。第二，我们现在有些投入。十几年前去美国看，我们的投入大概是它们的十分之一，现在我们是比较大幅度增加。比如我们的研究所，比较好的实验室，一年人均没有上百万元的投入，你是做不出很特殊的成绩的。这个就相当于 15 万美元了，在美国也不算少。不同的实验室、不同的地方有区别，至少都有大幅度的增长。但是有一点还是有差距的，对人的投入比人家少，它们大概是有 60% 甚至 70% 投到人身上，我们现在大概三分之一左右，可能还要更少一点。

澎湃新闻：如何提高科研经费效率？

王建宇：现在为了管好科研经费，花了很多力气，也出了很多文件。现在我们做一个科研项目，预算要填很多，每一件东西都定下来。但科研上这么做确实是影响效率的，因为科研本身就有一个不确定性，今天说了我要买这个相机，可能我做的时候会发现，买这个相机不合适，我要买那个相机，但要调整是很复杂的。当然，从管理部门的角度来说，它也没办法，它有一个个项目，不能为你的特点（而调整管理），只能是依据共性去管理。这个共性的管理和那个特殊的管理怎么统一，是一门学问。

考核时要给基础研究一定的宽容度

澎湃新闻：考核机制如何？

王建宇：如果是基础研究的，考核的就是论文、专利、奖励，就是这些。虽然我们说，做研究最终目的不是发论文，但基础研究成果的唯一的表现和国际承认，就是论文。

但是我们做应用研究的，或做国家重大任务的，考核你的就是，项目完成没有。这方面任务下来以后，它有计划，有节点，甲方会天天来考核你的，所以这里面的压力和紧迫性，要比基础研究大得多。每个任务都有节点，按节点预算拨经费，你做不到，首先要解释为什么没做到，你能不能做到，后面补救的措施是什么。这样，科研人员压力很大。

然后到后面，比如说，五年要结题的，一项项指标都要测过来。比如卫星，更加是一点马虎眼都不能打的。我们现在做量子卫星，明年（2016 年）要发射了，如果你这里留着隐患，或者没有很认真去做，那上天之后马上就不行了。所以，这个考核比定个计划或写个什么东西那种考核都厉害。

澎湃新闻：工程研究比基础研究效率更高？

王建宇：基础研究要给它一些余地，因为基础研究不可能保证出什么。你要给它一定的宽容度，换句话说，你给它钱，不要指望 5 年以内 3 年以内它给你抱个金娃娃。也可能 10 个 100 个项目里面出几个特别靓的，这完全有可能。（但假如）你没有这个基数，那么一个两个成果也出不来。目前有些地方对基础研究，实的考核还是太多了点，因为一实以后，它创新性就没有了，就想着我怎么样应付你的考核，考核过去就行了。

如果是做工程的、要上天的项目，考核就很清楚：你的成功与否不是你自己说了算，结个题、专家评一下（就可以了），而是要看设备上天以后的表现。这个你是忽悠不了的，所以必须非常认真地去对待。

做产品开发一定要到一线去做

澎湃新闻：产学研这块做得如何？

王建宇：中国科学院对国家的贡献，第一，做国际一流的基础研究，第二，解决国家的重大问题，像我们卫星啊、国防啊，还有一块，就是为国家的生产力发展做贡献，为产业转化做贡献。实验室出来的东西和市场上需求的东西实际上有很多差别，我们以前说从技术到产品，从产品到市场认可的产品、能够挣钱的产品，比例大概是 100：10。

我们现在要求，你科研人员，如果愿意做产业化的，就一心一意去做产业化，别两头跨，就是我这里国家好处拿着，又希望产业化，能够拿点小钱补充自己。这样做不好，你只有一心一意去做，你这个产品才有可能被市场接受。

所以我们现在一般采取和地方和企业合作的办法，也建立一些工程中心，在江浙一带，它们将我们所的技术在当地转化成产品。所以我们以前有一句开玩笑的话说，产业转化的好坏和离研究所的距离成反比。在研究所，大家瞄的都是国家重大任务，因为这一块做成以后，无论待遇、激励都比较高。那么你在这里，今天想搞产品开发，明天国家项目挺吸引人的（你又想搞国家项目），这样你这个产品也做不好。做产品开发一定要到一线去，在市场里去做。我们现在大概有四五个和地方合办的工程中心，这些中心在逐步地产生产品。

研究所的管理压力很大

澎湃新闻：现在研究所负责人看起来也像企业管理者一样。

王建宇：像我们这样的研究所，企业的成分是越来越多的，当然产品还是有点不一样。我们中科院对各个研究所、领导班子有要求，没有说都是国家给你任务，你也得有自己的发展规划。最典型的是我们现在做的"率先行动"计划，就是说，每一个研究所要对自己进行定位，到底是做基础研究，还是做应用研究。

我们这里有一个卓越创新中心（中国科学院脑科学与智能技术卓越创新中心——编注），就是要做国际一流的基础研究。像我们所，选择的是做创新研究，目标就是解决国家重大问题，做产品，做技术。具体怎么做，要研究所自己做规划，自己考虑。

进一步，我们有一个135规划，就是每一个研究所要有一个定位，三五个几年内能看到的突破，还要有五个甚至更多一点的突破你需要去培育。这样一来，每个研究所一定是有短中长期的规划。有了这个规划，做得好的研究所，就做得比较健康。

我曾开玩笑说，现在要考核你的基础研究，要考核你的应用研究、重大工程、国家任务完成没完成，还要考核你的产业化转化，所长要全能型的，从基础研究到应用研究到产业化转化都要懂。这确实对我们研究所的管理压力很大。

要有适度竞争

澎湃新闻：企业的竞争比较厉害，研究所之间的竞争情况如何？

王建宇：一个地方没有竞争就没有进步。反过来，竞争过度了，也会走向反面。就是要适度。

我们院里也一样的，最早的时候，每年要填表评估，后来大家都有意见，说太频繁了。比如一个研究所，它原来发展得比较慢一点，评估数据不是太好；然后换了新班子，过几年，发展得很好，很努力，自己也感觉很好，但是被采的数据有滞后，结果把它评估在很后面，它的积极性就没有了。这么一来，不评行不行？不评也不行，大家没压力。国家给了钱，没有回报肯定也是不行的。所以，现在是适当延长评估的周期，尽量减少科技人员的压力，但评估还是要的，现在基本上是三五年评估一次。

大家也认识到，现在不同的研究所有不同的管法，像我们技术物理研究所这样的以应用型为主、工程比较多的研究所，可能就要引入更多企业化的管理体制或者机制。这个不是你喜欢不喜欢，而是内因和外因结合，迫使你往这个方向去，不然就做不好。

澎湃新闻记者　柴宗盛

好的工作，短期考核都出不来
——专访合肥微尺度物质科学国家实验室常务副主任　罗毅

　　2000 年至 2003 年，科技部陆续批准了 6 个国家实验室的试点。国家实验室试点已经过去十多个年头，但仍然处于筹备状态。显然中国还缺少设立美国橡树林国家实验室那样的条件。如何组建国家实验室，很大程度要看目前筹建的国家实验室的发展现状，它们取得的成就和遇到的问题，决定着未来国家实验室的具体形态。

合肥微尺度物质科学国家实验室常务副主任　罗毅

　　中国科学技术大学合肥微尺度物质科学国家实验室（筹）成立于 2003 年，负责人罗毅长期游学海外，近年归国加入中国科技大学，并负责合肥微尺度物质科学国家实验室。在罗毅看来，民主科学的管理是科研机构能否出成果的必要条件，与海外科研机构相比，中科大及其体系下的这所国家实验室的管理作风也是民主的。

　　微尺度物质科学国家实验室（筹）就是其中之一。十多年过去，这个国家实验室探索出了什么经验？取得了什么成果？2015 年底，《中国实验室》专访了合肥微尺度物质科学国家实验室常务副主任罗毅教授。

国家实验室要解决方向性的重大问题

澎湃新闻：微尺度物质科学国家实验室现在的运行架构是怎样的？

罗毅：微尺度国家实验室是 2003 年 11 月由科技部批准筹建的，实验室整体来讲归科技部领导，在行政和管理上依托中科大。我们是按照学校的管理方式来管理的。管理团队有党委书记加上三个副主任，实验室的操作是在理事会领导下的主任负责制。管理队伍比较小，12 个人，研究人员 253 人。

中科大引入了一个非常好的机制叫双聘，我们把各个院系和我们这个研究方向相关的优秀人才，都吸纳到国家实验室里来。固定的是不多的。在国家实验室下面，我们设立了七个研究部，还有一个公共技术部作为总支撑。七个研究部有原子、分子科学、纳米材料和化学、低维物理和化学、量子物理和量子信息、生物大分子结构和功能。支撑平台主要是我们的测试平台。每个部里面，实行课题组负责制，一个课题组有一个领头的人，负责整个自己的研究方向。

理事会成员，一个是各个参与单位的领导，还有一些著名科学家。他们就是把关。我们有一个方案上去之后，钱可不可以用、怎么用，他们负责大的指导性方向。对我们来讲，我们还希望理事会能够成为一个给我们筹资集钱的重要组织。

实际上，我们还有一个国际咨询委员会，就是由海外知名的科学家组成的委员会。有些科学的方向、发展问题，有时候会咨询一下他们的意见。比如刚开始的时候，咨询委员会开会比较多，我们要决定做什么，就会去跟他们讨论，确定了之后，我们就沿着这个路往下走了。所以，后面咨询委员会做的会相对比较少一点。在每一个关键点的时候，我们都会咨询海外科学家，在不同的场合用不同的方式把这些意见汇集起来，作为我们进行科学决策的一个组织。

中科大的传统，是民主办学，具体的事务、规章制度各方面，都由教授组成管理委员会负责管理。

澎湃新闻：国家实验室与国家重点实验室有什么区别？

罗毅：首先，国家重点实验室是在某一个学科的某一个方向，就是对某一个具体领域，进行攻关。国家实验室是满足国家战略需求，协同创新，要做大事。我们有时开玩笑说，国家重点实验室是中国科学发展的尖刀连，主攻一个方向；国家实验室是集团军，解决的是方向性的重大问题，要害在源头创新，是从源头创新、技术发展到产业转换的全链条大平台。

与国外的国家实验室可比性非常小

澎湃新闻：人员架构和规模现在区别不是很大是吧？

罗毅：现在来讲，我们的区别不是特别大，现在有些国家重点实验室还是很大，估计人员是两三百人，我们固定是 200 多人，流动 400 多人，包括学生。跟美国国家实验室比，相对就小一点。

澎湃新闻：与国外的国家实验室相比，如何？

罗毅：跟国外的国家实验室可比性非常小，原因是我们处于不同的历史阶段。你也知道我们的名字上面有一个"筹"字，筹的意思就是在摸索一条适合中国的国家实验室发展之路。

为什么筹了这么多年？ 2003 年我们建立的时候，那时的国家经济发展水平和科技发展水平，与现是完全不可同日而语的。在那个年代提出这样一个想法，是非常有前瞻性的，按照当时的实际情况，不可能一下子就建成像美国那么大的国家实验室。经过这十几年的发展，至少从我们这个实验室来看，我们是摸索出了一条在中国建立一个国家实验室应该怎么做、能做成什么样的模式。"筹"去掉之后，国家的战略规划希望做成什么样，也是与国家实验室现在的发展水平相适应而摸索出来的更适合中国的方法。

其他国家的国家实验室，既然是国家需求，给的经费资源就是固定的，就是国家每年都给你的。我们有一个比较大的问题，就是我们的资源是竞争性的资源，我们每一个教授、每一个团队得来的钱，都是参加全国竞争才得到的。竞争的时候，大家知道，就有一个短期和长期的问题。有时候你要先把钱拿到，要做一些跟你主体不一定完全相关的事情，来先维持整个团队的生存发展。这一点，在国家实验室的"筹"去掉之后，是必须首先解决的问题。

第二个问题，就是国家实验室人员的配置必须平衡。我们现在在大学里、研究所里，很大的一个问题就是技术支撑和工程人员的位子没有了，由于编制限制什么的。对这批人，支持他们的发展很重要。比如我们做一个仪器，必须先要加工、测试，找人讨论，但现在人越来越少。再比如，我们需要很多计算机软件设计人员，那你现在要留下一个软件非常好的人非常难，因为外面的待遇非常好，在这还不一定稳定，有技术的人市场需求很大。

比较宽松的民主管理是非常重要的

澎湃新闻：国家实验室建设过程中也摸索到了一些宝贵经验，能讲一下吗？

罗毅：比较宽松的民主管理是非常重要的。你一个实验室要有活力的话，总要有一个进出的机制，做得好的就继续做下去，做不好的能让他退下去。按现在我们国家的体制，退出机制是非常困难的，所以我们挂靠在科大。双聘制度是一个非常好的机制，它有一个自动的不是那么激烈的变动：能够利用得了国家实验平台的，你进来用，用不了了，你就退出去，原来干啥就干啥。

我们不是法人单位，其实有很多的好处。我们挂靠在最大的法人单位上，它让你发展得非常平和。一开始国家实验室建立的时候，我们是全学科覆盖的交叉中心，经过这么多年的发展之后，我们就找到了一些聚焦点，量子是我们的一个聚焦点。聚焦之后，做得越来越大，做得越来越好，产生了世界上影响非常大的成果。这种有耐心、管理方式上不要给出限制、给出一些短期目标的管理，对实验室的发展是很重要的。

澎湃新闻：行政淡化这块具体是指什么？

罗毅：中科大有一句话，叫学术优先。有时我们开玩笑说，谁学术做得好，在中科大是最牛的，那是可以横着走的。我们实验室也是学术优先。在经费投放、资源投放上完全是按照学术，我们都是高水平的科学家，对学术是有一个把握的。下棋的人也知道，不是靠你自己说下得有多好（你就有多好），下几步就知道你的水平在哪种程度上，能不能做成你想做的事情。有科学判断力保证，就不需要通过行政的办法来做，很多事情都是公认的。

比如潘建伟，他在德国已经做了很好的工作，回来之后，他的想法、决定，大家一听就激动人心的，那么学校就会在里面投资非常多。每一行大家都知道，大家都是在各个行当里面的，你们自己行当里谁好谁坏，不是靠领导说的，大家有个公认。这是去行政化最好的东西，你要相信自己的良心，自己的学术判断。（潘建伟是中国科学院院士、中国科学技术大学常务副校长。——编注）

你有想法，你也来。我们的钱就这么一点，你只要胆子大，你敢保证，那就给你。那怎么办呢，总得相信你。你说讨论，也没什么好讨论的，因为有一个共识在。我觉得很多事情是一个共识。

国家实验室就是给人才提供发展的沃土

澎湃新闻：这些年取得了哪些成果？

罗毅：从大的数据上看，2013 年和 2015 年我们获得了两项国家自然科学一等奖，2000 年到现在，国家一共颁发了 8 个一等奖，中科大有两项。2013 年的一项一等奖是和中科院物理研究所共同得的，2015 年是潘建伟团队获得的。另外有一个"中国科学十大进展"，我们建实验室以来，除了一年之外，我们的成果都入选了年度十大进展。

从 2004 年到 2015 年，共发表了 6000 多篇论文，平均引用次数超过世界平均水平。在顶级期刊《自然》（*Nature*）发了 15 篇，《科学》（*Science*）发表了 3 篇，《自然》的子刊发了 88 篇。

科学研究有一件事情大家感兴趣，就是所谓极限问题，我们的能力到底能到哪？至少在单分子水平成像上，我们告诉世界这个极限是能够实现的，已被实现了。

我们国家实验室，想做的一件事情、能做的一件事情、已做的一件事情，就是给人才提供发展的沃土。就是说，我们这个土壤很好，希望你在我这儿种下来就能长起来。我们就是尽量地把这个土壤弄好。一个办法就是把这个支撑体系搞好，就是你做一件事情，我专门有人在支撑部门帮你测，这种测试平台、技术平台的投资是非常大的，学校投资 3.6 亿建了非常大的技术平台，有人帮你做辅助测量什么的，或者你想做的，不需要你自己的实验室买，有共同平台。

好的工作，短期考核都出不来

澎湃新闻：科研考核能讲一下吗？

罗毅：科学家如果是做科学的话，一个好的科学家，他唯一的驱动力就是兴趣。你做科学，如果从功利的角度来讲，是非常没有意思的事情。因为你花很多时间也不一定能做出什么，也就是说，目标性是非常差的。科学研究完全是兴趣驱使的事情，当然完全靠兴趣也没用，还要能力，能力很强，又有兴趣才行。

从原理上讲，科学研究能做得好的人，也都是很聪明的人，放到别的领域也能做得很好。为什么选择科学研究呢，那就是兴趣。兴趣实际上是没有什么好奖励的，你没办法奖励这个兴趣，就像小孩玩游戏一样的，你不奖励他，他也天天呆在那儿玩。因为它本身就是个奖励机制。你做成了，就打败了世界上和你同样在做这件事的人，这种成就感足够驱动你去做你想做的事情。唯一的难度是，你有这个兴趣，有这个能力，可能缺一定的手段来做它。那么作为国家实验室或一个单位、一个机构，在这个方面便助力他，帮助他，提供他所需要的环境，这个是最重要的。

为什么说我们国家实验室需要有一个稳定的支持？你相信他能够做得出来，他的薪酬就定死算了，大家以后也别去根据他的两三年至少五年之内的表现怎么样啊来调整薪酬。这个我们也是有个成功例子的。

比如董振超教授，2004 年到中科大来的时候，要做单分子成像，我们大家知道这非常难，但非常激动人心。他来的时候在日本做的别的实验，有这种苗头，是可能发展出去，做得出来的。他做到 2010 年的时候才做出第一篇，就爆发了，六年时间。实际上实验室没有对他进行任何考核，而且要求的仪器设备，尽量满足。设备、人的支持都是需要很大的。但是我们相信他这个人是有能力的。当然也不是完全靠我们瞎相信，他表现出来的就知道，出手就不一样。养六年的时间，他就做出来了。2010 年第一篇在《自然光子学》杂志发表，2013 年出了拉曼成像，成了世界上标志性的工作，得到了很多反响。最近还有更好的工作正在出现。（董振超是中国科学技术大学合肥微尺度物质科学国家实验室原子分子科学部主任。——编注）

陈仙辉教授一直做的是超导，2008 年一下子出来之后，很快成为了最好的。实验室对他也没有任何考评，这是他的兴趣，他想做就做。别人是没法判断的。假设我是实验室主任，好像我有一定的决定权力，告诉大家说你不能做这个事情。但我不懂这个事情，凭什么说他不能做？（陈仙辉是中国科学技术大学物理学院教授。——编注）

还有杜江峰，他和陈仙辉都成了中科院院士。杜江峰开始做的时候，也是谁也不知道能不能做出来。但能力在，学校也投资了几百万元，做着做着就做出来了。这些投资是很小的投资，你只要投资几百万元进去，他做成了，他的成就就可以吸引很多的钱，竞争性的国家经费就会倾斜，国家就会投资很多钱。因为他做得最好啊，国家总会给很多支持。（杜江峰是中国科学技术大学物理学院教授。——编注）

按照世界标准，风投的成功率是 10%，科学投资比风投的风险是低很多的。我们基本上不叫风投，我们看准了才投的，因为这个人的素质和目标是明确的，我们知道那件事情在科学原理上能不能实现。商业是没有科学原理来判断那件事情行不行的，我们是有科学原理的，我知道他能不能达到那一步。还有技术路径，我们也是知道现在的水平能不能做到这点，但是谁能做，这是一个判断。他以前显示了他的能力，你知道他能做，所以这个风险是非常非常小。按 10% 的话，在科学投资上是巨大的失败，作为实验室来讲，我 90% 都是失败的话，那实验室就彻底垮了。

你别短期考核，短期考核考不出来的。好的工作，短期考核都出不来。对我们中科大来说，发表文章，我们一点兴趣都没有。在我们的实验室里面，有人跟我说我要发几篇文章，我一点兴趣也没有。我们感兴趣的是，你能做出别人都做不出来的东西。

我们是学术优先

澎湃新闻：科研人员待遇怎么看？

罗毅：国家在科学上的投资发展很快，待遇是有一定的提高，特别是，做得好的科学家的收入待遇是提高得比较快的，这也是海外回来这么多人的基本要素。

主要是来源问题，就是怎么样能够保证你的收入是稳定的，这点上是有比较大的问题。因为我们工资是有竞争性的，很多是看绩效的。看绩效就有问题，绩效是有一个数字标准的，我们不能说你是潜力股，现在没做出来，我们也把工资提高。即使做得好的人，压力也比较大，也需要不停来申请竞争性的经费，来满足绩效要求。希望以后国家在稳定支持这件事上能够想想办法。我们国家就是靠这些科学家，我们要相信他们，做得好是他们，做得不好也是他们，你只能相信。

第二点，大家已经做得非常好了，那就更要相信他们了。我感觉我们的文化里面批评的成分太多，大家老是批评自己，其实我们这个国家的科学研究成就是世界公认的。你如果看英文的杂志，你就觉得中国的科学真是非常非常的好，你要看中文的报道，就一塌糊涂。我们觉得是一个非常非常奇怪的现象。为什么会出现这样的情况呢，媒体把很多很差的所谓做科研的人，当成了科学家，当成了中国科学的代表，然后用他来批判那些做得非常好的人。这是一个定义问题：什么人是科学家。你不能做一下研究，或自认为做研究的人就是科学家，在代表中国做科研。代表中国做科研的应该是有国际声誉的。

澎湃新闻：对本土有潜力的研发人员支持多吗？

罗毅：陈仙辉、杜江峰两位新院士都是本土培养的，谢毅（女院士）也是本土的，还有侯建国、杨金龙，他俩也是本土成长起来的。所以，中国科学的主要力量，至少在我们科大来讲，是我们本土培养的人。（谢毅是中国科学院院士、中国科技大学化学与材料科学学院教授；侯建国于 2009 年 9 月至 2015 年 1 月间担任中国科技大学校长，目前任科技部副部长；杨金龙是中国科技大学化

学与材料科学学院教授。——编注）

当然，是我们中科大的培养能力高。别的学校没有出那么多人才，你不能怪，是你自己学校的培养能力或你单位的培养能力的问题，而不是体制机制上有天生的弊端，弊端影响的肯定是你操作层面的问题。我们中科大就没有这个问题，为什么呢？我们是学术优先。

澎湃新闻：实验室的管理者需要有什么特点？

罗毅：你得有品位，你自身品位低的话，那大家都低，因为你控制着大家所有的东西。特别是在中国，你还控制着大家的收入，那大家就没办法。虽然不为五斗米折腰，但五斗米都没有的话，估计那腰也直不起来。

澎湃新闻记者　柴宗盛

别让年轻的科研人员因收入低而放弃梦想
——专访施普林格·自然集团大中华区总裁　刘珺

一国之科研底色如何，《自然》这样的权威期刊有发言权，它们不仅知道中国科学家们获得什么样的成就，更重要的是它们也清楚科学家们遇到什么问题。

施普林格·自然集团大中华区总裁　刘珺

刘珺是施普林格·自然集团大中华区总裁。2015 年 11 月。自然出版集团依据对 1700 多名中国一线科研人员进行的问卷调查和当面访谈，发布《转型中的中国科研》白皮书，这份白皮书被认为是对处在关键发展期的中国科研进行"把脉"。2016 年初，就中国科研一些热点问题，《中国实验室》专访了刘珺。

人才的多样化应成为中国持续长久的策略

澎湃新闻：自然出版集团 2015 年 11 月发布的《转型中的中国科研》白皮书访问了 1700 多名中国一线科研人员。为什么会做这样一个调查？

刘珺：2015 年，随着中国经济的转型，我们也意识到中国的科研也在转型。在我们的中国读者群中，有成千科研工作者在我们的期刊上发表文章，我们觉得，这个群体会在科研的实施以及传播方面提出一些比较好的建议，这样能有助于中国科研在未来 20 年的转型过程中取得成功。向中国的政策制定者，大专院校、科研工作者提供政策方面的推荐和研究，是我们做这个白皮书的初衷。

澎湃新闻：白皮书中提到，虽然中国具有世界上最多的博士生和科技人员，但许多科学家却苦于缺乏博士后研究人员和实验室技术员。你怎么看中国的这个矛盾？如何解决？

刘珺：博士后和实验室技术人员这个观点，其实我们当时也比较吃惊。有70%的受访者觉得这是一个比较大的挑战。我们知道在欧美一些国家，博士后其实是过剩的，其中有很多是中国赴欧美国家做博士后的博士生。所以，我们当时在白皮书中提出，在编制方面应该有更大的灵活性和机动性。这样能够让中国的实验室在人才的结构上有更合理的支持，也可以帮助中国在科研资助上得到更好的回报率。

澎湃新闻：中国正在做的一种办法是从国外引进人才，这是长久之计吗？

刘珺：关于人才引进的这个问题，其实可以从纵向或者横向来看。比方说美国在20世纪初的时候，从欧洲引进了大量的科研人才，我们可以说爱因斯坦其实是美国从欧洲引进的一位科研人才。在20世纪，比方说七八十年代的时候，日本也是从欧美国家引进了大量的科研人才。到现在，中国香港、新加坡也是在这么做。所以我并不觉得中国特别依赖于从国外引进人才，而且中国现在是世界第二科技大国，整个体系的产量非常大。我觉得人才的多样化，应该成为一个持续长久的策略。人才要有引进，也有本土培养，然后最重要的一点是，鼓励这些大专院进行跨国界方面的研究。

改善科研人员生活方面的软环境非常重要

澎湃新闻：诸如"千人计划"等吸引海归人才的措施，虽然吸引了很多人才，但这些人回来后，发现中国的科研环境没有像他们在国外时的那样适合做研究。这会不会造成人才的浪费？

刘珺：我觉得这些人才，不管是海归还是我们引进的一些外籍人才，从一个科研环境搬到另一个科研环境，从一个国家到另一个国家，碰到一些挑战和不习惯，这是不可避免的。这也是我们做这个白皮书的另外一个原因。我们当时在选题的时候觉得，在整个科研环境中，对科研的资助、科研文化的实施以及科研成果最后的传播，包括最后的论文写作、与社会大众的交流，可能是科研环境改良过程中最重要的一些环节。我们觉得，如果在这三个方面得到很大进展，那对引进的人才和本土的人才都会有一个很大的提升作用。

所以我并不觉得这是人才的浪费，而是说在政策的制定上，（国家应当考虑）怎样进行循序渐进的改进和改良，让科研人员能在这个环境中释放他们的创造力，让他们更大的科研热情得以激发，把他们的科研成果更好地转换成经济发展的动力，包括解决一些比较大的社会问题和人类所面临的难题。

其次，我觉得也可能是软环境的问题，一个是科研环境，另一个是生活环境。我们觉得这也是一个挺重要的话题，但平时可能谈得比较少。

比方说我们与上海市政府、上海科委最近有很多讨论和合作。在把上海建设成为具有国际影响力的科技创新中心这么一个很大、很宏伟的目标中，我觉得上海市政府做得非常好、非常有想法的一个地方是，把上海塑造成了一个像旧金山、波士顿或者其他国际性科研创新中心那样的核心城市。

科研工作者也是人，所以除了在科研工作方面对他们提供支持以外，在生活条件方面，比如在对科研人员子女的教育、医疗方面，整个城市的软环境也是非常重要的。科研人员有自己的家庭，所以在考虑要不要来上海或者来中国做科研的时候，他们的考虑是多方位的。我觉得这方面的环境改善其实也是非常重要的。

要让科研人员觉得从事科研会有非常好的职业前途

澎湃新闻：中国目前给顶尖海外归国科研人员很高的经费、待遇支持，但对一般科研人员则没有什么支持措施，您怎么评价这种做法？

刘珺：中国是一个很大的国家，所以在科研发展非常快、科研人员队伍增长量非常大的情况下，资源分配就变成了一个最重要的问题，就是怎么让资源分配更合理，怎么让投资的回报率更高。我们就是在这么一个大话题下不断地进行调查和探索。一个比较大的任务，也是施普林格·自然集团在中国比较关心的一个问题是，怎样让更多不光是科研人员，也包括在小学、中学、大学学习的后备军在内的人士，觉得从事科研有非常好的职业前途。如果他们有这个梦想的话，那不应该让他们觉得，如果以后要把科研作为一个事业，可能在收入上和生活上要做出很大的牺牲。我们觉得这是比较让人担心的地方。

当然其实在国外，如果在美国或者欧洲的话，很多人立志做一个科学家，最大的初衷都不是要去发财，而是因为他们对科学有恒久的好奇心，要去探索一些未知的东西。但是他们的尊严和生活水平可以得到基本的保障。

我最近去北京参加了一个未来科学论坛，这个论坛上成立了一个中国的"未来科学大奖"。我觉得这是一个很好的举措，就是除了国家、政府在不断地支持以外，我们也看到很多企业家、金融界人士、文艺界人士，越来越关心科学，大家一起来讨论我们怎么让科学成为一个更主流的话题。我们也是觉得，科学好像还是一个象牙塔，一个非常高深的话题，大家觉得科学很伟大，很崇高，但是不知道科学是做什么的，或者我们为什么在科学上投了那么多的钱，成果到底是什么？

我觉得我们有很多工作可以做，比如把这些讨论或者是跨界的对话做得更好。

科普人才培养也很重要

澎湃新闻：中国的科研人员与公众的沟通交流并不多，中美科学家和公众沟通的氛围差别大吗？

刘珺：我觉得有很多不一样的地方，这也是我们在白皮书里讨论到的。我们觉得，科学传播分为狭义和广义两种。狭义的科学传播就是写论文，得到发表，这样你可以用你的科学成果激发其他科学家同事做研究时产生一些灵感。广义的科学传播是指与社会大众比方说企业家、金融家、政策制定者、政府官员的沟通，如果他们能非常投入地参与到科研传播中去，其实对科学家和整个社会也非常有帮助。

比方说在美国，我们公司旗下有另外一本旗舰型刊物叫《科学美国人》。《科学美国人》可能是全球连续出版历史最久的一本科普杂志，有160多年历史。

它从一开始出版，就定位在科普，所以我们就觉得，可能是在欧美国家，经过一百多年的发展以后，科普已经是一个非常成熟的体系。这里面有杂志，有媒体的平台，也有科普工作者，包括记者、科普写作人员，他们有这方面的素养和经验，既可以和科学家等专业人士对话，又能够用通俗易懂的语言写文章给不是科学家的受众去看。

我们觉得科普不是一两天、一两年内就能够发展起来的。我们也了解到，这两年虽然中国在科普方面也有很多的成绩和进步，但科学家还是觉得他们在科普方面，第一，花的时间不多；第二，与大众和一些媒体的交流有障碍。因为他们觉得没有很多非常有科学素养，但又有大众媒体经验的记者或是作者，可以把他们要讲的一些事情用非常贴切和精准的语言讲给大众。所以我们觉得，在这方面，人才培养也是非常重要的。因为科普需要科学家来做，但也需要媒体来做，需要社会大众一起投入进来。

让年轻人才在国内获得适当资助

澎湃新闻：中国的研究经费有很大一部分是花在购买科研设备上，花在科研人员身上相对较少。您怎么看？

刘珺：这个问题跟我们之前说的现在中国很多实验室还是普遍缺乏博士后和技术人员有关系。我们觉得，现在对科学家的资助，就像你刚才说的，在购买硬件方面可能比较宽松，就是鼓励大家买最好的硬件和设备去做项目。但最终来说，科研是要靠人的，靠人的灵感、人对科学的实施和实验数据的分析，最后把论文写出来。所以我们觉得，资助条件的灵活度，包括编制的灵活度，其实是非常重要的。

第二个方面也是我们刚才说到的，如果中国的科研人员是非常好的博士生，他觉得一定要先去国外镀金做博士后，未来才可以在中国找到一个研究员的工作或者是副教授的工作，那我们觉得，中国可能白白浪费或损失了一些非常好的人才。所以我觉得，一方面要鼓励人才的多样化，但另一方面，我们要让有志于在中国做博士后的非常好的人才，在国内获得适当的资助和条件。

经济转型一定要和科研紧密结合

澎湃新闻：白皮书提到中国的科研和中国的经济都在经历一个转型，那么经济转型和科研环境之间是一个怎样的关系？

刘珺：我觉得是非常密切相关的关系。客观来讲，中国从改革开放以后，发展到现在已经变成世界第二大经济实体，所以才会有这么大的实力投资在科研上。中国现在整个研发投资也是居全世界第二位。我记得我在念大学的时候，我们学校的教授基本上是不做科研的，他们是以教学为主。所以我们觉得，经济发展使中国有能力把很多资源、资金投资到研发上。

现在我们的经济已进入一个新常态，还是想到改革开放初期邓小平讲的一句话，科学技术是第一生产力。就是说，中国经济从过去二三十年以两位数连续增长，到今天向新常态过渡，科研变成了最为重要的一个动力。

在科研方面，我们觉得重点在于，一个是科研的创新，另外一个就是科技成果的转换，就是说，科研成果怎么直接去驱动经济增长，怎么去用科研成果解决社会的大问题。比如说公众现在都比较关心的环境污染问题、新能源开发问题、食品的供应和安全问题，包括城市化建设过程中涌现的问题，都要靠科研和创新来找到解决方案。

接下来二十年，中国经济的转型必定是很痛苦的，但中国经济的转型一定要和科研紧密结合起来。我们同时非常有信心，因为如果中国是在这个点上，也就是进入新常态以后，再来谈对科学研究的重视的话，就太晚了。中国政府是在中国经济仍处于高速增长的二十年前的时候就把科研放到了最重要、有战略意义的高度，这是非常有远见的。我们希望在今后的二十年中，科研可以在中国经济的转型过程中，发挥更大的作用。

创新不一定是前无古人后无来者的

澎湃新闻：您怎么理解创新？

刘珺：我觉得不同的人有不同的理解。有的人觉得别人没有想到、前无古人后无来者，就是一个非常大的、非常有震撼力的创新。也有人觉得创新是不断发展的一个过程，就是所谓渐进式的创新，在原有基础上不断改良，不断往前推进，到了一定阶段以后，会有一个从量变到质变的过程。我觉得这两方面其实都非常重要。

创新从原动力来讲有不同种类，比如说如果我们现在发现一些新药，这是一种创新。还有一种创新是工程类应用方面的，比如中国的高铁。第三个方面是在消费领域的创新，比如中国在电商、社交媒体方面的创新。

所以我们不应该认为创新一定是前无古人后无来者的。我觉得，如果一个社会要前行的话，一定要对这几种创新持包容和支持的态度，才会有一个相辅相成的局面。

澎湃新闻记者　张茹

过去四十多年，我一直在找电子的半径
——专访诺贝尔物理学奖得主、著名华裔物理学家　丁肇中

丁肇中是祖籍山东日照的美籍华人，迄今奋斗在科研一线，他是华人科学家的标杆。他为《中国实验室》讲述了自我奋斗，提携晚辈后进，到迄今未曾犯过错的科研生涯。我们不需这种泰山北斗式的大家给出具象的指点，譬如我们该做什么，什么做得不够好。只要能近身聆听这个传奇就足够了。

诺贝尔物理学奖得主、著名华裔物理学家　丁肇中

AMS团队有很多来自中国的科研人员，在丁肇中看来，东方的学生过于注重物理理论，轻视实验。很多成绩好的东方学生都喜欢学理论，学量子理论。他觉得这个不是最重要的，因为他也学过很多。对他来说，最重要的是物理实验。再好的理论，没有实验的证明，都没用。

我现在的实验是要了解宇宙的起源

澎湃新闻：丁教授，我们能先谈谈您当前所做的AMS研究吗？您正在寻找什么，如何选择您的研究小组呢？

丁肇中：我现在的实验是要了解宇宙的起源。有几个很简单的问题。

第一个问题，假设宇宙起源与大爆炸。大爆炸之前，没有任何东西。所以，

大爆炸的时候，有正的也有负的，要不然不会加起来，没有任何东西。所以，在最开始的时候，有物质，也有同样的反物质。现在宇宙已经 140 多亿年了，有你，有我，有上海。可是，由反物质组成的宇宙到哪儿去了？这是第一个我们要找的问题。

第二个问题是，你看任何银河系统，它只有一个轨道，向心力和离心力平衡就会有一个轨道，要不然不会有一个轨道。这是什么意思呢？从这个轨道的速度，你可以算出来向心力和离心力是多大。向心力是因银河系统的质量和宇宙总质量互相吸引而来的，从这儿你就可以看出宇宙的总质量是多少。宇宙的总质量比我们看得见的总质量大十倍，换一句话说，90% 的宇宙是看不见的。看不见，暗物质。

问题是，暗物质到底是什么东西？是怎么来的？（要解决）这两个问题，最简单的办法是，把一个精确的、用在加速器上的仪器，把它尽量缩小，缩小到能放在一个航天飞机上，载到国际空间站，因为在地面上没办法测量。反物质和物质一相碰以后，就湮灭了，所以要送到太空。这就是我做这个实验的两个目标。第三个目标是，宇宙线是怎么来的？宇宙线最基本的性能是什么？

参加过 AMS 项目工作的有 600 多位科学家，来自德国、意大利、瑞士、法国、美国、中国（包括中国台湾）、韩国等地，此外，还有来自墨西哥的，最近刚加进来的有土耳其和巴西的科学家。

我的团队所有人都要集中精力做事

澎湃新闻：您如何选择团队成员？

丁肇中：跟我工作的人，绝大多数以前跟我工作过。就是说，我唯一的要求是，参加工作的人要把这个实验认为是最重要的事情，不参加别的实验。几乎所有的人都要集中精力做这个实验，就是把加速器上的仪器放到太空。所有这些，从来没有人做过，所以一定要集中精力做这件事情。

澎湃新闻：对您而言，人生中最重要的事情就是物理学研究？

丁肇中：做这种别人觉得不可能的事情，别人认为很困难的事情，从事大量国际合作的事情，至少对我来说，一定要认为自己能力上是有限的，要成功做这种事情，要把所有的经历放在这个实验上。其他的事情都是次要的。在我认为，假设你没有这种决心的话，你最好不要做这种工作。

澎湃新闻：除了您刚刚提到的，每天都在做的基础研究之外，是不是还需要创新思维和毅力？

丁肇中：做实验物理的物理学家，第一，你要了解理论，认为会动手的人都能做实验，这个概念是完全错误的，你一定要了解物理发展的趋向。最重要的是你自己应该挑题目。有两种实验物理学家，一种是跟着理论走，第二种是自己找理论，了解物理是怎么一回事。

澎湃新闻：如果您面试一位科学家，您会问怎样的问题？

丁肇中：有科学家来找我，通常我会跟他们谈话，因为这是年轻的科学家，都是他们问我问题。因为我问他们问题，永远可以把他们问倒，但是他们问我问题，我可以从他问什么样的问题，了解他们的思想是什么样的。

我给你一个很简单的例子。大概二十年前，我在实验室做实验，突然来了一个个子很高的人，穿得很破烂，挡住我说："丁教授，我可以跟您谈一谈话吗？"我说"好"，我们就在咖啡厅坐下来了。坐下来他就说："我才从波兰逃出来，我没有任何证件，我是学物理的，我愿意做你的学生，希望你能把我派到MIT（麻省理工学院）当你的学生。不过，我什么证件都没有。"我说"好，那我们到我办公室去。"

那个时候大概是礼拜六下午，很晚，已经六七点钟了。到我办公室，我就请他坐下来，我说"你问我问题"，然后我们就谈了三个钟头。三个钟头以后，我就决定，虽然他没有任何文凭，没有任何成绩单，也没有毕业证书，我还是写了封信给MIT说我收这个学生。虽然他是不合法的，但我收这个学生。现在他是MIT的正教授，前几天才认命为MIT核能所的所长。

所以说，从别人问你的问题里，你可以了解到他的思想。因为，对物理学家来说，找题目是最重要的事情。

澎湃新闻：此前，我们采访欧洲核子研究中心（CERN）的负责人时，他说

LHC（大型强子对撞机）项目的长度超过了任何物理学家事业的长度。出于这个原因，他们努力招募年轻科学家，因为他们想延长项目的生命。这个问题也是您的研究中要考虑的因素吗？

丁肇中：我找科学家，最主要是他对项目有兴趣，至于任何其他的事情，我不考虑。就是这个人，有没有能力，有没有创造力，有没有敢做他人不敢做的事情，能想出他人想不到的事情。其他方面的事情是一个管理者要考虑的，一个专门做物理的人是不考虑的。

用实验证明理论，没有什么意义

澎湃新闻：在您的职业生涯中，您最自豪的是哪个角色，是物理学家吗？

丁肇中：我所有的实验中有五六个比较重要。每一个实验都有两个特点：很多学理论的人都说这个实验是没用的，没有意义的；学实验的人呢，认为这么困难的实验没有人能做出来。

为什么有这么多人跟我一起合作？因为每一个实验的结果都对物理学有贡献。因为对物理学有贡献，所以世界上很多国家的政府鼓励它们的物理学家长期跟我合作。合作和援助是两回事情，合作对双方都有利益。那些物理学家愿意跟我合作，他们的政府愿意支持他们跟我合作，因为我们每一个实验都有很重要的贡献。

我从来没有做过错误的实验。你要是经常做错误的实验，没有意义的实验，物理学家能推测出来的实验，那就没有意义了。

澎湃新闻：作为一名科学家，什么是对您更大的回报？发现结果和理论匹配，还是发现结果和理论不匹配？

丁肇中：对我来说，证明理论是没有什么意义的，当实验推翻了理论以后，你才可以有新的理论，一步一步向前走。理论是不可能推翻实验的，如果实验结果和理论不符合，那一定是理论错误了。

澎湃新闻：您正在做的 AMS 实验发现了什么？

丁肇中：到现在（2015 年 8 月）为止，这个 AMS 实验已经做了四年，总共收到 680 亿个宇宙线，可以精确地测量这个宇宙线现象。680 亿，大大多于过去 100 年里面全球收集过的总和。现在我们所测量的每一个结果，都和以前 100 年测量过的不一样，已经开始改变人类对宇宙线的了解。

澎湃新闻：20 世纪 70 年代获得诺贝尔奖的时候，您在获奖感言中说"发展中国家经常过于强调理论科学，不太重视实验"，今天您还是这个看法吗？

丁肇中：我在 1976 年拿诺贝尔物理学奖的时候，在我之前有杨振宁先生和李政道先生拿了诺贝尔奖，我是第三个拿诺贝尔奖的华裔血统的人。但我发现，诺贝尔奖除了中文，每种文字都有，所以我就决定用中文演讲。

后来我就想着挑什么题目，我注意到，比方说"四书五经"或者《康熙字典》上，讲的绝大多数是人与人的关系。没有人，或者很少有人讲人与大自然的关系。我就想，这是怎么一回事？我注意到，很多成绩好的东方学生喜欢学理论，学量子理论，我觉得这个对我来说不是最重要的。我也学过很多。对我来说，最重要的是物理实验。因为，再好的理论，没有实验的证明，都没用。同时，学实验的人一定要了解物理的理论。不过，不能信任理论物理，不能说理论物理学家说的物理就是真理。物理学家说的真理，经常被实验推翻。

过去四十多年，我一直在找电子的半径

澎湃新闻：能告诉我您对理查德·费曼（Richard Feinman，1918—1988 年，美国理论物理学家）的理论的理解和如何证明他的理论吗？

丁肇中：我第一个重要的实验，就是测量电子的半径。20 世纪 60 年代初期，哈佛大学有一个组，这个组的主持人叫弗兰克·皮普金（Frank Pipkin），是很有名的科学家。他做了一个实验，测量电子半径，发现电子是有半径的，是 10—13 厘米到 10—14 厘米。没多久，康奈尔大学有一个很有名的队伍也发现同样的结果。两个不同的实验得到同样的结果。

可是，根据费曼、施温格（Julian Schwinger，1918—1994 年，美国理论物理学家）还有一位日本物理学家叫朝永振一郎（1906—1979 年）三人所开创的量子电动力学的重要假设，电子是没有半径的，半径是测量不到的。结果他测

量出这个，就表示那些物理学家是错误的，60年代初期的时候，这是一个非常重要的题目。

那时候我刚拿了博士学位（1962年——编注），从来没有做过这种实验。那两组花了很多年做这个实验，我就一个人，决定到美国问他们（当时丁肇中供职于瑞士日内瓦欧洲核子研究中心。——编注）。他们说你可以参加我们的组，不过我们没有理由支持你，因为你从来没有做过实验，别人也不了解你。后来，我到德国汉堡的德国电子同步加速器实验室（DESY），我就跟他们提出这个，那时候组织这个实验的人说欢迎你来，费用我们出，我就去了。

去了以后，过了8个月，我完成了一个实验，证明结果找不到电子的半径，那时候测量电子半径小于10^{-14}厘米。小于不是等于，就是电子是测量不了半径的。

从那时开始，我记得大概是1966年、1967年的时候，有一个大型的国际高能物理会议，那两位做了报告，我做了第三个报告，因为那时候没有人知道我是谁，所以那两个人做了很长时间的报告，我的报告只有10分钟，就讲我的结果跟他们两个不一样，我的结果是电子是测量不了半径的。那时候，理查德·费曼坐在里面，听了以后来找我了，从此以后我们经常有来往。

澎湃新闻：那个实验的结果到今天看还是真的吗？

丁肇中：过去四十多年，我一直在找电子的半径，最初是10^{-14}，现在证明是小于10^{-17}，就是小了三个数量级。花了40年，小了三个数量级，可是还是没有找到电子的半径。为什么别人相信我的实验？我做完以后，其他的人也证明我的实验是对的。所以证明一个实验是对的，和理论是没有关系的。在不同的时间、不同的地点、不同的方法下，别人能做出来跟你有同样结果的实验，那就证明你是对的。

我不认为 AMS 在国际空间站的应用是很大的成就

澎湃新闻：想到 AMS 在国际空间站的应用，您觉得很有成就吗？

丁肇中：我并不认为这是一个很大的成就。虽然这是第一次把磁谱仪放到天上去，同时收到很多的数据。我告诉我们所有合作的人，在今后 20 到 40 年之内，不可能有人再放一个这么精密的仪器到天上去。第一，需要大量的国际协作，第二，需要很多的经费，第三，现在没有航天飞机，不可能把这么大的仪器载到天上去。所以，我们最重要的任务是，保持这个实验的结果是正确的。因为没有人可以来校对我们，没有人再可以放到天上去。所以每一个结果，通常有两个国家，有时候四个国家，同时分析。等这四个结果分析误差小于 1% 的时候，我在这四个里面选一个，然后发表。

澎湃新闻：您能告诉我们 AMS 项目的融资情况吗？按照我们理解，2008 年航天飞机计划被取消是资金出了问题。您能告诉我们您是如何挽救 AMS 项目的吗？

丁肇中：这个实验，很多国家都认为是非常重要的，所以从来没有经费的问题，从来没有碰到经费的问题。把这个实验放到天上需要航天飞机。航天飞机出过两次事情。第一次我记得是 1978 年的 1 月 28 日，第二次是 2005 年或者 2004 年 2 月。

因为出了事情，当时美国宇航局的局长就说航天飞机，载人航天，或者国际空间站，都不重要。重要的是载人到火星上。宇航局局长就决定把所有空间站上的实验，包括生物实验、小型物理实验，都取消了。因为所有经费都来自美国宇航局，所以只能服从政府的命令。我认为这个决定是错误的。美国能源部就主持了评审委员会，能源部的人问我怎么办？我就跟他说，你最好的办法是组织一个委员会，请美国科学院的院士，包括诺贝尔奖获得者在内的第一流科学家来看，我们这个实验值不值得做。

所以在 2007 年 9 月 23 日，在华盛顿有一个评审会，我请了我们所有国家最主要的科学家去参加。评审会很严格，我的同事也请了美国国会的人去旁听。评审会后，美国能源部管科技的副部长就写了封信给宇航局局长说：世界上第一流的科学家认为，这是最重要的实验，虽然你不用航天飞机载我们到天上去，但我们能源部继续支持把这个实验完成。没多久，美国国会参议院、众议院的人慢慢就知道这件事。美国的《纽约时报》《华盛顿邮报》上都有长篇报道讲宇航局这个决定。

到 2008 年国会全体通过了一个法律，指定美国政府一定要增加一班航天飞机把我们的设备送到天上去。因为是全体通过，所以总统就在 2008 年 10 月 15 日签署了这个法律，就这样，我们很侥幸地把 AMS 载到天上去。（美国东部时间 2011 年 5 月 16 日上午，阿尔法磁谱仪由美国奋进号航天飞机送上国际空间站。——编注）

澎湃新闻：未来，AMS 项目第二阶段的资金仍然由美国提供支持吗？

丁肇中：美国所花的钱是只到空间站，航天飞机的运输费、AMS 的制造费，美国花的钱很少。还有很多资金来自中国大陆、中国台湾、意大利、德国、法国、瑞士等亚洲和欧洲国家和地区。仪器的制造不是美国出钱。美国能源部所出的是整个电子仪器系统的经费。到了天上以后，空间站每年大概要花费 30 亿美元，我们用的钱就很少了。

国际合作要选一个题目让大家都很有兴趣

澎湃新闻：制造 AMS 的过程有很多国家和地区参与，我很好奇，您是如何确定中国大陆负责永磁，中国台湾负责这部分，德国负责那部分？

丁肇中：这个问题很重要。要国际合作，最主要的是你选一个题目让大家都很有兴趣，有人认为很重要。我并没有权利控制项目经费，他们参加我的实验，最主要的是因为他们觉得我的实验很重要。

我有一个习惯，对重要国家的贡献，在国际会议上，我就请它们国家的人来发表，我不会像很多科学家一样，所有的事情都由自己来发表。其实我很少参加国际会议，除了非常必要的情况我做个开幕式或闭幕式演讲以外。我叫每一个国家有贡献的人参加会议。

仪器的选择上大致怎么做？比如说法国人认为这块地方该放这样的仪器，而德国人认为应该放另外的仪器。那我决定选谁呢？每一个国家都花了很多经费去研究这个仪器。最后只能选择一个，因为一个地方只能放一个东西。我们每三个月就开一次讨论会，不管你是大学教授还是国家实验室主任（我们队里还有包括大学校长等等，日内瓦大学校长以前也在我们组里），或者你是一个即将进来的研究生，任何人都可以发言。

会议的日程我来决定，就是说我坐在前面，其余的人，每一个人都可以发言，发言可以很长也可以很短。只能讲科学技术，其他任何事情不能讲。我在上面听，我听懂了，就作一次决定，作了决定以后就不能改了。我没有听懂，大家可以讨论，讨论以后，我还是没有听懂的话，我就说下次开会再讨论，同时我去问懂行的人，因为我绝对不可能每个题目都懂。有任何一点怀疑的事情，我一定问别人。

等我完全懂了以后，我就作一次决定。为什么大家现在继续一起合作，从来不离开？主要原因是到现在为止，还没有作过一个错误的决定。如果经常作错误的决定，别人就不跟你合作了。

我没有做过任何错的实验

澎湃新闻：您认为在您的职业生涯中，您从来没有作过错误的决定？

丁肇中：到现在为止，还没有做过任何错的实验，可是这并不代表明天不会有，后天不会有，因为任何人的能力都是有局限的。比方说仪器是非常复杂的，因为它缩得很小。任何仪器都会有不正常的现象，最主要的是，要知道什么仪器有不正常的现象，什么时候有不正常的现象，这样你就可以把这一块的数据取消掉。假设仪器有故障而你不知道，那你就会做错误的事情，得出错误的结果。

澎湃新闻：作为一名科学家，您认为，相信自己和相信您的团队哪个更重要？

丁肇中：最主要的是你的小心谨慎，怀疑自己的能力。怀疑自己的能力，这是最重要的。了解清楚了以后，我作一个决定。当然，我比较侥幸，跟我合作的人确实是非常非常好的科学者，他们的贡献很重要。这个团队的成功绝对不是我一个人的成功。

中国科学家对 AMS 做了非常重要的贡献

澎湃新闻：我们想问一些关于中国的问题和您对中国的印象。您曾经在德国汉堡的电子同步加速器实验室工作，现在还在欧洲核子研究中心工作，也曾经在中国生活过一段时间，这些地方的科学工作环境有哪些不同？

丁肇中：我在中国住还是小时候，那时候正处于第二次世界大战，没有什么科学研究。我记得那时候，我父亲在重庆大学教书，后来在重庆兵工学校教书。我还记得他带我去看一个科学展览，所有的科学展览都非常简单，那时候大概七八岁，不过给我留下了一个很重要的印象。

中国的科学现在发展得怎样？应该怎么发展，我并不了解。因为我不住在中国大陆。不过我觉得，我离开中国大陆的时候（1948 年丁肇中随父母离开大陆去了台湾），1948 年，中国当时是非常落后的国家。可是从 1948 年到现在，有航天工程，有火箭，有空间站，同时中国航天的事情绝大多数是自己做出来的，我认为这是非常值得骄傲的事情。

澎湃新闻：参与 AMS 项目的中国科学家怎么样？您对他们的贡献有怎样的印象？例如永久磁铁。

丁肇中：中国科学家参加 AMS 做了非常重要的贡献。尤其是中国科学院电工研究所制造的磁铁，和航天部一院一起做出来的。在此之前，没有人做这么大的磁铁，直径 1.1 米，高 0.8 米，总共重约 2.6 吨。从来没有人把磁铁放到天上，因为依据指南针的原理，你把磁铁放到天上，一头向北一头向南，航天飞机马上就失去控制了。这是一个决定性的贡献，中国科学院高能物理研究所也参加了这块磁铁的制造。

澎湃新闻：山东是您的故乡，你能说说山东大学的参与吗？它们对整个项目做了怎样的贡献？

丁肇中：山东大学参加的是热传导系统。有一个很能干的教授程林，做的是传热系统。怎么样保持这个仪器的恒温？空间站每 93 分钟绕地球一周，白天的时候温度很高，晚上的时候温度很冷，可是白天晚上最多是 93 分钟，怎样保持恒温？这个主要是山东大学程林教授的团队和美国 MIT、美国航天局还有中国台湾的中山科学院一起合作的。山东大学确实做了非常重要的贡献。

澎湃新闻：通过您的实验，您对山东以及参与永磁团队的成员有怎样的印象？科学在如何改变中国？

丁肇中：我第一次再到中国是 1975 年，到现在有很大的进步。不但是高能物理，比方说在大亚湾核电站的王贻芳教授所做的中微子实验，这是个非常重要的实验，再比方说空间站。所以说是非常大的进步。

100% 的时间花在实验上

澎湃新闻：据说，您工作之外很少参与社交活动，您不想把时间花费在没有参与您的研究的人身上，是真的吗？

丁肇中：因为我 100% 的时间花在实验上。空间站绕着地球每 93 分钟一周，没有白天晚上，没有礼拜六礼拜天，所以我很少能有私人来往。同时，这也是一个习惯。

比方说，MIT 有很多教授原来是我的学生，跟我学习，拿到博士学位，然后从副教授做到正教授，有的跟我四十多年了，我从来不到他们家去的。有时候我请他们吃饭，就到我办公室吃，他们对工作有怀疑的时候，我就请他们来吃饭，一起讨论。所以一般没人愿意跟我吃饭，因为吃饭的时候就是讨论物理。

澎湃新闻记者　邱傲文

中国要有把科学转化为产品的机制
——专访通用电气全球前副总裁　陈向力

科技界有共识，美国科技的强大，在于其研发体系的强大。作为美国高端制造业的代表，通用电气公司（GE）的研发体系是什么样的？他们来到中国，是如何将美国的研发体系移植到东方的大地，如何用这套体系在中国开展研发活动和培养本土人才？

通用电气全球前副总裁　陈向力

通用电气在中国取得了巨大成功，成为中国多个重大项目的供货商，譬如中国的大飞机项目 C919 的发动机就是通用电气的中国团队负责引入中国。同时通用电气在中国建立庞大的科研中心。

2015 年 9 月，《中国实验室》就上述问题，专访了通用电气全球前副总裁陈向力博士。

基于对市场的了解和对客户的需求来做研发

澎湃新闻：GE 为什么要在中国设立研发中心？

陈向力：杰克·韦尔奇在 1999 年提出全面全球化的主张，他认为印度是美国之外最重要的全球研发中心。那时我和几个 GE 美国研发中心的华裔认为，印度虽然有其优势，但是中国在人才、市场等方面有更大的优势。中国有非常强大的供应链优势，应该在中国设立美国之外最重要的研发中心。我们说服了研发中心的总裁在中国设立全球研发中心。我们从人才、技术、GE 内部需求等方面作了调研，确实发现在中国设立研发中心能帮助 GE 中国更快成长，同时也发现了一些技术专才能够增强全球的研发能力。经过 15 年发展历程，证明了我们当初的判断，中国研发中心能够实现帮助 GE 中国发展的初衷，还成为全球创新中心和产品研发中心。（杰克·韦尔奇生于 1935 年，1981 年至 2001 年间担任通用电气董事长兼首席执行官。——编注）

澎湃新闻：GE 中国研发中心的研发策略是什么样的？

陈向力：第一，GE 的研发传统，是深入客户和市场，寻找创新的突破点和方向。GE 面对发展中国家市场时，能够获得非常大的优势，原因在于 GE 能够深刻理解客户的需求和痛处，可以很快与市场进行互动。GE 会在创新的模式方面进行尝试，同时反向创新，把在中国的创新成果很快推进到发达国家和技术高阶国家。第二，强调协同创新，就是在研发的初始就和客户紧密合作，协同发展，来定义问题和技术解决方案，在创新过程中坚持和市场互动。这样的快速研发模式才能服务和适应高速发展、变化很快的发展中国家的市场。第三，重视人才的培养，过去 15 年我们有很多很好的项目，我们的技术人员有对市场和产品的扎实把握。这套能力在过去 15 年里非常迅速地建立起来了。

GE 全球研发和工业研究已经有 115 年的历史，1900 年 GE 就建立了中央研究院。我们一直有个原则，就是我们做的研究要和我们的市场和客户有直接的关系。爱迪生有句非常重要的信条："我去了解市场需要什么，我就去发明什么。"全球的 115 年，在中国的 15 年，我们都是基于对市场的了解和对客户的需求来做研发，如果市场有变化，我们也会作出相应的快速反应，这一点对于工业研发非常重要。

GE 解决的是全社会面临的巨大问题

澎湃新闻：你们如何激励工程师？

陈向力：GE 对科学家和工程师的激励，包括两个方面。中央研究院的科学家非常希望做长期的钻研，我们对他们的激励就是提供世界领先的研发条件，不论在硬件和机制方面，都可以提供优越的研发条件，让他们进行很深入的探索。研发周期在 3 年或 5 年以上，有机会做出改变世界和行业的创新，这对科学家是最重要的。还有就是给予科学家很大的空间，允许他们做很多尝试，容忍他们的失败，让他们总结失败经验，做出新的创造。从对产品设计的激励，从项目的筛选、组织，到执行，让研发人员每隔 1 年、2 年、3 年都会有新产品推向市场。

如果 GE 员工的家属作为病人，看到医疗器械如 X 光机、CT 机、核磁共振机，是我们 GE 的产品，是我们的工程师研发出来的，他们会非常自豪，因为他们真正看到了 GE 的价值，看到了 GE 能为客户和市场、全社会提供优质服务。在健康、能源、交通运输等领域，GE 用全新的技术成果，解决的是全社会面临的巨大问题。当然物质上的激励是不可少的，核磁共振等设备的研制，有奖金和特殊奖励。

澎湃新闻：长期项目和短期项目如何平衡？

陈向力：GE 做的东西很大、很复杂。我们有非常复杂的系统工程，有很专业的材料，也有机械工程、电子工程、软件等先进的技术。我们每一个事业部负责系统性的设计和开发，但是每个系统都有其子系统和专项技术，如果子系统和专项技术需要重大技术攻关和创新，往往会把这个任务交给中央研究院，这是往往需要花费 3 年 5 年甚至是 10 年来解决的重大技术问题。其中很重要的一个技术就是陶瓷复合材料，这是通过中央研究院的材料技术和制造技术，历时十几年研究成功的，这个技术用在飞机发动机上，大大提高了发动机的效率。这就是 GE 行之有效的工作方式。系统由每一个事业部来负责，但是关键的技术是由中央研究院来研究的。

GE 把自己定义为创业公司

澎湃新闻：你们企业内部如何做内部创新？

陈向力：企业内部创新很有意思，尤其对大公司来说。提到内部创新，大家往往想到的是一些小公司，GE 鼓励在大的框架下，有一些延伸的技术，鼓励研发人员去发现商机。我们发现很多需要解决的问题，如食品安全问题、环境问题，但我们没有直接地解决技术，而是拿出一些资金让研发团队做一些新的尝试。过去两三年，我们已经有一些新的技术和产品，在今后 3 年 5 年，要做更大的努力引导这样的潮流，能够在 GE 内部框架下进行创业和创新，做出立足中国、面向全球的新产品线。

澎湃新闻：你们如何分配科研经费？

陈向力：公司每一年都会做一个中长期的规划，在春末夏初，每一个事业部都会坐在一起做出多代产品规划，以及多代技术规划，这个规划出来以后，可以指导今后三五年产品规划上的技术投入。在每年 11 月到 12 月的时候，我们又要做下一年的运营计划，落实下一年的研发经费，更多要考虑到盈利模式。会有一个基于客户需求的项目建议书，里面必须讲清楚：客户是谁，市场有多大，竞争对手是谁，市场和技术有什么的态势和走势，现有的技术方案是什么，这里有什么样的技术风险，用什么样的方式去解决技术难题，成功后又有什么样的效应，等等。方方面面综合到一起，这些建议就会得到认可。

这是一套行之有效的解决办法。当然市场是瞬息万变的，我们的计划不是一成不变的，也会有微调。过去几年，GE 做精益开发，把自己定义为创业公司。依据创业公司的模式来运作，就要尽早弄清楚客户的需求，很快拿出虽然不完美但已经具有雏形的解决方案，到客户群里获得反馈，以改善研发方案。这样，过去两年我们取得了很大的成效。

澎湃新闻：长期研究项目如何推进？

陈向力：我们有长期的研发计划，即便有一半项目失败都没有关系。最近我们有一项技术突破。医疗使用的核磁共振，过去需要非常多的液氮，在十几年甚至二十年的运营过程中，这是巨大的运营成本，而在中国边远地区，这个问题更为严重。我们用了 5 年多的时间，不断找解决方案，怎么样不需要那么多的液氮，就能解决问题。最后我们做出了有突破性的磁体设计。

中国要有一个把科学转化为技术、产品的机制

澎湃新闻：GE 这样的公司代表着美国的制造业水平，中国有无可能出现此类企业？

陈向力：我觉得完全有可能。中国的经济体量非常大，而且中国的制造业在全球也占了很重要的地位，在今后的十年，不仅在制造业，在技术开发和创新方面，怎样充分发挥人才优势，是一大问题。在创新机制上，一定要有一个把科学研究成果转化为技术、产品的机制，来把一些很好的研究成果很快转化为可以使用的技术和产品。工业研究就是把科学院、大学、研究所创造的新知识，转化为新的实用的技术、新的产品，这是工业研究的真谛所在。也就是发现需要，再开发技术，来解决需要。

澎湃新闻：中国的大学体系能培养出很好的人才吗？

陈向力：我觉得我们的大学体系已经可以培养很好的人才。我们 1500 个工程师和科学家，绝大多数是在国内培养的，他们进入 GE 后，经历了很多洗礼，在我们这样的工业研发体系下成长为有效率的、具有工业能力的工程师。这说明了我们不能把问题都推到大学里去，大学提供的是非常基础的素质教育，基础打好以后，怎么在工作中锻炼，把他培养成工业研发的专才，这完全是企业的行为，不能完全仰仗大学的培养。

澎湃新闻记者　柴宗盛

中国总有一天能造航空发动机

——专访通用电气中国可再生能源工程技术前总经理　康鹏举

康鹏举博士是通用电气中国的风电项目负责人，是能听得到市场炮火声的科研指挥官，他以市场需求指导科研，再以此制定研发目标，再向不同的部门汇报获得资金支持。从他的讲述中，可以看到美国企业的科研体系的完备、精巧、高效。

通用电气中国可再生能源工程技术前总经理　康鹏举

2015 年 9 月，《中国实验室》专访了 GE（美国通用电气公司）中国可再生能源工程技术前总经理康鹏举博士，以其亲身经历讲述了美国科研体系的运行秘密。

研发要让客户感受到真心服务

澎湃新闻：您所在的部门，研发项目的立项、费用使用的流程是什么样的？

康鹏举：我们这个部门，主要职责是为 GE 的新产品提供新技术，每年年初决定研发费用的使用。

每个研发人员提出自己的点子，这是基于观察 GE 内部客户得出的，我们的客户是 GE 的业务集团，它们又有自己的客户，也就是我们客户的客户。

GE产品线面对客户有什么痛点，研发人员必须非常了解，这要和业务集团的工程师、产品线负责人、销售以及工程技术人员交流，认识到内部客户面临的困境。我们的研发人员也要走出去，通过各种渠道获得市场需求的信息。GE很大，我们的研发人员几乎要接触到整个市场的每个角落，在收取、整合市场需求后，再转化为点子、思路、思想，形成一个研发提案。提案交到业务集团去讨论、细化，最终变成一个可以申请项目的提案，如果得到批准就会被立项。

GE的文化认为每一个员工都可以成为领导，研发中心需要的人才必须有点子、有想法，能观察市场、用户的需求。研发人员还要有很强的沟通能力，能将这些想法、信息组织成语言，能够和业务客户、集团的相关人员、决策人员沟通，将他的想法解释给别人，讲清楚如何为用户解决问题，为企业带来价值。此外，我们的工程师还要有很强的执行力，把项目争取到了还要执行好，能为客户解决问题，能为客户带来效益。这样才能建立信任，因为研发人员每年都要去争取项目，在执行手头项目的同时还要考虑明年怎么办。

项目每年要审核，每年要结算，当然也有的项目要三四年，有的只有一年。所以申请到了还要执行好，这关系着明年、后年如何去找支持，去找研发基金。

澎湃新闻：那对工程师的要求是要很高，懂研发，还要有很好的表达能力，才能拉来资金？

康鹏举：是的，第一要有想法，有观察力，能观察到客户面临的困境，找到能够解决客户问题的一针见血的方案。同时还能把这种方案传递出去，让别人理解，为方案付钱。第三要有执行力，要有很漂亮的结果。我们的要求是，要能获得超出客户需求的结果，让客户真正感受到我们为他们真心服务。

长期研发需要管理层高瞻远瞩

澎湃新闻：有些重要的科研项目往往需要很长的时间才能研发成功，你们如何规划长期项目？

康鹏举：研发是一个历程，要有想法，要能执行，最终变成结果，这是一个漫长的过程，很多项目要很久才能为GE带来效益。所以管理人员、研发人员、业务人员必须有耐心。

譬如 GE 正在研究工业级的碳化硅芯片，这是传统半导体的下一代技术，经过二十几年、几代研发人员的努力，到今天才进入市场。还有现在火车上用的控制技术、驾驶汽车的巡航控制技术和自动驾驶，这套技术我们经过了 10 年的开发。我们今年进入产品阶段的碳纤维技术、复合材料技术、GE 燃气轮机的叶片，也是经过 20 年的研发才到今天。

但是一般的公司很难长期不停地投钱做研发。支持长期研发，需要科学家有韧性。需要管理层有信心，管理的领导要高瞻远瞩，他们能看到未来，有这样的信念：这项技术虽然非常难，但这项技术一旦成功对公司带来的冲击力是非常大的。只有这样才能建立信心，才能继续支持下去。

澎湃新闻：你们的数字风场研发了多久？

康鹏举：我的团队做得最多的是数字化风场，其实就是风场的数字化。我们将软件技术、数字化技术注入风场，更精准地控制，让单机发电量升上去，让风场的运行和维修更智能化，更节省成本，把发电量提到更高层次。通过高端的风机控制技术、高端电力并网技术，让风场和电网无缝对接，让风机之间、风场之间协调优化。

十几年前提出数字化风场时，这个想法听起来非常不切合实际。因为当时的电脑能力、工业控制能力没那么强，无法支持很复杂的算法。最好的数字化技术就是将物理模型嵌入数字化。

澎湃新闻：国内风电企业很多，它们的技术怎么样？

康鹏举：大家的技术都差不多，但最根本的差别是对风场的控制能力。控制说穿了就是工程师把物理语言翻译成计算机语言，反映的是人类对自然界的认知，最高端的控制就是将物理语言翻译成计算机语言。

每个研发人员都要领会 GE 的布局

澎湃新闻：你们的研发资金如何分配，怎么才能把钱给最需要的项目？

康鹏举：我们的项目，60% 的资金来自业务集团，30% 的经费来自总裁。

其余 10% 的经费来自政府或者客户，有时候它们请我们帮忙开发项目。

来自业务集团的经费是我们拿方案争取过来的，这 60% 的资金需要我们的工程师去观察市场，观察用户需求，来说服业务集团资助我们，然后把研发成果引入业务集团。总裁直接给我们的 30%，由研发中心自己决定如何使用，这样我们就可以投入长期的研发项目，比如那些要研发 10 年、20 年的长期项目。业务集团也有 10 年及 10 年以上的长项目，不是说 10 年后，把技术完全研发出来才会用起来，而是前两年先做什么，后两年再做什么，按阶段把技术切成片，一步一步放到实际产品中去。这些长期项目风险比较高。

澎湃新闻：GE 这么多项目，这么多工程师，如何进行项目立项？

康鹏举：工程师要对自己的资金负责。每个工程师都可以接触客户，也可以直接接触业务集团的决策层。工程师要争取什么项目，不需要总监的批准，工程师可以直接找到决策人、管经费的人、有技术需求的人。

我们每年有一个技术战略的研讨，每个业务集团开会的时间都不一样，参会的有我们产品线的人、管市场的人、管技术的人，都到研发中心做研讨。市场的人讲未来市场的需求，以及未来产品的布局。研发中心的人讲，自己有什么能力，最近在哪些方面有什么样的突破，还要告诉大家外面的竞争对手在做什么，国家的实验室在做什么，大学在做什么，风投在关心什么。

大家一起讨论、消化这些内容，最后整合起来，综合成战略共识。业务集团就可以定未来产品方向，需要什么技术，研发中心用什么样的技术去配备他们的产品定位，以及业务集团市场竞争的定位，具体到研发中心应该做什么事等。我们会把信息发布给所有的研发人员，这些会议对所有的研发人员都是开放的。

譬如我们要做智能风机，它需要联网的技术、软件的技术、大数据的技术、分析的技术，等等。研发人员根据自己的核心能力，挑选自己的合适领域。涉及风机和风机之间低成本的通讯技术，研发人员就会想到 GE 有什么现成的技术，市场有什么技术，我可以提出更好的技术方案，成本更低，通讯更快。然后他找业务集团风机控制的人，把思路解释给他听："我可以用很廉价的方式提高通讯速度，我需要这么多的钱，你能不能支持我。"如果他们有经费，这也是他们急需要解决的问题，就会一拍即合，资金就这样决定了，明年就会把这个资金列入计划。

也就是说，每个研发人员首先要领会我们的竞争布局、产品布局、技术布局，在自己的基础上提出相应的非常具体的方案，然后到业务集团争取经费，最终立项，保证研发做的东西能够进入产品阶段，真正提升 GE 的竞争力。

GE 试图构建一个工业互联生态

澎湃新闻：请问您对工业互联网有什么看法？

康鹏举：工业互联网，一是模式，二是思维，三是实在的技术。

GE 试图构建一个工业互联的生态，只有有网络才有效应。15 年前电脑互联的时候想不到有今天的局面，当时联网的时候大家非常被动：电脑连了有什么意义？GE 的工业互联遇到的第一个问题也是如此，机器互联了好像也没有办法赚钱。我就给别人讲，先联网，不要想着怎么赚钱，平台会创造出创新的机会。

第二，互联网是思维。过去我们做研发时是这么想的：我们要做风机，做出来后定价、销售。但互联网的模式完全不一样。工业互联网首先是观察客户，如何给客户带来价值，然后想到公司怎么办，再考虑一些边界条件，比如费用、成本，最后才是想到产品。工业互联网之前，我们先想到做产品，然后再想到怎么把它推给客户。今天的思路是 180 度的翻转，先为客户考虑，再为公司考虑，再考虑产品，产品只要一出来就不需要推销了，因为这个产品就是按客户的价值、公司的价值定义好的解决方案。

第三，工业互联网也需要实实在在的技术。首先要把所有机器和人联网，要创造出这个平台，机器要讲同样的语言，机器之间交流之后自然就产生效益了，这首先要做智慧机器。智慧机器联网了之后才有效应，如果是很笨的东西，联网了也没有意义。没有控制、没有思考的东西，联网没有意义，没有互交能力。所以 GE 首先要把所有机器升级给智能机器，这些机器会像人一样思考、获取和交换信息。然后连接起来，构建生态系统。

之后怎么去赚钱，我也说不清楚。当初互联网联网的时候，所有人也说不清怎么赚钱，但今天有这么多企业，联网之后催生相应的产业。或许工业互联网时代的谷歌、微信、阿里巴巴现在还没出现，但将来肯定会出现这样的公司。

现在已经有的迹象是，有的公司会变身为工业互联网的搜寻公司。工业互联网要把机器和人的信息糅合起来，机器的运行效率、发电量、生产商等等，这些信息网上可以搜寻到。产品的市场占有率可以搜寻到，再比较各家厂商的机器的运行效率。市场信息可以细分到每一台发动机的部件、谁的占有量最大、谁的设备的运行效果好、谁的设备的寿命如何，完全可以呈现给市场。这个空间太大了，未来如何，我们也无法预测。

只公布完全没有知识产权的东西，就能产生这么大的效应，这就是 GE 要创建这个平台的意图：给大家一个平等的创新机会。

怎样把物理化学知识和工程经验注入机器，是很大的学问

澎湃新闻：为什么高端制造业的追赶之路这么艰难？

康鹏举：机器要做得越来越复杂，就像人一样要越来越复杂，因为只有复杂的生物才能生存下去，简单的生物，生存能力很有限。机器也是这样发展。怎么样让机器更加复杂化？不是为了复杂而复杂，是要满足人类的需求、机器和机器之间的需求。

你看今天 GE 的一台燃气轮机看起来似乎简单，它有燃烧室、压缩机、主轴等主要部件构成。实际是，看起来非常简单的每一叶片，都注入了 20 年的心血，叶片里注入了数学、化学、材料科学的知识。机器就是工程师的一面镜子，一个公司的镜子，反映了工程师的知识能力，也反映了工程师的偏见。

那一片片叶片，经过 20 年的研发才能走到今天，因为它注入了非常基本的科学。这些设备组装起来，整合了成千上万工程师的智慧在里面，所以它非常复杂。这个复杂是形式上的复杂，但使用更简单。这里需要很多跨学科的东西注入，这就需要公司文化的支撑、研发体系的支撑，产学研要整合。要能感知到哪些物理知识、化学知识、材料知识成熟了，能够注入这个机器，公司要有

能力去判断。

本身研究还不成熟，离实际距离很远，我们不能做这样的项目。现有科学成果能转化为生产力的，我们就尽量转化为生产力。这就是我们常说的科学技术转化为生产力。生产力就是，如何变成叶片，能够耐 2000 度的高温、高压力，寿命更长。这就是生产力。怎样把人类学到的物理化学知识和一系列工程经验注入机器，这是很大的学问，体现出不同公司研发能力的区别。

中国造发动机的一天肯定会到来

澎湃新闻：中国有没有机会和条件做好高端制造？

康鹏举：中国造发动机的一天肯定会到来的，不要太着急。技术是不能跨越的，就像国家的发展不能跨越一样，中国科研现在走的路还是重复西方发达国家以前走过的路。技术的演进是从机械化到电气化，再到数字化，如果你的能力还在机械化的层面，而现在已经到数字化时代，想一步跳过电气化直接到数字化，是不可能的。没有电气化的铺垫，你对数字化的掌握就是很有限的，没有办法驾驭数字化的技术。技术的进化只能渐进，不能跨越。当然你渐进的速度可以快一些，但该走的路必须走。

中国我非常看好，有这么多的人才，这么多的科研机构，这么多的公司，这么强大的制造行业，最终肯定能做出这个机器，但是这条路肯定很漫长。GE 燃气轮机，每一叶片都注入了研发人员二十年的心血，才最终把它做成熟，国家也是这样，这样的铺垫必须要有。这种积累必须要有，就是要脚踏实地，要了解人类积累了什么东西，哪些知识可以转化为生产力，要付出心血，这个过程必须走。这个过程走完，就能造出自己的燃气轮机，自己的发动机。

澎湃新闻：从工程师的角度看，什么是好的、成体系性的研发？

康鹏举：如何把知识转化为生产力，一定要遵从科学的发展规律，不能从 A 一下跳到 C，要从 A 到 B 再到 C，人类社会本身就是渐进式的发展，不可能有突然的突破，慢一点没有关系，要一步一步把技术搞通，一步一步把这些知识注入产品。要想到，你做的产品就是你的镜子，要对这个东西负责，要让用户觉得这就是好东西。要持之以恒，还要追求卓越。

最关键的是文化的问题、管理的问题、创新的问题。素质大家都具备，工业技术也可以具备，关键的是怎么把资源利用起来，创新到实处。机器能够反映公司的文化。我们要培养的文化就是要敢于挑战权威。某一个权威说，这个东西我 20 年前就做过，你不需要做了，我们要避免的就是这样的狭隘思维。

澎湃新闻记者　柴宗盛

中国科研要克服重复多、协调差
——专访中国科学院院士、中国科学院上海技术物理研究所研究员 褚君浩

褚君浩院士是新中国第一批留学生，在留学德国期间学术成就获得了深远的国际影响。归国后长期主管国家重点实验室中国科学院上海技术物理研究所的科研工作。上海技术物理研究所是个明星单位，承担了多项国家重点项目，譬如风云系列卫星，以及最近发射的墨子号等。褚院士见证了中国科技创新从弱到强的历程，但也认识到中国科研的诸多不足。

中国科研如何从跟踪向创新如何转变，科学院体系内如何有机配合，基础研究与工程科学如何合理取舍，实验室成果如何产业化，《中国实验室》就此专访了中国科学院院士、中国科学院上海技术物理研究所研究员褚君浩。

中国科学院院士、中国科学院上海技术物理研究所研究员　褚君浩

褚君浩表示："一般说，做研究投入是 1，中试投入要 10，产业化投入要 100，那么这个 10 谁来投？所以我们现在只是做点实验，发现点规律，写篇论文，做个小样品，这是我们这边的问题。"（中试是指产品在大规模量产前的较小

规模试验。——编注）

他说，一般政府会让企业去投资，但企业更多的时候不会投，因为有些研究不在它们的计划中。这或许就是目前前沿科技在中国产业化的困境。

与德国相比，中国的研究力量较为分散

澎湃新闻：您曾留学德国，中国和德国在研发体制方面有什么异同？

褚君浩：共同的地方是大家都瞄准前沿研究。德国有三种类型的研究所，一种是汉堡的亚洲研究所（Institut für Asienkunde），一种是马普学会（Max-Planck-Gesellschaft），一种是弗劳恩霍夫协会（Fraunhofer-Gesellschaft）。还有就是，每一个大学都有很强的研发力量。前两种比较侧重基础研究，较少考虑应用，更多考虑发现自然规律。像弗劳恩霍夫协会就偏向应用，更加注重把研究成果往产业方面发展。高等学校中的研发力量偏重基础方面的研究，也注意跟产业的结合。有些大公司出题目，它们做一些研究。（马普学会，全称为马克斯·普朗克科学促进学会，是德国政府资助的独立、非政府、非盈利研究机构，截至2014年1月，下设有83个研究所。弗劳恩霍夫协会，官方中文全称为"德国弗劳恩霍夫应用研究促进协会"，是欧洲最大的应用科研机构，下设67家研究所，分布于德国各地。——编注）

中国研究机制也有类似，比如我们有国家重点实验室、国家实验室，还有高校里的研究机构。同时，我们也非常重视应用导向的基础研究。

所以，从研究体制、研究方式来看，一个是学科导向，侧重于发现现象。另一个是目标导向，比如，我们要解决什么问题？我们要针对一个比较明确的目标。德国和中国在这两个方面都是相近的。

不同的方面是，德国的国家体制和我们还是不一样，它是资本主义国家，我们是社会主义国家。它的研究体制中有很多社会主义的成分，比如协同性、设备的公用性，研究的重复比较少。它们有一种比较好的风格：你主要解决什么问题，我主要解决什么问题，（不同研究机构之间有分工）这样就解决了分散的问题。它们有些研究所规模很大，设备很好，人员很集中，这一点和我们有点不一样。

我们有点分散，我们即使是一个国家重点实验室，也就那么五六十个人。所以重复比较多，每一个地方都有一个什么研究中心，做的东西差不多，没有相对集中，这是一个区别。这样所造成的一个缺点是，我们会有一些重复，资源有些分散，这对我们攻克一些问题会有不利的方面。当然我们现在有一些重大的（项目）是很集中了，但普遍地说，研究所、大学的研究力量还可以逐步调整。

记得我在德国的时候，1986年至1988年，（我所在的研究机构）有一台设备，效果非常好，功能非常好，一个研究室谁要去用，就在这个设备上把自己的名字贴上去，用的人排好队，用好了把自己的名字撕掉就可。大家都在用，这个设备基本上24小时都开在那里，设备的维护也很好。在我们这里，肯定不同的教授下面，我这里有一台，你那里也有一台，使用效率不太高。

我们现在看到，国际在科学技术研究方面的排名，有些国家小小的，但是排在很前面，中国排在很后面。区别在什么地方？就是看你的工作有没有引领性。当然中国首先要解决那么大一个国家的经济发展问题，十几亿人吃饭的问题，我们好多工作都是围绕这方面在进行。现在发展到一定程度，经济也有一定的量了，所以接下来要向引领性研究转化，这是很自然的。到了这个程度，自然会向这个方面转化。

从跟踪到引领，中国的实验室在向先进国家前进

澎湃新闻：你们所的发展历程是怎样的？

褚君浩：我们这个所做红外技术有相当多年头了，大概从1963年，汤定元带了16个人，从北京到这个所，我们所的方向就确定为红外方面，基本上一直是跟着国际前沿在工作。这也是老科学家的贡献，汤定元解放的时候从芝加哥大学回到新中国开始建设。汤定元、匡定波这些人相当于我们国家红外技术的第一代。当时是紧跟前沿的，我们做的标准、评价体系和美国的接近。（汤定元生于1920年，是中国科学院院士、中国科学院上海技术物理所研究员，中国半导体学科和红外学科创始人之一。匡定波生于1930年，是中国科学院院士、中国科学院上海技术物理研究所研究员。——编注）

重要的是，现在围绕国家的需求，我们的风云卫星、各种卫星的对地观测都有我们所的工作。而且我们所工作的特点是，红外器件是买不到的，特别是上天的。红外相机都要自己做，不能进口，这反而激发了中国科学家自力更生的精神。不能进口，我们就自己做，所以我们这个研究所里面，从材料制备、器件研制，一直到红外扫描仪、红外相机放到天上去，这个系统都是我们自力更生来做的。国家那些重大的对地观测、航空航天遥感，都有我们的技术贡献。

在基础研究方面，我们也逐步走在前面，比如窄禁带半导体物理，我们所里有很好的窄禁带半导体物理研究基础，就是我们自己会做材料，能够自己做器件。

比如，汞的材料很贵，像手指甲薄薄的一片，买的话就要 1000 美元。国际上有一本 LB 数据手册，全名是《自然科学与技术中的数据和函数关系》(Landolt-Börnstein：Numerical Data and Functional Relationships in Science and Technology)。这个科学手册有一百多年的历史了，德国施普林格出版社出版，每隔十年修订一次，他们会邀我来写含汞化合物，凡是含汞化合物这一类内容都要叫我来做评价人。这也说明，中国人在这方面的工作做得比较系统，所以出版方才会叫我们参与编写这本国际最著名的科学手册。

再比如，最近，我们就有年轻的一代，他们做了一个新的碲镉汞的探测器，它是工作在 t 赫兹波段的，t 是 10 的 12 次方，t 赫兹波段就是波长非常长，大概要 300 微米左右，这个领域有很多新的问题要研究，但现在缺少探测器，在著名的 Advanced Materials 上他们连续发了两篇文章。我们在这方面的研究有一定引领作用。

国家重点实验室的计划搞得很成功，规模不大，但是从跟踪到引领，现在出来一系列新的实验室，都很有特色。国家实验室 5 年要评估一次，大家很认真也有点紧张，为什么？因为其他实验室发展都非常快，所以你这个实验室不进则退，你走得慢也是退。好多实验室发展很快，这是好现象。

总的来说，中国的实验室现在从跟踪到引领，逐步向国外先进国家前进。

我们的实验室主要考虑国家重大需求和科学前沿

澎湃新闻：国家对重点实验室是怎么评估的？

褚君浩：评估的标准就是在国家的重大需求方面，看你解决了什么；在科学的前沿方面，看你解决了什么。五年下来你们对科学的贡献、对国家需求的贡献、对人才培养的贡献、平台建设的情况等，都要评估一次。然后会评出ABC，20% 是 A，10% 是 C，其他都是 B。如果评到最后的话，就要整改。如果评到 A 的话，经费支持也多一点，评到 B，中等，跟经费也有关系。我们（中国科学院上海技术物理研究所）的红外物理国家重点实验室，六次评估，第一次评估到第六次评估，都是 A。

澎湃新闻：您领导国家重点实验室的时候，是怎么考虑问题的？

褚君浩：我是 1993 年开始担任红外物理国家重点实验室主任，相当于第三届，一直到 2002 年，9 年，第一次是 4 年，第二次是 5 年。我当时主要考虑的是国家重大需求和科学前沿这两点。

澎湃新闻：在科研人员待遇和激励方面您当时是怎么做的？

褚君浩：我们实验室人员的待遇除了一般工资之外，还有一些激励，来自几个方面，比如说所里的专项奖励、申请项目的提成。我们处理的时候相对模糊，不是斤斤计较地算工分。这个激励重在精神层面。精神激励为主，物质激励为辅。物质激励讲究一个公平。当时我采取这样一种方式，大家都比较接受。经费的分配，不同的方向有个均衡。尽管当时财力不雄厚，但既奋进又和谐。

做科学研究，还是要快乐，要根据兴趣。做科学研究，对个人来说是一种非常快乐的事情。做科学研究，发现自然界的奥秘，这本身就很快乐。做了工作以后，能够在刊物上发表出来，能够被国际同行引用，人家引用你一段，这是最快乐的事情。

澎湃新闻：那个时候可能房价还没有涨。

褚君浩：1996 年还是分配的，后来开始实行了房贴，我们比较早就实行房贴，那时好多副研究员就有 18 万元房贴，那时房子 3000 元一平方米，买 100

平方米也就 30 万元，18 万元解决了很大的问题，所以当时我们实验室的很多副研究员很早就解决了房子问题。

中国今后必须走创新之路

澎湃新闻：您的研究所基础研究的机制是怎么样的？

褚君浩：基础研究本身并不追求马上就可以用，基础研究是积累的，到一定程度，可能就可以用了。基础研究的成果是提供科学研究的源泉。基础研究是一个长期的过程，不是说我今天发表一篇文章，明天这篇文章就应用了。发现规律、掌握这个规律，是一个层次；在这个基础上，可以有技术发明；有了技术发明以后，就可以有技术应用。这三个阶段必须像三部曲一样连贯起来。

我们中国过去三十年发展得很好，主要在于我们第三阶段做得好。相关技术也不是我们的，还要付专利费，我们把这个技术集成之后使用。原始核心技术不在我们手里。要做到真正的创新型国家，必须相关的原理、规律是你发现的，核心技术发明是你根据这个规律来建立的，产业是你根据这个规律建立起来的。在我们的经济体系里面，要有比较多的这样的经济成分，如果这个成分很少，就不是创新型国家，就是很普通的一个国家，主要是用人家的技术和我们的人力来做，赚里面一小部分钱。前三十年好多类似这种情况，但这也是不可避免的，因为过去我们经济不行，技术也不行，只能走这个路。但这条路不能一直走下去。所以今后的三十年就要创新了。

做好掌握规律、技术发明、产业利用这三部曲

澎湃新闻：我们的考核机制，会否让我们的研究员更愿意做应用性研究，做原创的比较少？

褚君浩：有这种情况。我们现在做创新型国家，做原创的东西，一定要这样做，考核机制也要逐步朝这个方向转。过去我们就看集成，集成就是直接应用了，但是核心技术不在你手里，就容易给人家卡住脖子。另外，核心技术不在你手里，人家技术升级换代了，你再向人家买技术？还是跟在后面。所以要

有主动权，这个主动权就是核心技术。当然可以运用人家发现的科学规律来发展自己的核心技术，但也有相当部分科学规律要自己发现。

技术问题没解决，主要是因为规律没掌握好，所以掌握规律、技术发明、产业利用，一定要把这三部曲做好。

世界上很多前沿研究是国家实验室里做出来的，中国需要这样的实验室，现在具备了这样的条件。过去中国的科学技术发展还不是很先进，跟踪比较多一点，那时候分散、小型的研究先做，做到现在有一定的水平了，就需要凝聚，搞一些大的实验室。从经济实力到人才到科技水平，现在都到了建国家实验室的时候了，当然不是一下子建很多，而是成熟一个建一个。

澎湃新闻：上海有一个国家蛋白质科学中心和光源国家科学中心。

褚君浩：上海光源国家科学中心（筹）已经到国家实验室水平了，它的设备大，但研究还要加强。它现在有 8 个站，实际上可以建十几个站。另外，从国家实验室角度看，它缺一点，就是应用这个光束的人才和队伍比较少，现在都是其他单位到这里来应用一下。美国有一个劳伦斯·利弗莫尔国家实验室（Lawrence Livermore National Laboratory），它们也有同步辐射设备，它们就有很多人。这个设备很贵，运行费也很贵，要好好地用，不然你建这个光源干嘛？要用这个光源做实验、做研究，做研究的人要集中。

实验室怎么管理涉及体制问题

澎湃新闻：国家实验室怎么管理？

褚君浩：这个实验室怎么管理，到底是一个独立机构，还是挂靠在一个什么地方，是分散与集中结合，还是完全集中，这要看顶层设计了。国外的实验室都是集中的，我觉得应该在一起，国家实验室就是一个地方一个区域在一起的东西，单独管理。到底属于哪个部门，属于科技部还是别的什么部门？假如原来这个实验室在中国科学院，而中国科学院不愿意拿出来，这就涉及体制问题。

另外一种办法是大家比较容易接受的，步子小一点的。国家实验室分几步走，一部分在科学院，一部分在高校，联合起来组成一个国家实验室，管理还是几方各管各的，方向、研究目标是在一起的。比较可能的是，先这种模式，以后再逐步逐步看怎么样合适。当然有些实验室，必然就属于一个单位。这比较复杂，所以好多年没有推出来。

澎湃新闻：我们在半导体材料这块积累怎么样？

褚君浩：半导体实际上有三类，一类用得比较多的是硅材料，硅材料现在进口比较多。第二类是窄禁带半导体材料，像碲镉汞，做红外探测器，我们、昆明物理研究所、华北光电技术研究所都做这方面的研究。第三类是宽禁带半导体材料，比如氮化镓，用来做 LED（发光二极管）。这三类半导体材料中国都在做，硅材料除了做微电子，也做太阳能，微电子器件进口很多。（昆明物理研究所隶属于中国兵器工业集团公司；华北光电技术研究所又名中国电子科技集团公司第十一研究所。——编注）

科学研究中，远见很重要

澎湃新闻：产学研卡在哪里？

褚君浩：我们只能做实验室研究这种，发文章，走到这一步。你要产业化，就要中试，中试就需要投入。一般来说，做研究投入是 1，中试投入要 10，产业化投入要 100，那么这个 10 谁来投？所以我们现在只是做点实验，发现点规律，写篇论文，做个小样品，这是我们这边的问题。政府说要投，投的是企业，但企业不投（中试），因为那不在它的计划里面。

澎湃新闻：要有财力了，钱很充裕了，才可以做？

褚君浩：有的时候这与科学远见有关系。到底这个做还是不做，有时候，没这个远见就不知道。有时候，科学家的想法，要说服政府才能得到认可。有时候说了以后没起到效果，也没办法。

澎湃新闻：能不能让科学家管钱？

褚君浩：让科学家管钱也不行。最好有一个机制，像科学顾问这样的，一个城市有一个城市的科学顾问，那些顾问有一定的资历，不要为自己单位谋福利。这个还是需要的。然后要有后勤部长。

科学家有时提出的想法需要后勤部长去给他实现，现在科学家有时候既需要提出科学想法，也需要做自己的后勤部长，有时候做不成或做不好。现在的问题是，科学家有很多想法，如果能够把这些想法都变成实际，就要后勤部长支持。科学家的想法也不一定全对，项目要有评价机制。

澎湃新闻记者　柴宗盛

中国对撞机项目存在技术缺陷

——专访欧洲核子研究组织（CERN）国际关系部部长、物理学家　鲁迪格·沃斯

　　随着经济实力的增强，中国近年上马了许多高精尖的大项目。对撞机项目是中国又一潜在目标。中国该不该建造超大型对撞机？这个专业问题进入了大众视野，引起了热烈讨论。2016 年 9 月，诺贝尔物理学奖得主、94 岁高龄的华裔物理学家杨振宁公开发表《中国今天不宜建造超大对撞机》一文，用七条理由反驳了此前数学家丘成桐力主中国建造超大型对撞机的"几点意见"。

欧洲核子研究组织（CERN）国际关系部部长、物理学家　鲁迪格·沃斯

　　2015 年底，《中国实验室》恰好就此专访了欧洲核子研究组织（CERN）国际关系部部长、物理学家鲁迪格·沃斯（Rüdiger Voss）。专访中，他除了讲到 CERN 的运行机制外，还对中国的对撞机项目给出了自己的看法。他非常直率地认为，中国计划建设的通道仅有 50 公里长，可以说结合了有缺陷的技术，那么中国需要开发和建造比 CERN 在 LHC（大型强子对撞机）现有的还要强大的磁体。中国或许会用这个项目展开本世纪后五十年间的粒子物理研究，对这样一个项目来讲，这不是一个安全的赌注。

对于前沿技术的开发，以及上马大项目，我们需要什么样的方法论，这也是中国技术创新，中国工业化进程中的必修课。

CERN 的理念基础：平等伙伴之间的国际合作

澎湃新闻：您能大概介绍一下 CERN 成立的情况吗？请介绍一下在 20 世纪 50 年代推动其成立的大环境，以及不同各方参与情况。

鲁迪格·沃斯：CERN 是在 20 世纪 40 年代末 50 年代初，在一群顶尖的科学家、外交家和政治家的共同设想与倡议下诞生的。他们试图应对若干事项和问题，那时，欧洲的科学研究当然已经四分五裂，无法与世界其他地区特别是美国的大规模科学研究相抗衡。他们给自己确定的早期任务是非常具有挑战性的。

他们不是通过国际竞争，而是通过国际合作来建设欧洲的科学。他们建起了具有一定规模的研究设备和基础设施，这让欧洲可以与世界其他地方的顶级科学相抗衡；同时，通过召集科学家在大型国际项目中一起工作，不仅为重建欧洲科学，而且为在第二次世界大战后重建欧洲和平作出贡献，这是这一使命的部分重要内容。当时，这项使命的另外一部分内容是，阻止并且扭转最优秀科学家作为人力资源的外流趋势，那些科学家或者是因第二次世界大战期间纳粹占领了大部分欧洲地区而被迫离开，或者是在第二次世界大战结束之后因缺乏足够的基础设施、充分的研究设备和机会，而不断离开欧洲。所有这些都是当时 CERN 对自己提出的一部分使命，我认为取得了很大成功。

澎湃新闻：CERN 的性质、运作方式，从开始至今有改变吗？

鲁迪格·沃斯：从根本上讲，没有变。CERN 的模式从一开始就建立在平等伙伴之间的国际合作这样一个理念的基础之上，不论各个国家的大小与科学潜力如何。CERN 的创始文件（即 CERN 公约，1954 年 9 月 29 日生效，1971 年 1 月修订。——编注）对这一精神有非常多的阐发。事实上，这是一份非常有眼光和预见能力的文件，过去 60 年里几乎没有什么变化，直到今天仍然是我们可以依赖的模式和开展合作的行动指引。当然，我们在 2010 年引入了一项重大改变，当时首次向非欧洲国家机构开放，并与它们建立了伙伴关系。尽管有这样的改变，我们仍希望也期待这一模式能够在接下来的 60 年里持续下去。

预算经费按各国国民净收入分摊

澎湃新闻：世界上有许多大型研究机构，比如麻省理工学院以及中国的很多地方，它们都会依赖产业部门的参与。这种情况在 CERN 有吗？

鲁迪格·沃斯：CERN 专注于基础科学，我们不做应用研究。我们只是出于自身目的，为我们需要的设备和基础设施进行应用研究。此类研究中，有相当一部分是与产业部门合作进行，当然，以 LHC 中的巨型磁体为例，我们需要的相当多设备，是由产业部门来制造的，在某些情形下是由产业部门设计和开发的。但是，这方面的工作由我们自身的科学目的和我们自身的科学研究任务所决定。我们不接受产业部门的任何研究或其他任务，不接受任何外部工作。

澎湃新闻：CERN 的资金结构是什么样的？怎样从各个成员国家获得资金，又怎样决定各个国家的出资数目？

鲁迪格·沃斯：那其实是一个相对简单的过程。我们的最高管理机构是 CERN 委员会，它是 21 个成员国的最高代表，决定我们的预算总额。一旦某一年的预算总额确定下来，这个总额原则上就以非常简单的方式，即按照各国的国民净收入分摊。基于历史性的原因，我们不像很多国际组织那样按照 GDP 分摊经费，坦白说我无法向你解释这一点。我们用国民净收入为参照，但结果和用 GDP 差别不大。也就是说，这意味着一旦预算总额确定了，各成员国需要分摊的数额是没有协商余地的。

澎湃新闻：预算决定是每年做出的吗？

鲁迪格·沃斯：是的，每年。

澎湃新闻：这些资金然后又是怎样分配到各个不同的项目中的呢？

鲁迪格·沃斯：这里你必须区分大型基础设施，特别是像 LHC 一样的大型加速器方面的投资，和单个研究项目，例如你今早参观的 ATLAS 项目（CERN 中用来探索物质基础属性和形成宇宙基本力量的一个项目，是 LHC 项目的一部分。——编注）的投资。基础设施投资主要是基于 CERN 管理部门的提议，他们会向委员会提交进行某项投资的提议，等待获得批准。当然，对科学基础设施方面的事项，CERN 管理部门不会单独操作或者作出决定，这样的提议往往基于与科学界进行的非常广泛的磋商。最终，他们是想使用那些设施的人，他们有多种方式来推动该提议和决策过程。

这个过程中的一个重要机构是 ECFA 论坛，也就是欧洲未来加速器委员会（European Committee for Future Accelerators）论坛。这是一个社区型论坛，但是被 CERN 正式承认为咨询机构，可向这一决策过程提供建议。如今，它已不再是一个纯粹欧洲科学家的社区，而事实上演变成了一个全球性社区，有接近40% 的科学家用户来自欧洲以外。当然，为使他们的建议进入这种决策中，也有与非欧洲利益相关者之间的协商机制。这里，我在 LHC 这样的大型基础设施与 ATLAS 这样的研究项目之间进行了区分，因为这两者的决策过程是有一些区别的。

就 ATLAS、AMS（阿尔法磁谱仪）之类个别项目提出研究建议，并为这样的项目寻找资金的过程，更多基于基层科学家的倡议与协商。有一些项目由科学家团体向 CERN 管理部门提出，之后会有相应的某种同行评议机制来审核这些建议在科学上的合理性：它们能否引发科学家们足够多的兴趣，形成一个足够大的科学共同体去实际实施相关项目，并且找到必要的资金支持？这是一个重要的区分，因为这样的项目主要不是从 CERN 预算中获得资金，而是通过外部渠道，通常来自全球范围对参与这些项目的个人科学家或者是科学团体提供支持的国家资助机构。

以 ATLAS 为例，只有10% 的资金来自 CERN 的预算，剩下的资金来自参与其中的科学家，当然这有赖于他们国家的资助机构提供支持，他们需要参与到这一决策过程中，来确保获得必要的资金。

项目启动主要基于倡议者在科学共同体中的地位

澎湃新闻：我们对您之前提到过的判断一个项目科学上的有效性或合理性

的同行评议制度比较有兴趣。当前在中国，科学研究中存在一个问题：当科学家提出一个项目或者研究领域，这个过程中太多繁文缛节，太强调你在该领域发表了多少论文，甚至有时候，强调的是你作为科学家是否足够有名气。很多这样的事情阻挡了很多令人兴奋的科学成果的出现。我想知道 CERN 是用什么机制处理这种申请过程的？CERN 的标准是什么？

鲁迪格·沃斯：首先，这种同行评议过程是基于科学咨询委员会进行的，他们向 CERN 管理部门进行报告。他们会向 CERN 的管理部门、向 CERN 总干事进行汇报。这些委员会由在国际科学界受到尊重的杰出科学家组成，他们完全独立作出决定，没有责任和义务向各自政府、国家资助机构或自己所在的机构汇报。人们期待他们具有独立性，他们当然不能在自己评议的项目中有任何个人利益。他们进行推荐的主要标准是他们所评议的项目的科学质量以及长期的科学潜力。

当然，作出这种推荐的一个重要因素，确实是倡议者执行他们的项目直到得出一个漂亮结论并带来科学成果的能力。于是，评议者要求评估倡议者的科研业绩记录，就是他们之前的科研简历和成就的记录。但在如下意义上，我相信这一过程远没有你提到的那么多的繁文缛节：它较少基于论文发表数量、研究岗位、科学等级体系中的排名等等正式标准，而主要基于倡议者在科学共同体中的研究地位。我们确立合作关系时，会尽量在功成名就的科学家和他们认为有潜力在长远的未来执行这些项目的年轻科学家之间进行合理搭配。

具体以 LHC 项目为例，1984 年，这个项目在离这不远的一家工厂里正式启动。我在那家工厂里工作过，那时我还是个博士生，那已经是三十多年前的事了。LHC 这个项目将再继续搞 20 年，或者更长时间，这很难预测。一旦它中断，分析全部数据就将花费好几年时间。说所有这些，只是想告诉你：我们正在谈论的这个项目的生命周期超过 50 年，长于任何一个科学家的职业生涯。你还得从这个角度评估每个项目的潜力，从这个角度评估参与者的能力。对科学家来讲，你不只要具备过去成功的业绩记录，还得具备怀抱长期愿景、在长远的未来执行这些项目的强大潜力。

澎湃新闻：CERN 在多大程度上强调创新精神？你们是更期望科学家在 CERN 研究已经存在的领域，还是期望他们带来看待某个问题的全新视角和方法？

鲁迪格·沃斯：两方面都需要。你需要有过往的经验，你需要了解你正在从事的项目，以充分理解项目的运行、操作方式，以及长期潜力。你需要知道如何正确使用手边你正在操作的设备。当然，我们也期待你具备创新性的想法，以应对新的项目、新的研究设想和新的研究目标，对什么项目是可能的、会带来什么结果，以及什么项目可以成功实施而什么无法成功实施之类问题形成一个合理的判断。虽然 HE（High Energy，高能）探测器和 LHC 探测器可以做很多事，但无法做所有的事，这是一个很重要的区别。当然，我们期待参与这个项目的每个人都可以带来创新性的想法，使我们的设备能发挥最大的潜能。

CERN 也要为政治合作树立典范

澎湃新闻：我们想进一步讨论一下 CERN 的成员制度，很显然这是这个组织运行的决定性特征。想必国际合作的一个很重要内容是为 CERN 带来资金。除了资金以外，拥有国际性人员组织的优势是什么？

鲁迪格·沃斯：我相信这一体系的优势超出了实验室的科学使命，科学使命当然是实验室最重要、压倒其他一切、具有支配性地位的使命，但这一体系也为实验室带来了政治合作这一重要元素和政治使命。CERN 的成立，很大程度上基于这样的精神：不只践行科学使命，也要为政治合作树立典范。我认为在这方面 CERN 非常成功。今天，CERN 被认为不只是欧洲科学领域的合作，而且是政治方面合作最成功的典范之一，也有人说是最成功的典范。不只是欧洲政治家这样认为，欧洲一般公众也这样认为。

我相信正是这种作为政治合作典范、人人可见的成功，在过去五十多年里，为这个实验室带来了相当多的支持和相当多的稳定。这是基础工作的一部分，我们试图建立并确保的长期未来，正是在这样的基础之上。我想这样一种国际成员国体系，而且更重要的是国际政府体系，相当好地保护了我们免受政治活动、科学政策和短期内优先次序转变等方面不测变动的影响。上述所有情形，你会在国家实验室、国家资助体系中看到，但在 CERN 没有。这是这里获得稳定、成功的一个非常重要的因素。

澎湃新闻：那么成员国对 CERN 的研究方向会有影响吗？

鲁迪格·沃斯：当然有，因为它们在 CERN 的最高管理机构 CERN 委员会中都有代表人员。当涉及确定某个科学优先项目时，CERN 委员会运转的原则是"一国一票"，这意味着不论分摊多少 CERN 预算，每个国家在作出这些决定时都拥有一样的投票权和一样的重要性。对 CERN 基础设施进行大规模投资的决定——这意味着那些决定涉及 CERN 科学工作的长期前景，以及 CERN 在科学研究方面的未来——最终由利害相关方即向我们提供预算的成员国作出。

澎湃新闻：也就是说，例如德国作为最大的预算分摊国，与更小的成员国拥有同等影响力吗？

鲁迪格·沃斯：是的。

澎湃新闻：关于未来，CERN 会不断继续补充新的成员国吗？或者，你们是否看准了一个具体的目标，一旦达到那个阶段，你们就拥有一支足够强大的队伍了？

鲁迪格·沃斯：2010 年，我们对非欧洲国家开放了 CERN 成员国席位，因为我们意识到我们需要生长壮大的潜力。LHC 加速器主要是作为一个欧洲项目来设计、建造和获得资助的，同时有一批忠实的非欧洲国家相对适度地参与其中，大约占 10% 的份额，它们同样作出了贡献。我们的工作假定：在 LHC 项目之外，CERN 还有长远的未来。LHC 是一种模式，特别是一种筹资模式，但这种模式不大会再起作用。

你可能听说过，我们有一些项目——也还不是项目，只是想法——而且我们正在做与 LHC 之外的一些项目有关的研究，这些项目目前还没有成本估算。但我们的工作不得不假定：这些项目规模巨大并且花费高昂，基于我们建立 LHC 项目并为其提供资金的同一种模式来为这些项目提供资金，将是不可能的。这当然意味着我们不得不向更强大的国际伙伴、机构伙伴开放，过去就是这样。

当然在这方面，我们正试图主动联系强大的国际性非欧洲伙伴，将来会与它们建立较过去远为密切的联系。

希望中国成为 CERN 的更强大合作伙伴

澎湃新闻：中国是目标国家之一吗？

鲁迪格·沃斯：中国是那些目标国家之一。为了启动这一过程，并且方便非欧洲国家特别是欧洲以外新兴国家的加入，几年前我们引入了新的非正式成员国方案。这是一种"简化"了的成员国身份，减少了受益，但同时也减轻了责任，特别是资金方面的责任。我们尝试过与中国政府，特别是科技部进行沟通，商议中国基于非正式成员国身份，作为机构伙伴加入 CERN 的可能性。这一过程还在持续，目前没有结论。但是我们希望这种对话能够持续进行，并且非常希望中国会成为 CERN 较目前更为强大的伙伴。

澎湃新闻：就是说，目前中国有这种所谓的"简化"成员国身份，就参与 CERN 而言，这种身份承担什么责任？

鲁迪格·沃斯：目前为止，严格来说，中国不是 CERN 的机构成员，只是一个参与国，是个别研究项目，特别是 ATLAS 以及其他一些项目的成员国。这么说是公正的：目前这种参与相对适中，特别是与中国这样一个国家的面积、规模和能力相比较而言。现在，中国的参与比日本、印度要弱，甚至比韩国这种亚洲更小的国家都要弱。如果说在 CERN 的参与与这些国家的规模、能力有关，那么，事实上今天这些国家和地区在 CERN 要比中国大陆更活跃，我们要面对这一点。

我们认为，假如中国特别想加强自己在科学方面的潜力——整体而言是在基础科学方面，但特别是在粒子物理学（这是我们的特长）方面——中国得有兴趣加强合作。CERN 的国际合作为年轻科学家和工程师提供了绝佳的训练环境，并且为培养新一代科学家——不只是科学家，还包括工程师——提供了独一无二的机会，在一个竞争非常激烈并且是国际化环境中，使他们能赶上国际科学的进展。

中国在科学方面确实有巨大的潜力

澎湃新闻：作为对外联络方面的负责人，您肯定访问过中国很多次。那么就您访问过的机构和接触过的科学家而言，您对中国的科研环境有什么印象？

鲁迪格·沃斯：我认为在这个问题上我应该非常谨慎，尽量不在整体上评价中国、中国的科学研究，甚至不去评价中国在基础科学方面的研究。我的意思是，我们看到的是中国科学状况的一部分，当然是核粒子物理这方面。我们当然相信，对基础科学整体而言，核粒子物理学是一块重要基石。我们在中国观察到的是，中国有大量的人才，也对我们的科学研究有强烈兴趣，但缺少充分的支持来完全发掘这些人才，以增强中国科学的国际竞争力。而归根结底，充分的支持往往意味着资金支持。

我们认为，主要缺乏的是两大要素：一是纯粹的资金；二是将中国拥有的这种巨大的潜力和人才储备投入大规模国际合作中去的兴趣和支持，而从我们的角度和经验来看，参与国际合作是唯一能最大限度开发这种巨大潜能的办法。

澎湃新闻：您认为，对一个国家——中国或者其他任何国家——来讲，拓展视野，而不只局限于自己国内的科学研究，这一点很重要吗？

鲁迪格·沃斯：这是肯定的。我们的观察是，在科学研究方面——这当然是指我们正在从事的领域，从某一方面讲，这可能是今天所有科学或基础科学研究领域最国际化、最全球化的领域——中国仍然比较倾向于闷头自己搞研究。我认为，存在某些障碍必须打破，这样才能培养这批数量巨大的人才，最大限度发挥他们的潜力。中国在科学方面确实有巨大的潜力。

澎湃新闻：同时，似乎有大量中国研究人员离开中国，到了比如 CERN、麻省理工或其他国家实验室从事研究。这是迈向所谓"科学全球化"的一步吗？这是否有利于中国的科学事业？

鲁迪格·沃斯：从某种程度上讲，是的。很多年以来，中国的研究人员出国一直是有去无回的，中国并没有从中获益很多。你可能比我了解得更多，如今，在过去大约十年里，中国已在努力召回一部分最杰出的科学家，我认为，从某些方面看，这项计划是相当成功的。我个人知道一些例子。在我们的研究领域，中国就已将一些优秀科学家召回其最好的大学，我认为这是一个不错的、有前瞻性的举动。但到目前，这还只是个别科学家的往返。换一种说法就是，这项政策并不是基于真正的国际合作政策之上的，并不是科学家之间、平等合伙人之间的合作。从我们的角度来看，这种合作在中国还很缺乏，或者最多仍只是才开始，中国今天在这方面仍然比较落后，我想这么说是公正的。

中国拟议中的对撞机项目结合了有缺陷的技术

澎湃新闻：您在中国都去过哪些科研机构？

鲁迪格·沃斯：在中国，我们最重要的合作伙伴主要是北京的中国科学院高能物理研究所。但我也拜访过好几所位于北京的顶尖大学，如北京大学和清华大学，还有上海的几所院校。此外，我们还有一个非常重要的合作伙伴，就是位于合肥的中国科技大学，那里离上海不远。

澎湃新闻：中国科学院高能物理研究所准备在接下来的大约十年时间里建造一部长达 52 公里的对撞机。您对这个计划有什么看法？

鲁迪格·沃斯：对于这个项目，我的想法可能有些复杂。以下所说，是作为一名科学家表达个人观点，而不是表达 CERN 的正式立场。

这部机器设计成了希格斯粒子工厂（Higgs Factory），它的周长有 50 公里。希格斯粒子工厂是一种在与希格斯玻色子（Higgs Boson）的质量相符合的特定能量下会使负电子和正电子对撞的机器，而我们在 CERN 对撞的是质子。如果这是正确的，我们就能研究希格斯玻色子的重要特性，至少有可能更精确、更细致地研究，也能以比用 LHC 更清洁的方式进行研究。从这方面来看，这会成为一个非常有价值的研究项目。并且，我们假定中国有能力进行这方面的研究，也有在合理时间段内实施这一项目的科学和工程技术能力。

希格斯粒子工厂是一个非常重要的项目，但在我看来，问题在于，我们预计在中期和长远的未来用 LHC 进行研究时会出现范围非常广泛的科学问题，而这部机器大约只能应付其中重要但是非常小的一部分问题。圆形正负电子对撞机的根本局限在于，那些通道一旦建成，你会被永远限定在某个能量级，这个能量级不能再扩展或者提升。这是由根本性的科学原因造成，并不是技术上的限制造成，而你或许希望在更久远的未来能克服技术上的限制。这完全不同于线形正负电子对撞机。

你或许听说过 ILC（线形对撞机）项目，从理论上讲，ILC 可以延伸到任何你喜欢的长度，拥有可调整的能量级，这在将来或许有助于应付研究中出现的新问题。ILC 给了你某种提升能量的自由，你既可以通过增加长度，也可以通过对机器进行技术改造来实现这一点。这种自由是你用圆形正负电子对撞机做研究时所没有的。

当然，你们可以考虑做与我们在 CERN 所进行的相似的研究：或许有一天用我们在 LHC 这里有的那种质子对撞机或者反质子对撞机来替换通道里的这部正负电子对撞机。这里有两个困难：其一，技术方面的要求苛刻许多。我认为这样说是公正的——我会说得比较直接：我的大多数同事认为，中国今天并不掌握这项技术，而要彻底掌握，中国还需要经历漫长而艰难的学习过程。这里我要再度强调，中国会有兴趣，也应当有兴趣，不只是在科学方面，而且在技术方面更深度参与国际合作，这样才能有朝一日掌握这种技术。这是我对该项目的一个担心。

我的第二个担心是，如果真要建造一部富于前瞻性的、有潜质的新机器，那么 50 公里的隧道长度会太短。粒子物理学 50 年研究的经验已经表明，利用大型加速器，要想从一代升级到下一代，要想真正有可能做出重要的新发现，你通常需要增加 10 倍的能量。

之所以你或许还听说过 FCC，也就是"未来环形对撞机"，原因就在这里。这是一处通道，我们计划将它一般延长为现在的三倍，至少有 80 公里长，甚至 100 公里。同时，我们已开始开发新一代的强力磁体，这种磁体会安装在这个通道内，使之能够引导围绕这个圆环的更强能量的粒子束，因为你能放入这样一部圆形质子对撞机中的能量会遵循非常相似的缩放比例。这种能量随着你能有的通道的长度以及你安装于通道中的磁体的磁场强度按比例增加。

因此，我们正计划建造的通道将比现在长三倍，并且我们已经启动一项雄心勃勃的计划：开发新一代超导磁体。相较于我们在 LHC 现有的磁体，新一代超导磁体理当至少强大 2.5 倍，假如一切顺利，会达到 3 倍。如果你简单地把两个倍数相乘，3 乘以 3，这差不多就是我们想要的 10 倍了。我们相信，这会是一个有前瞻性的新项目，可能在将来真正为 CERN 带来非常重要的新发现。

我们的担心是，中国计划建设的通道仅有 50 公里长，可以说结合了有缺陷的技术，那么你们需要开发和建造比我们在 LHC 现有的还要强大的磁体。你们或许会用这个项目展开 21 世纪后 50 年间的粒子物理研究，对这样一个项目来讲，这不是一个安全的赌注。

CERN 不会改名

澎湃新闻：那么您认为，在物理学界，中国以外的国际科学家会犹豫加入这样一个项目中去吗？部分挑战似乎是，这个项目对他们并没有足够的吸引力。

鲁迪格·沃斯：这就回到我最开始的观点了。希格斯粒子工厂本身是一个非常有趣的项目，从纯科学的角度来看，它很值得去做。这一点毫无疑问。从欧洲的角度来看，担心在于，这个项目是用大量资金投入去研究一个范围极为有限的科学问题。这就提出了金钱投入的科学价值的问题，也就是金钱投入在建设一个富于前瞻性、长期的科学未来方面的可能性问题。从欧洲的视角来看，这个项目或许因其范围太窄而无法确保获得建造这样一部机器所必须筹集的大量投资，即便考虑到它可以在中国以一种比我们在欧洲更加经济划算的方式建造，特别是假如你考虑一下这样一个项目的土木工程造价。

澎湃新闻：您刚才提到的比现有的长三倍、强大三倍的对撞机，会建在日内瓦的 CERN 吗？

鲁迪格·沃斯：对，肯定要在 CERN 这里建设，这只是为了最大限度利用我们这里如今已准备就绪的整体基础设施。因为，与 LHC 目前的运行原理相似，这样的新设备需要非常复杂的前加速器和喷射口链条来完全发挥其潜力。以 LHC 为例，仅仅是加速器就需要 50 亿瑞士法郎规模的投资。我们估算过，假如不是在 CERN 建造这部机器，而是在其他地方建造，那么考虑到修建附带基础设施，就是地表建筑如办公大楼和马路等基础设施方面的额外要求，或许更重要的是，考虑到前加速器链条（在 LHC，我们已有来自之前的加速器项目的这类设备准备就绪），我们的成本或许会增加一倍。假如我们不把 FCC 建在 CERN，而是建在欧洲某个相对较新的地方，或是世界其他某地，情况可能也是一样。

澎湃新闻：人们提议或者期待 CERN 扩展到欧洲以外，那么这个组织的名称会作出一些改变吗？

鲁迪格·沃斯：这是一个政治问题，甚至某种程度上是一个法律问题。CERN 中的字母"E"代表的是"Europe"，这是 CERN 公约（1954 年 9 月 29 日生效，1971 年 1 月修订。——编注）的一部分内容，而 CERN 是一部国际条约。假如我们想改变我们的名字，那么我们或许必须修订 CERN 公约，这意味着，正规而言，这部公约或许必须由各成员国重新协商，重新签署。但更重要的是，这部公约或许必须由现在的 21 个成员国——今后可能会更多——再度批准。这是一个极其冗长而复杂的政治和法律过程，鉴于我们乐于实用主义一点，我们可能会选择避免这种状况。所以今天，我们宁愿假定这个名字将永远与我们同在，我们只会把 CERN 中"E"的含义从"Europe"改为"Everywhere"（全球——编注）。

澎湃新闻：有一件事我想要确认，瑞士国家科学基金会（Swiss National Science Foundation）与 CERN 有任何联系吗？

鲁迪格·沃斯：没有。瑞士国家科学基金会，就像它的名字所示，是由国家出资赞助的机构，主要支持瑞士的大学和国立研究机构的国家级研究。CERN 预算的分摊——不只是在瑞士的例子中，还包括其他大多数成员国的例子中——直接来自某个政府，或者某个国家的科学和研究部，或者由于我们是一家政府间组织，在某些情形下甚至来自一些国家外交部的预算。

澎湃新闻：但是您还提到，一些机构如今也像成员国一样正在参与到 CERN 中。

鲁迪格·沃斯：对不起，这是误解。因为我们是政府间组织，CERN 的机构成员地位只对国家开放。单个机构和大学仅在个别研究项目层面参与；严格来讲，它们不能作为机构参与到 CERN 中。

（周雨昕／译　听桥、陶禹静／校）

澎湃新闻记者　邱傲文

后记

中国目前所取得的经济成就，一大部分可归功于科技创新。中国未来能否获得更大成就，仍在很大程度上取决于中国科技创新的突破能力。2015 年，上海率先将建成具有全球影响力的科技创新中心作为城市发展目标。

实验室是一切科技创新的诞生之地，考察中国实验室某种程度上就能发现中国科技创新乃至中国经济的未来。

基于以上认识，澎湃新闻在 2015 年下半年开始筹划拍摄纪录片《中国实验室》。

本土企业、科研机构，以及外企在华研究部门构成了中国三大研发力量。澎湃新闻摄制组通过深入这些企业和科研机构，不断梳理中国创新的逻辑、困惑和未来。为了形成参照，我们还探访了美国、日本、欧洲的创新公司和科研机构。

2016 年 8 月，《中国实验室》最终形成了四集共计 40 分钟的纪录片并在澎湃研究所上线播出。

第一集"创新涟漪"，梳理中国式创新的特色和成就。

美国副总统拜登曾在美国空军学院毕业典礼上表示：你们说不出任何一项创新项目、创新变革和创新产品是来自中国的。实际上，中国制造正在告别山寨。从硬件巨头格力、华为，到互联网巨头阿里巴巴、腾讯，中国创新正卷起层层涟漪。

第二集"追赶脚步"，讲述中国企业在机器人、半导体、大飞机及航空发动机等中国相对弱势产业领域的追赶情况。

在机器人、半导体芯片、大飞机等行业，曾经苦苦追赶的中国企业正迎来发展机会。2015年，中国集成的第一架大飞机ARJ21从上海起飞，成功交付给了成都航空公司。大疆创新闯进了全球摄像无人机领域的第一阵营。中国的大市场也吸引了GE、霍尼韦尔、高通等跨国公司，他们逐渐将一些关键部门转移至中国。本土企业与跨国公司的竞争与合作方兴未艾。

第三集"生态力量"，讲述大企业如何激励内部员工创新和创业。

当时的贾跃亭和他的乐视生态还一直处于高调的扩张状态。海尔则正在打破官僚组织体制，培育员工内部创业的生态圈。英特尔为了加速创新，营造了珊瑚礁式的创新生态系统。微软为了因应互联网创新的步伐，大力推行骇客文化。构建生态的力量正在成为一种潮流。

第四集"两条道路"，探讨什么样的科研机制会更有效率。

诺贝尔物理学奖得主、著名华裔物理学家丁肇中正在寻找反物质、暗物质、宇宙射线，解开宇宙起源之谜。中国科学院上海技术物理研究所正在探索量子通信的可行方案，它是中国量子科学实验卫星的参与方之一。GE、微软等大企业也是科学研究的重要力量。美国麻省理工学院的专利授权制度则实现了创新与创业的完美融合。中外之间、科研院所与企业之间、基础研究与应用研究之间，存在两条科研道路，有时分叉，有时合在一起。

纪录片每集只有10分钟，我们拍摄的素材却有1500分钟，4集就是6000分钟，里面有很多弃之可惜的精彩素材。因此，我们形成了这本《中国实验室 I：探索创新原动力》。

人工智能、无人驾驶、区块链这些新兴行业吸引了大批科学家进行创业和深耕。因此，我们的采访对象中有多位在这两年都发生了职务变动，这不足为奇。因为创新大国崛起的原动力就是企业家、科学家、工程师们不断追逐创新的实践。

四集纪录片播出后，获得了不错的反响和来自各方的赞誉，也坚定了我们将《中国实验室》继续做下去的决心，因此后续又有了《中国实验室》系列原创纪录片的摄制和播出，欢迎您的关注。

图书在版编目(CIP)数据

中国实验室.1,探索创新原动力/澎湃研究所编著.
—上海:上海人民出版社,2018
ISBN 978-7-208-15032-4

Ⅰ.①中… Ⅱ.①澎… Ⅲ.①工业化-研究-中国
Ⅳ.①F424

中国版本图书馆 CIP 数据核字(2018)第 036637 号

责任编辑 罗 俊
装帧设计 范昊如 李桑榆

中国实验室 Ⅰ
——探索创新原动力
澎湃研究所 编著

出　　版　上海人民出版社
　　　　　(200001 上海福建中路 193 号)
发　　行　上海人民出版社发行中心
印　　刷　常熟市新骅印刷有限公司
开　　本　720×1000　1/16
印　　张　18
插　　页　2
字　　数　244,000
版　　次　2018 年 3 月第 1 版
印　　次　2018 年 3 月第 1 次印刷
ISBN 978-7-208-15032-4/F·2517
定　　价　58.00 元